中國佛教典籍選刊

華嚴原人論校釋

〔唐〕宗密 著
石峻 董群 校釋

中華書局

圖書在版編目(CIP)數據

華嚴原人論校釋/(唐)宗密著;石峻,董群校釋. —北京:中華書局,2019.2(2024.9重印)
(中國佛教典籍選刊)
ISBN 978-7-101-13331-8

Ⅰ.華… Ⅱ.①宗…②石…③董… Ⅲ.①華嚴宗②《原人論》-注釋 Ⅳ.B946.4

中國版本圖書館 CIP 數據核字(2018)第 147058 號

封面題簽:徐 俊
責任編輯:張 巍 鄒 旭
責任校對:宋梅鵬
封面設計:周 玉
責任印製:管 斌

中國佛教典籍選刊
華嚴原人論校釋
〔唐〕宗密 著
石峻 董群 校釋
*
中華書局出版發行
(北京市豐臺區太平橋西里 38 號 100073)
http://www.zhbc.com.cn
E-mail:zhbc@zhbc.com.cn
三河市鑫金馬印裝有限公司印刷
*
850×1168 毫米 1/32 · 10⅞印張 · 3 插頁 · 233 千字
2019 年 2 月第 1 版 2024 年 9 月第 2 次印刷
印數:4001-4500 册 定價:48.00 元

ISBN 978-7-101-13331-8

圭峰宗密禪師頂相（日本久米田寺藏）

清同治雞園刻經處本原人論書板（金陵刻經處藏）

中國佛教典籍選刊編輯緣起

佛教是世界三大宗教之一，約自東漢明帝時開始傳入中國，但在當時並没有産生多大影響。到魏晋南北朝時期，佛教和玄學結合起來，有了廣泛而深入的傳播。隋唐時期，中國佛教走上了獨立發展的道路，形成了衆多的宗派，在社會、政治、文化等許多方面特别是哲學思想領域産生了深刻的影響。這時佛教已經中國化，完全具備了中國自己的特點。而且，隨着印度佛教的衰落，中國成了當時世界佛教的中心。宋以後，隨着理學的興起，佛教被宣布爲異端而逐漸走向衰微。但是，佛教的部分理論同時也被理學所吸收，構成了理學思想體系中的有機組成部分。直到近代，佛教的思想影響還在某些著名思想家的身上時有表現。總之，研究中國歷史和哲學史，特别是魏晋南北朝隋唐時期的哲學史，佛教是一項重要内容。佛學作爲一種宗教哲學，在人類的理論思維的歷史上留下了豐富的經驗教訓。因此，應當重視佛學的研究。

佛教典籍有其獨特的術語概念以及細密繁瑣的思辨邏輯，研讀時要克服一些特殊的困難，不少人視爲畏途。解放以後，由於國家出版社基本上没有開展佛教典籍的整理出版工作，因此，對於系統地開展佛學研究來説，急需解决基本資料缺乏的問題。目前對佛學有較深研究的專家、學者，不少人年事已高，如果不抓緊組織他們整理和注釋佛教典籍，將來再開展這項工作就會遇到更多困難，也不利於中青年研究工作者的成長。爲此，我們在廣泛徵求各方面意見的基礎上，初步擬訂了中國佛教典籍選刊的整理出版計劃。其中，有重要的佛教史籍，有中國佛教幾個主要宗派（天台宗、三論宗、唯識宗、華嚴宗、禪宗）的代表性著作，也有少數與中國佛學淵源關係較深的佛教譯籍。所有項目都要選擇較好的版本作爲底本，經過校勘和標點，整理出一個便於研讀的定本。對於其中的佛教哲學著作，還要在此基礎上，充分吸取現有研究成果，寫出深入淺出、簡明扼要的注釋來。

由於整理注釋中國佛教典籍困難較多，我們又缺乏經驗，因此，懇切希望能够得到各方面的大力支持和協助，使這項工作得以順利完成。

中華書局編輯部

一九八二年六月

目録

序　言

一、宗密的生平和著作

宗密（七八〇—八四一），俗姓何，果州西充（今四川省西充縣）人。他生於富裕的家庭，自幼父母喪亡，七歲到十七歲的十年間習儒，以其「俊才」而通曉儒家典籍。但他是個「好道而不好藝」的人，心中追求着形上的真理，而視儒學爲形下的技藝，對儒學生起了懷疑之心。他認爲儒學不能圓滿地解釋人的貧富貴賤、生死壽夭問題，因此轉而旁學佛教。十八歲到二十二歲之間，他在缺乏名師指點的情形下，自己研究佛學，並在日常生活中也奉行佛教的戒律。他涉及佛教中人天教、小乘教及大乘法相教的一些觀點，從中了知因果報應等理論，但並沒有能釋去心中的疑團。對於這時的學儒和向佛，宗密後來的評價是「俱溺筌罤，唯味糟粕」（圓覺經大疏本序）。在這種情形下，宗密決定再回到儒學中來，走科舉的道路。二十三歲時，他到遂州（今四川省遂寧市）的一個著名的義學院重新習儒，兩年後，道圓禪師從四川西部到遂州來開設道場，宗密前去拜訪，一經問法，頓知心要，於是從道圓禪師出家。

宗密認爲，道圓是慧能門下荷澤神會的傳人，慧能下第四代，荷澤下第三代，宗密因此也成爲荷澤系禪僧。但這一觀點遭到了近人胡適的懷疑，胡適認爲道圓實際上是四川浄衆寺神會門下的，宗密硬將浄衆寺神會改成荷澤寺神會。冉雲華先生在其宗密（東大圖書公司一九八八年版）一書中對宗密的世系有詳盡的考證，基本解決了這個問題，從而證明胡適的説法是缺乏根據的。

在道圓門下，宗密覺得大有長進，「習氣損之又損，覺智百鍊百精」（遥禀清涼國師書）。但在身心、色空等關係問題上，他還有疑惑，因此而多次參問道圓，道圓給了宗密一部華嚴法界觀門，這是他首次接觸到華嚴類著述。此書相傳爲杜順和尚所作，宗密通過對此書的研讀，悟出了融合之理，浄刹與穢土融合，諸佛與衆生的融合，時間方面的三世融合，空間方面的十方融合。但其中没有談到身心因果問題。

有一次，宗密隨師到遂州官員任灌家赴齋請，得到一部圓覺經，宗密才讀兩三頁紙，就覺得有無可比喻的身心喜悦，他回寺後把這種感受告訴了道圓，道圓驚異地感到這位學生的不凡之處，建議他外出游方。得圓覺經後，宗密對於人生的始終根本、迷悟昇沉等問題已解決了，在游方的前後幾年中，他一直在潛心研究此經，且在心中又産生新的問題：「至於諸差别門，心境本末，修證行位，無量義門，及權實教，猶未通決。」（圓覺經大疏鈔卷十三之下）

游方途中，宗密於元和五年（八一〇）在湖北襄陽恢覺寺遇到華嚴宗僧人靈峰和尚，得華嚴經及清涼澄觀的華嚴經疏和華嚴大疏鈔。通過對這些華嚴典籍的研究，宗密自謂一生的疑問全部得到了答案，於是皈依華嚴，投師澄觀，於元和六年（八一一）底，在長安親拜澄觀，行弟子禮。澄觀稱贊宗密説：「毗盧華藏，能隨我遊者，其唯汝乎！」（宋高僧傳卷六宗密傳）

在長安期間，宗密十分活躍，名聲也漸漸提高。他經常在各寺講學，廣泛參預各種學術活動，並開始形成自己的佛學觀。此後的時間，他經常來往於京城和京郊終南山之間，從事習經和著述。就其著述而言，早期的作品有：元和十一年（八一六）正月，在終南山智炬寺完成圓覺經科文，又寫圓覺經纂要兩卷。元和十四年（八一九），在長安興福寺作金剛般若經疏一卷、金剛般若經疏鈔一卷。元和十四年（八一九）冬到十五年（八二〇）春，在興福寺、保壽寺兩地寫成唯識論疏兩卷。長慶二年（八二二）到三年（八二三）秋冬之際，在草堂寺寫成圓覺經大疏三卷、圓覺經大疏鈔十三卷、圓覺經略疏二卷和圓覺經略疏鈔六卷。這四種作品可以説是宗密的成名作。長慶二年，在終南山豐德寺寫成華嚴綸貫五卷。長慶三年，在豐德寺寫成四分律疏三卷。大和元年（八二七），在圭峰寫成圓覺經道場修證儀十八卷。

這些作品的完成，使宗密聲震京師。大和二年（八二八），唐文宗詔宗密進宫，垂問佛法要義，並賜紫衣，賜號「大德」。許多官僚和文人雅士都與宗密結交，其中關係最密者當推裴休。宗密的不少著作，都由裴休作序，宗密因裴休之問禪宗各派的源流深淺，曾作一篇中華傳心地禪門師資承襲圖。温造，曾官至禮部尚書，他曾向宗密問佛法大意，宗密寫有答温尚書書。史山人，生平不詳，他曾向宗密提出十個問題，宗密作有答史山人十問。

受賜後三年，宗密又回到山中，專事著述，寫下了一批重要的晚年作品，包括華嚴原人論和禪源諸詮集一百卷，後一種又稱禪藏，可能毁於會昌法難，現只存其序，即禪源諸詮集都序。

宗密其他的重要著作還有：華嚴行願品隨疏義記六卷、華嚴行願品疏鈔六卷、註華嚴法界觀門一卷、註華嚴心要法門一卷、涅槃經綱要三卷、盂蘭盆經疏二卷、起信論疏二卷等。另外還有一些其他類型的作品，比如，宗密的門弟子曾經把宗密的酬答書信等，編成法集十卷，也稱道俗酬答文集，或酬答書。總其作品數，依宋高僧傳所記，爲二百卷左右㊀。

二、華嚴原人論的寫作年代

華嚴原人論，簡稱原人論。對於宗密這部重要作品，包括裴休、贊寧及清人續法等人所作的宗密

㊀ 據敦煌文獻大乘禪門要録（臺灣「中央圖書館」133 號）所附的宗密著述目録，共計三十九種（原人論没有單獨列出，可能收入其他的文集之中），二百四十八卷，圖五面。

傳記在内的許多資料都未提及，而宋人早就對此論進行注釋了。臺灣的「中央圖書館」藏有標爲133號的大乘禪門要録一卷，也就是禪源諸詮集都序，文後有一個附録，詳列宗密的作品，但也没有原人論。這就使今人研究原人論的成文時間顯得十分困難，因此學者們對此論的成文時代就有了不同的看法，有的主張難以確定原人論是宗密的早期作品還是晚期作品，有的則認爲這是宗密的晚期作品。所謂早期或晚期，這裏有一個參照系，就是宗密的成名作，即圓覺經大疏、圓覺經大疏鈔、圓覺經略疏、圓覺經略疏鈔，這四種圓覺經詮釋作品寫於長慶二年（八二二）到長慶三年（八二三）之間，加以稍後寫成的圓覺經道場修證儀（八二七），以此爲界，在此之前的，是早期作品，在此之後的，可稱之爲晚期作品。之所以要確定這樣一個參照系，原因之一，是因爲原人論中的思想與前述四種圓覺經詮釋作品中的許多思想是相同的，只是原人論中的思想顯得更簡潔，有綱要性的特點，而在此四種作品中就闡述得十分詳盡，特别在圓覺經大疏鈔中，這一特點表現得更明顯。

單就原人論和圓覺經大疏等來看，既可以説原人論是大疏的概括，如果是這樣，則原人論是寫於大疏等之後，由此可以斷定原人論是晚期作品。但也可以説大疏等是對原人論的進一步發揮，如果是這樣，則原人論自然是宗密的早期作品。因此，日本有的學者就認爲在目前的情況下，無法確定原人論究竟在前或在後，鎌田茂雄先生就持這樣的謹慎態度（見鎌田茂雄：儒道的氣與佛教，載於氣的思想——中國自然觀和人的觀念的發展，上海人民出版社一九九〇年版）。中國的一些學者則基本認爲原人論是宗密的晚年作品。

我們的看法，原人論是宗密的後期作品，是宗密晚年對自己思想的總結之一，基本理由如下：

第一，宗密的早期著作，具體的寫作時間、地點等，宗密自己在圓覺經大疏鈔卷一之下中有着詳盡的記録。如果原人論的寫作時間在圓覺經大疏鈔之前，一般來説，宗密會在這裏也列舉出來的，可是我們在此找不到原人論，這也可以説明，此時原人論也許還没有撰寫。

第二，從宗密寫作圓覺經大疏的大致過程來看，似乎並不是先有了一個原人論作爲思想提綱，然後再在此基礎上加以闡發的。

圓覺經是在宗密的思想演化過程中起着重要作用的一部經典，他外出游方帶着此經，並收集了當時能見到的關於此經的四種注疏：上都長安報國寺惟慤法師的圓覺經疏一卷，先天寺悟實禪師的圓覺經疏二卷，薦福寺堅志法師的圓覺經疏四卷和北都藏海寺道詮法師的圓覺經疏三卷。他對這些疏文都進行了認真的反復比較研究，認爲它們都没有能抓住圓覺經的本質，這也是他日後要寫出自己的圓覺經疏文的原因之一。他寫圓覺經大疏，「參詳諸論，反復百家，以利其器，方爲疏解」（圓覺經大疏本序）。是在反復研究了各種疏文得失的基礎上而進行的創作，具體的寫作過程，「根本始自元和十一年春，於南山智炬寺下筆科判，及搜檢四家疏義，集爲兩卷，私記撿之，以評經文，被於學禪之輩。中間至長慶二年，於草堂寺再修爲疏，并開數十段章門，至三年秋冬方得終畢」（圓覺經大疏鈔卷一之下）。

可以發現，這部疏文從準備到完成，歷經七年多。先是寫出圓覺經科文，即提綱式的概括，再在此基礎上寫成圓覺經纂要。這是在對照了四種疏文後所寫成的，但並没有馬上公開，接着在寺中閱經三年。元和十四年（八一九），宗密回長安時，把纂要帶回，經常拿出來對照圓覺經加以修改，又和同道數人反復看了幾遍，一直到「漸覺通徹，不見疑滯之處」（圓覺經大疏鈔卷一之下）爲止。長慶元年（八二一），宗密返回終南山，次年，在圓覺經科文、圓覺經纂要和研究各種圓覺經章疏的基礎上，開始寫作圓覺經大疏。在這個過程中，似乎看不出是以原人論作爲此疏寫作的思想綱要。

第三，原人論的寫作背景，在一定程度上可以説是針對當時的「原學」而起的，是在唐代儒家「原學」思潮的基礎上而提出的佛教的「原學」㈠。

所謂「原」，是事物的本原，終極原因。唐代儒家對於事物本原的探討顯示了極大的熱情，可以説形成一種思潮。這和先秦儒學相比，是個很大的進步。這一思潮中的重要的代表人物，是曾給皇帝上表對佛教提出嚴厲抨擊的韓愈。韓愈寫有原道，追溯儒家和佛道兩教的源流及其區别，提倡儒家的仁義，反對佛教、道教的人生理想。他又寫有原性，探討人性的本質，提出性、情三品説。又寫有原人，探

㈠ 雖然印度哲學也講原人，梨俱吠陀中有原人歌，但宗密的原人論與其並無繼承關係（見巫白慧：原人哲學：印度「原人説」與中國「原人論」，載於覺群·學術論文集第三輯，宗教文化出版社二〇〇四年版）。

討天、地、人的本質，認爲天、地、人三者都是由道主宰的㈠。其他人的有些作品雖然没有標上「原」字，但實際上也有探討本原者，比如柳宗元的天説、天對，其實也是「原」天的，以元氣爲天的本原。

第四，宗密自己的叙述。宗密在原人論序文中講到，他在「數十年中，學無常師，博攷内外，以原自身」。按照中文的表達習慣，在以「數」這一提法來指謂大概的數字時，至少是在「三」這個數之上，「數十年」，則至少指的是三十年。就按最低限度的三十年計，宗密的人生經歷，根據他自己的記録，自七歲至十七歲的十年内習儒，十八到二十二歲向佛，二十三歲再習儒，準備科舉考試，二十五歲從道圓禪師出家習禪宗。就算從二十歲算起，加以「數十年」的低限的三十年，也是到了五十歲才寫此論。宗密生於建中元年（七八〇），加五十年已是大和四年（八三〇）左右了，比寫大疏時的長慶二年（八二二）要晚八年。

第五，從宗密的判教觀的發展，也可看出原人論爲宗密的晚年作品。

華嚴宗傳統的判教，以法藏爲例，以「義」分，即從佛教發展的先後順序來分，判爲五教：小乘教、大乘始教、大乘終教、大乘頓教和一乘圓教，簡稱爲小、始、終、頓、圓。以「理」分，即從佛教各發展階段

㈠ 雖然不能確定韓愈「原」字號作品的寫作年代（昌黎先生詩文年譜將其歸入「無年代可考」一類，見韓愈年譜，中華書局一九九一年版），但從雙方討論的内容看，宗密的原人論在韓愈的此類作品之後，同時也是在大疏、大疏鈔之後寫的。董群融合的佛教（宗教文化出版社二〇〇〇年版，第二四頁）中將韓愈的原人等認定爲寫於長慶四年（八二四），没有根據，是對韓愈年譜解讀的錯誤。

的不同思想分，可開爲十宗。

在圓覺經大疏卷上之四中，宗密有一種五教判攝，第一愚法聲聞教，第二大乘權教，第三大乘實教，第四大乘頓教，第五一乘圓教，簡稱小、權、實、頓、圓，這是華嚴宗傳統的判教觀。以理開宗，又分爲五宗，第一隨相法執宗，指小乘教，第二真空無相宗，指空宗，第三唯識法相宗，指有宗，第四如來藏緣起宗，指大乘起信論，第五圓融具德宗，指華嚴經。在圓覺經大疏鈔卷八之下中，宗密又提出了六教判攝，第一人天教，第二小乘教，第三法相教，第四無相教，第五終極法性教，第六頓教，以頓教指華嚴宗。這時候的判教，宗密在華嚴宗傳統判教的基礎上探索自己的判攝體系，但終究還沒有形成這種體系，而在原人論中完成。原人論中的判教，不局限於佛教内部，而把儒道也判攝其中，這就是儒道教、人天教、小乘教、大乘法相教、大乘破相教和一乘顯性教，這是與其他各種判教最大的不同。清涼澄觀曾考慮到佛教的判教是否應該納入儒道的問題，但終究認爲儒道與佛教是兩種不同的思想體系，方内方外，施設非一，所以「今所分判，唯論釋典」（華嚴經行願品疏卷一）。因此從宗密這種特有的判教思想的形成來看，原人論是其晚期作品。至於這一判攝中佛教内的五教，宗密晚年的另一部作品禪源諸詮集都序中也有相似的提法，即密意依性説相教（包括人天因果教、斷惑滅苦樂教、將識破境教）、密意破相顯性教和顯示真心即性教，而且在對諸教内容的分析上，與原人論一致，可以看出宗密晚年判教觀的特色。

第六，屏山居士李純甫在原人論後序中明確講到，宗密先是著圓覺經疏及鈔等作品，又恐怕這些作品闡理太深，又著原人論加以簡要説明。

三、華嚴原人論的寫作背景

原人論主張三教合一論，三教合於佛教，是以真心作爲宇宙、社會和人的本原。這種思想的提出，其背景大致有二：一是唐代儒學和道教的三教關係觀；二是唐代佛教宗派的分立勢態。針對這樣的背景，宗密提出了自己的看法，從這個角度看，宗密原人論的出現，也是時代的産物。

對於儒道佛三教，初唐時期實行的是三教並用政策，在崇儒的前提下，佛道二教兼重，只是在佛道的先後問題上稍有變化。雖然三教之間也有矛盾，但社會上的知識分子還没有積極參預其中。到了中唐，情形就有所不同，三教之間矛盾不斷，這種矛盾公開化，成爲當時的一大社會問題，一些著名的知識分子對此紛紛發表自己的看法，就儒學系統而言，對佛教以及道教的態度就分爲排斥一派和融合一派。

排斥的一派以韓愈爲代表，他批評佛教的依據還是傳統的夷夏論，夏文化優越論，又從禮的價值觀上批評佛教和儒教價值觀的衝突，還從經濟角度抨擊佛教對世俗經濟的損害。

融合的一派則有多種不同的觀點。比如李翺，他以中庸爲依據，以佛教的修養論爲方法，提出了自己的「復性説」，他雖然没有提出系統的三教合一論，但已在這具體的觀點上融合了佛教的心性説。又如柳宗元，他認爲佛教與儒學有許多相合的地方，「浮圖誠有不可斥者，往往與易、論語合，誠樂之，其於性情奭然，不與孔子異道」（送僧浩初序，載於柳宗元集卷二十五，中華書局一九七九年版）。因此，不能盲目地排斥佛教，他批評韓愈的反佛只是做表面文章，「忿其外而遺其中，是知石而不知韞玉也」（送僧浩初序）。對於道教，他也主張融合，「余觀老子，亦孔氏之異流也，不得以相抗」（送元十八山人南遊序，載於柳宗元集卷二十五，中華書局一九七九年版）。老子與孔子，殊途而同歸，「皆有以佐世」（送元十八山人南遊序）。其學説都是治國安邦的準則。這是明確的三教合一論，儘管柳宗元没有運用三教合一的概念。

在道教方面，雖然與佛教有爭論，但道教對佛教的思想也有吸收，對儒教的思想，也多有融合，采取的也是三教合一的策略。

唐初道士成玄英提出「重玄之道」，對這個道的規定，不是有，不是無，也不是非有非無，而是超越於有無對立的。這種説法，顯然不能説是和佛教的中道説毫無關係的。

道士李筌以陰陽二氣爲本源，又吸收儒家的中庸思想，提出了「抱一守中」論，這個「中」，是儒家的中庸之中。這是對儒家思想的融合。

王玄覽提出了「諸法無自性」的命題，「諸法無自性，隨離合變爲相、爲性。觀相性中，無主，無我，無受生死者」（玄珠録卷下）。這全是佛教緣起性空的思想。又講「心生諸法生，心滅諸法滅」（玄珠録卷下），這則是佛教的「心生種種法生，心滅種種法滅」説。這是他對佛教思想的吸收。司馬承禎提出的「坐忘」説，是在傳統道家觀點的基礎上綜合了儒家的正心誠意論和佛教的止觀説而成的，他又把儒家與佛教的心性論融入道教的理論中，站在道教的立場上來融合三教。

對於三教關係，儒道二教多站在本教的立場上來融合三教，這時候，佛教界的情形又如何呢？隋唐時期的佛教，正是開宗立派的時代，雖然中國佛教各宗派的創立都考慮到了中國文化的背景，實際上却是作爲儒道佛三足鼎立的一方出現的，像禪宗這樣的宗派已經做到了三教合於禪，是非常本土化的，但禪宗並没有關於三教合一的理論體系。

宗密三教合一不只是以佛教融合儒道，也有佛教内部各宗派融合的内容。佛教自身的融合是三教融合的基礎，而當時的佛教界對於佛教内融合的問題還基本上没有考慮到。宗密曾批評説：「禪宗、天台，多約止觀，美則美矣，且義勢展轉滋蔓，不直示衆生自心行相。」（遥禀清涼國師書）只注重「分」而不知道「合」，而當時的儒道二教却都在走三教融合的道路，面對這一新的形勢，佛教界應該有什麼樣的對策呢？

宗密此時提出三教合一論，這既是對儒道二教的回應，也是他關於新的歷史條件下佛教發展的一個思路。三教統一於佛教，那麽佛教内部自然也有一個如何融合的問題，而當時佛教的狀況顯然難以適應這一需要。宗密提出以真性作爲佛教内部統一的基礎的觀點，也有其宗派的立場，他大致是站在華嚴宗的立場上來立論的。其實各宗的判教都堅持這樣的宗派立場，都把本宗判爲最高的教門。但宗密與諸宗不同的是，他在把華嚴宗視爲中國佛教的最高教門之後，又以此爲出發點而融合諸教，於是而有佛教内部的統一。至於具體討論佛教内部的融合問題，是在禪源諸詮集都序中。

儒道二教雖然講三教融合，但並没有從理論上系統地闡述這一原理，宗密分析了三教理論的異同，指出了儒道二教的不徹底性和在解決社會、人生問題時的局限，提出在何種情形下三教有别，在什麽情況下可以融合，融合的基礎是什麽，這顯得其理論更有説服力。

四、華嚴原人論的思想主旨

原人論的主旨是以佛教爲本的三教合一，宗密論三教合一，也不是單純地講融合，他首先是對諸教進行分析，提出批評，指出其或迷執或偏淺的特點，都不知真心的作用，由此逐層揭示出真心的終極地位。再從這個真心出發，融合佛教各宗派，並融合儒道二教。宗密又揭示出真心的本體地位，真心是宇宙、社會和人的本原，從中也顯示了佛教的宇宙觀、社會歷史觀。因此，對原人論思想的分析，就涉及批評的部分和融合的部分。

（一）對儒道的批評

原人論的正文部分首先對儒道二教的原人觀進行了批評，他把儒道二教的原人觀歸納爲大道生成論、自然論、元氣論和天命論四種，然後逐一加以分析批評，重點指出其在解決社會歷史問題方面的局限。

批評大道生成論

大道生成論，即道本論，以「道」作爲人的本原，作爲宇宙和社會的本質。這一思想在先秦時代，主要是道家的觀點，以老子和莊子爲代表。儒家的「易有太極」中的「易」，在宗密看來也是與道一致的。在唐代，一些著名的儒士也主張此論，比如韓愈把道看作是仁義道德體系中的一環，道是在仁和義的基礎上建立起來的。至於唐代道教，則對道又有了更深入的討論：成玄英提出了「重玄之道」；王玄覽把道又分爲「可道」和「常道」，以「可道」爲虛假的道，「常道」爲真實的道；司馬承禎則把道加入了心性的内容，認爲道是靈而有性的本體。宗密所批評的道，就是這樣的道，特别是唐代儒道二教所堅持的道。

宗密把道的性質歸納爲「虛無」，他所稱的這種虛無，也不全是老子的理解，而是唐代道教引入了佛教中道論後的觀點，「道者虛無，非有非物，是故杳然、冥然」（圓覺經大疏卷中之三）。實際上這倒是成玄英所規範的道。

宗密對大道論的批評體現爲三方面：一是揭示其理論和實踐的矛盾，二是揭示其和社會現實的矛盾，三是揭示其内在的理論矛盾。

先述其一。所謂大道生成論的理論和實踐的矛盾，是道體的「常」性和聖人、道家破壞此「常」性的矛盾。道家把道體的性質規定爲「常」，即永恒性，不變性。老子講：「道可道，非常道。」（老子第一章）又講「静爲躁君」（老子第二十六章）。宗密認爲，如果道體是常，由其所決定的一切現象也應該具有這種特徵。具體而言，人的生死賢愚、吉凶禍福等現象，都應該是不可改變的。善者永善，不會增加一分；惡者永惡，不會減少一分。而聖人的行爲，却是要改變道的這種「常」性。聖人設立教化，要去惡除亂，揚善致治，使愚者不再愚，貧者不再貧。道士們則要服食丹藥以延年，「服食制其死，令不死」（圓覺經大疏鈔卷九之下）。而從道的「常」性來看，根本就無需教化，無需服丹。因此，宗密稱聖人們爲「逆道化之大賊」（圓覺經大疏鈔卷九之下）。

再述其二。所謂大道生成論和社會現實的矛盾，這也是對儒道二教進行的社會批判，揭示大道生成論在解釋社會不合理現實時的困境，特别是以社會中惡的現象來否定道體的所謂尊嚴，「道育虎狼，胎桀紂，夭顔冉，禍夷齊，何名尊乎？」（原人論）老子講道尊德貴，萬物都以道爲尊，以德爲貴，但社會現實却是與這種尊與貴的道體相矛盾，道既化育出凶惡的虎狼，又化育出比虎狼還要凶殘的昏暴之君。不但如此，道還使善者不能長久，賢德如顏回、冉耕，大道竟讓他們短命而死，伯夷、叔齊兩位賢士，大道却讓他們都餓死在首陽山。大道如此懲善揚惡，還談得上什麽尊貴呢？

次述其三。揭示大道生成論的内在理論矛盾，這一點在原人論中没有具體展開，但在圓覺經大疏卷中之一中有詳盡分析，可參此疏，這裏不繁叙。

批評自然論

所謂自然論，是指以自然爲本體，其實是對大道生成萬物方式的進一步描述。大道如何生成萬物？是自然生成，老子有「道法自然」之説，孔子講：「天何言哉？四時行焉，百物生焉，天何言哉？」（論語陽貨）這個「不言」，也有自然之意。王充的論衡中也有自然一篇。宗密據此類觀點而歸納爲自然論。

宗密對自然論的批評重點在於突出自然論和佛教的因緣論的對立，他把自然論理解爲萬物産生的無條件論，不需要任何條件。而佛教在講到具體事物的存在特性時，是講因緣的。因爲這種因緣，而使萬物具有性空的特點。

宗密對自然論的批評分爲兩個方面：一是揭示自然論的理論和存在之間的矛盾，二是揭示自然論的理論和社會實踐之間的矛盾。

先述其一。自然論的理論和存在之間的矛盾，表現爲自然論不能完滿地解釋一些自然現象。宗密設難説：「萬物皆是自然生化，非因緣者，則一切無因緣處悉應生化，謂石應生草，草或生人，人生畜等。」（原人論）這就是説，既然萬物的生成不需要任何條件，那麽一切不存在因果關係的事物之間都應能相互生成，宗密稱爲時時能生，處處能生，任何兩個事物之間都可以相互生成了。而事實上，這是不可能發生的，萬物的生成是待時而生的。

再述其二。自然論的理論和社會實踐之間的矛盾，體現爲儒道一方面講自然生成，不需條件，但另一方面却又在做着與這種自然論相違的事。道士以丹藥的幫助來實現成仙的理想，儒家以賢人、良士的道德示範作用作爲實現社會太平的重要條件，這怎麽是自然呢？

進一步而言，既然講自然，善惡也都是自然而成的，人爲的作用難以改變，但聖人們却要設立教化，揚善棄惡，尊賢賤愚，録美棄醜，好富疾貧，這種價值選擇，違背了自然原則。如果説聖人的這種價值選擇是合理的，那麽自然論就没有存在的必要。而且，爲什麽會自然生成這樣的社會現象，即善少惡多、貴少賤多、富少貧多、美少醜多，這樣的本原又有什麽實際意義呢？這種社會現狀，是自然論難以解釋的。

批評元氣論

元氣論以元氣來説明宇宙、社會和人的本原，這是儒家道教的一個重要的觀點。宗密曾把老子

「道生一」中的「一」理解爲氣，相當於佛教講的風輪。莊子也講「通天下一氣耳」（莊子知北遊），講人的生死是由氣的聚散決定，「人之生，氣之聚也，聚則爲生，散則爲死」（莊子知北遊）。後來淮南子中具體講到氣化而形成天地的情形，清氣爲天，濁氣爲地，「清陽者，薄靡而爲天；重濁者，凝滯而爲地」（淮南子天文訓）。這是氣化論的標準説法。在先秦儒家也是講氣的，宗密常引述禮記和易傳中的觀點來説明。禮記中講到人死亡後，魂氣歸於天，形魄歸於地。易傳中也講，「精氣爲物，遊魂爲變，是故知鬼神之情狀」（易繫辭上傳）。天、地、人及鬼神，都源於元氣。

在唐代，道家講一個「炁」，這就是氣，道士張果認爲這是變化之源，「天地以陰陽之炁化萬物」（黄帝陰符經注）。唐代儒學的元氣論思想也很豐富，李翺、韓愈、柳宗元、劉禹錫，都有這種觀點。

宗密對元氣論的批評，很大程度上是直接針對唐代的元氣論思想的，他的這層批評從三個方面進行，即分别從佛教的前世、後世和心性角度來批評。

先述其一。所謂從前世角度批評，是批評儒道否定佛教前世的存在。這一層次，宗密從三方面展開。首先是「宿習本有難」，從嬰兒的認識發生來説明人的産生是從前世而有的。元氣論者解釋人的産生，是從元氣中突然生成，稱爲「欻生」。宗密指出，既然如此，那麽嬰兒從來没有經過任何學習思慮，他的認識能力爲什麽先天就有呢？「又言，皆從元氣而生成者，則欻生之神，未曾習慮，豈得嬰孩便能愛惡驕恣焉？」（原人論）我們可以説，宗密在這裏所説的嬰兒的「愛惡驕恣」等類，其實是人先天的一些生理本能，但宗密却將其視爲一種「宿習」，是從前世傳承下來的先天的認識能力，由此證明前世的存在。關於人的認識是如何發生的，元氣論確實没有能作出較爲精細的説明，荀子提出過「形具而神生」的觀點，其基本的思路是正確的，但還缺乏更深入的論述，這是其弱點，而這種弱點被宗密抓住了。

其次是「未習則無難」。宗密又發難道，既然人是從元氣中突然産生的，人的認識也生自元氣，那麼人們就不必要通過學習來掌握知識了，自然就會從元氣中取得知識。但是，像五德、六藝等知識，不通過教化，人們就無法具有，所以聖人重教化，這和元氣論的認識生成原則不是相違嗎？要麼聖人重教化是不當的，要麼元氣論的原人觀本身是不當的。

再次是「指事遮救」。對於前一條批評，儒家可以辯解説，人的認識是「感物」而生的，這實際是講到了認識論中的反映論原則，認識與前世並無關係。宗密則反駁説，這樣的看法並不能解釋嬰兒的認識發生問題，嬰兒並没有經過「感物」的過程，爲什麼會有認識？再説，天地之氣本身並没有認識能力，爲什麼人禀氣後有知呢？同樣是禀氣，草木之類爲什麼就没有認識能力呢？

次述其二。所謂從後世角度批評，是指斥元氣論否定後世的存在，證明人的認識是從前世經由現世而延續至後世，宗密從四個方面完成這一責難。

一是「以有難無」，即以佛教所持的後世的實有論來批評元氣論者對後世的否定。元氣論講人之生是禀氣而有，死乃氣散而無。但這樣的話，宗密問，誰爲鬼神呢？鬼神的存在是後世之有的證明，而元氣説否定了鬼神，是與佛教的後世論相違的。

二是「雙彰過、未二世」。一方面，元氣論在否定鬼神，但另一方面，又有許多世俗的「事實」證明了鬼神的實有。比如説，有「鑒達前生，追憶往事」的事情，這説明了前世的有；又有「死而蘇者説幽途事」，這説明了後世的實有。其實宗密所列舉的這些例子或是一些民間傳説，或是些迷信，並不能作爲論據的。

三是「證成不斷」，以儒家典籍中關於祭祀儀式之規定的記載來否定元氣説。祭祀的前提是承認前世的存在，承認鬼神的存在。事實上也是如此，連對鬼神抱着敬而遠之態度的孔子也不敢完全否定鬼神。

四是「問答通妨」，主要回答王充對鬼神的批評。王充在中國思想史上以「疾虚妄」著稱，他對鬼神論提出批評，「人且死見鬼，宜見數百千萬，滿堂盈庭，填塞巷路，不宜徒見一兩人也」（論衡論死）。宗密所説「外難曰：若人死爲鬼，則古來之鬼，填塞巷路，合有見者，如何不爾？」（原人論）就是指的王充的這段話。宗密回答説，按照佛教的説法，人死之後靈魂去處，分爲六條道路，即六道輪迴，鬼只是其中的一途，人死後並不是都成爲鬼。而且，通過輪迴，六道中的五種靈魂也有機會再轉生爲人，所以人們見到的鬼就很少了，並不是讓那些鬼都積存在那裏。宗密用人天教的原理，回答元氣論者的設難。

次述其三。所謂從心性論角度的分析，是批評元氣論者的無性論。這裏的「性」，其實是指「知」，即人的認識能力，佛教的本體都具有這種「性」的特徵，稱爲真性、圓成實性等，而元氣却没有這種特徵，没有「知」的元氣怎麽能産生有「知」的人呢？問題還在於，人的認識能力爲什麽又會有這麽多的差異呢？爲什麽會有賢愚善惡等差異？這也是指斥元氣論不能準確地説明人的認識的産生。

批評天命論

天命論的基本觀點是，認爲人在社會中的一切都是由天和命運所决定的，人在天命面前完全是被動的，是所謂「貧富貴賤、賢愚善惡、吉凶禍福皆由天命」（原人論）。孔子曾以上天在地上的代表自居，稱「天生德於予」，又以天爲最高主宰，「唯天爲大」。他的學生聽孔子説過一句名言，「死生有命，富貴在天」（論語顔淵）。可謂儒家天命觀的代表。孟子也對天命有過斷語，「莫之爲而爲者，天也；莫之致而至者，命也」（孟子萬章上）。禮記中又把天命稱之爲「性」。在先秦道家，莊子也是講天命的，他從天地之氣生萬物的角度來講天命决定論，「天地者，萬物之父母也，合則成體，散則成始」（莊子達生）。人只能服從天命的安排，「知其不可奈何而安之若命，德之至也」（莊子人間世）。列子則把人的産生分屬於天地之氣，「精神者，天之分；骨骸者，地之分」（列子天瑞），兩者合而成爲人。

但宗密直接批判的，恐怕更主要是唐代的天命論，特别是韓愈的天命論。韓愈作了一篇天之説，現存於柳宗元的天説一文中，其中講到，天是有意志的，能賞善罰惡，「有功者，受賞必大矣；其禍焉者，受罰亦大矣」。不過他所講的天也是與元氣相聯繫的，所謂爲禍於天，是指損壞陰陽元氣的種種行爲，如墾原田、伐山林等，這破壞了元氣的平衡。

宗密對天命論的批評，分三層進行：一是責問天的不公，二是以死難生，三是指出天命論的理論和實踐的矛盾。

先叙其一。責問天的不公，主要責問天的賦命的不公和天的賞罰的不公。賦命的不公表現在人世間貧富貴賤的不公，貧多而富少，賤多而貴少，禍多而福少，如此等等。如果這一切都是由天所決定的，那麼天爲何要這麼不公平呢？這種不公正的天，怎麼能作爲人的本原呢？賞罰的不公表現在這樣的情形：「無行而貴，守行而賤，無德而富，有德而貧，逆吉義凶，仁夭暴壽，乃至有道者喪，無道者興。」（原人論）這些現實的社會問題，都是天命論所難以解釋清楚的。宗密指出，這種不公正的天命必然會把人們導入一種「無恒」的境地，使人們成爲一種無恒之人，没有恒定的、可以矢志不渝地去追求的價值理想，同時，天命的無法把握，最終使人們陷入宿命論。

次叙其二。這是以人世間種種殘酷的致死現象來否定儒家的「生生」的原則。易傳中有「生生之謂易」的觀點，認爲化育萬物是天地間的大德，是天命的原則。宗密以生物界的弱肉强食現象、人類的戰爭、暴君的禍亂所帶來的死亡來否定生生之道。既然萬物和人類都是天命所決定的，天命爲什麼讓萬物互相殘殺，人類相互禍亂呢？如果説，生生是天地的大德的話，那麼，死亡就可以説是天地的大賊了，而天命正是這樣的大賊。

次叙其三。儒道兩家一方面主張天命決定論，另一方面却又在違背天命。比如説，對於人世間的一些不公正現象，聖人們並不是責問天命，却是歸結於人爲的原因，「聖人設教，責人不責天，罪物不罪命」（原人論）。慘酷的桀，也是受於天命的，被稱爲是暴君，跖則被責爲盜，從天命的原則出發，出現這樣的人，應該責問天命才是合理的。

（二）對儒道的融合

宗密批評儒道的四種原人觀，並不是要徹底否定它，只是説明它不是完美的原人理論，不是最高層次的思想體系，儒道的教化功能，宗密還是十分推崇的。他的批評原則是，「破執不破教，破解不破行」（圓覺經大疏鈔卷七之上），「但破謬執萬物生因，不責勤行五常道德」（圓覺經大疏卷中之一）。對於儒道教主，宗密並没有提出批評，反而認爲他們同釋迦牟尼一樣，都是最高的聖人，「孔、老、釋迦，皆是至聖，隨時應物，設教殊途，内外相資，共利群庶」（原人論序）。三教的教化目的都是一致的，這是宗密的三教融合的基礎，這種融合的具體内容體現在：

其一，五戒與五常的融合。五常是儒家的仁、義、禮、智、信五種綱常，這在道教也是遵崇的，五戒即佛教的不殺生、不偷盜、不邪婬、不妄語、不飲酒五種基本戒規。宗密認爲，這兩者之間是完全可以融合的，「不殺是仁，不盜是義，不邪婬是禮，不妄語是信，不飲噉酒肉，神氣清潔，益於智也」（原人論）。圓覺經大疏鈔卷七之上對這一融合有更詳盡的論述。

其二，乾之四德與佛之四德的融合。這一點，宗密在原人論中没有具體講到，但在其圓覺經大疏的本序中講述了。乾之四德，指元亨利貞，源出周易乾卦，佛之四德實際上是指涅槃四德，即常、樂、我、凈，大涅槃經中説：「常、樂、我、凈，乃得名爲大涅槃也。」（大般涅槃經卷二十三）「常」是指的永恒性，「樂」是指的歡樂無苦，「我」是指的法身常在，「凈」是指的清凈而無煩惱。對這兩種四德的融合，宗密以乾喻佛，認爲兩者相通。一方面，乾和佛在各自的體系中，都是最高的本體，都有着相同的性質；另一方面，兩種四德所要達到的價值目標是相同的。

其三，佛之孝和儒之孝的融合。這一觀點主要體現在宗密的盂蘭盆經疏中，但與原人論中的三教合一論也是相通的。歷代的儒道二教對佛教的批評，最主要的一點是禮教的批評，指斥佛教違背了儒家的禮制，特别是孝道。佛教方面雖然百般解釋自己與禮教並無衝突，但終究没有一個完整的理論性的説明，這一點到宗密才完成，宗密把孝看作是儒佛皆宗的一個核心問題。不過對於儒佛所講之孝，宗密没有看成是完全相同的，而是有同有異。就其相同的一面來看，有「存殁同」和「罪福同」。所謂「存殁同」，是指不管父母在世或不在世，儒佛兩家致孝的原則是一致的，居則致敬，養則使樂，病則憂，喪則哀，祭則嚴。所謂「罪福同」，是指對是否守孝的獎懲原則是一致的，違戒或犯過，都要受到處罰，功德顯彰，都講善報之福，只是儒家講天的賜賞，佛教講善業之報。就其差别方面而言，則有居喪異、齋忌異、終身異等，總的精神是要證明佛教的孝道比儒家的孝更高級。

這裏講的三教合一，還只是教化方面的融合，宗密還要論述三教在原人理論方面的融合，這一點將在下文中敘述。

（三）對偏淺佛教的批評

儒道二教未能原人，佛教的情形又如何呢？佛教也並不是都能原人的，只有最高級的一乘顯性教才能原人，其他的教派，都只是偏淺之教。因此，在批評了儒道的原人觀後，宗密又對偏淺佛教的原人觀進一步提出批評。

批評人天教

人天教在宗密的判教體系中居於儒道教之上，而又是佛教内的最低一級，其基本原理是因果報應論。這一理論有「業」和「輪迴」兩個重要原理，「業」是中心概念，「輪迴」論則又涉及三世、三界、六道等内容。

人天教以「業」作爲人的本原，業是指人的行爲，基本類型分爲身、語、意三種，又分爲别業和共業、引業和滿業。從價值觀角度分，則又有善業、惡業，無記業則没有善或惡的特性。善惡之業各有十種，稱十惡業和十善業，十種業又各有上、中、下三類。

人天教認爲，衆生所造的業，是決定其自身社會生活狀況的直接原因。不同的業引起不同的果報，業爲因，報爲果。具體的報應情形，一般來講，造上品十種惡業，死後轉生於地獄道中；造中品十惡業，死後轉生於餓鬼道中；造下品十惡業，死後轉生於畜生道中。修上品十善業，死後轉生於六欲天中；修中品十善業，死後轉生於人道中；修下品十善業，死後轉生於阿修羅道中。這就是六道輪迴説。宗密在原人論中對於修中品十善和下品十善的果報沒有講，而講修持五戒，可轉生於人道中，修上品十善業，並修布施、持戒等大乘六度，可轉生於六欲天中，突出了大乘佛教的特色。更高的善報，修四禪定，可轉生於四禪天中，修四無色定，可轉生於四無色天中。「人」和「天」都是善的果報，所以此教以「人天教」來概括。

對於人天教的這一原人觀，宗密的批評基於這樣一點，即人們造業和受報的主體是什麼？「既由造業受五道身，未審誰人造業，誰人受報？」（原人論）據此，宗密逐層從四個方面揭示其内在缺陷。首先批評人天教以身爲造業和受報的主體。宗密假設，如果説人天教是以人的肉體作爲造業和受報的主體，那麽「初死之人」，即剛剛死去的人，其肉體應該説和活人的肉體是一樣的，爲什麽不能造業了呢？宗密在這裏提出了「初死之人」的説法，也許是因爲南北朝的唯物論和無神論者范縝早就指出死人之質無知，形神相離，活人之質有知的觀點。爲了避開范縝的結論，宗密用了這一提法，其實這初死之人也是沒有意識活動的。其次，批評人天教以心爲造業和受報的主體。如果説只有人的心即精神現象才是造業和受報的主體，那麽，什麽是心呢？是具有形狀、大小的肉團心嗎？這樣的心處於身體之内，又如何來與身體外部的感覺器官相聯繫。也就是説，心的指示如何能迅速地傳給眼睛、耳朵等，使之造業呢？宗密對佛教所論的心，有四種分類，即肉團心、緣慮心、集起心和真心。他假設人天教的心是最底一層的肉團心，再以機械論的觀點設難，在當時的科學知識條件下，這種設難也是很難回答的。第三，批評人天教以情作爲造業和受報的主體。前一層批評，可以看作是從心的性體方面設難，從性的方面設難有這樣的困難，那麽再來看看，是否可以心的情感方面作爲造業和受報的主體呢？宗密説，人的喜怒哀樂等情感，並没有永恒性，是乍生乍滅的，没有内在的自性，又怎麽能作爲主體呢？而作爲主體者，必須具有恒常的特性。第四，批評以身心的統一體作爲造業和受報的主體。既然從人的肉體和精神兩方面的分别分析説明它們都不能作爲主體，那麽是否身心的統一體就可以作爲主體呢？宗密對此又設難説，要是這樣的話，人死後，這種身心的統一體已不存在，誰來造業受報呢？按照三報論，有一種後報要到後世才能報應，人天教認爲，那時候，人的精神又和新的輪迴的肉體結合了，這樣重新結合的統一體是主體。宗密説，哪裏有現世的身心造業，而後世的身心受報的道理？如果是這樣的話，現世修善業的人是多麽委屈，而現世造惡業的人又是多麽幸運，這樣的原人觀，是多麽「無道」。據此，宗密認爲，人天教以業作爲人的本原，並没有真正探索到人的終極本原。

批評小乘教

小乘教的理論可以用我空法有來概括。人天教以我爲實有，而在原人觀上有許多的困難。小乘教把這個我看作是空，對空的闡述，是采用的分析致空法，把一個我分析成多個我，再以各個部分的我和整體的我相混淆，以部分代替或等同於整體。於是就有這樣的責難：一我怎麽會成爲多我呢？在多我之中，究竟哪一我是實有的呢？具體地看，小乘教是這樣分析空的：首先把一我分析爲色的部分和心的部分，即肉體和精神，一我於是成爲二我。再對色和心進一步分析，色由地、水、風、火四大要素構成，心則有受、想、行、識四類，這樣一我不就成了八我了？再仔細分的話，比如在「地」大要素中，又由許多具體的部分構成，這樣一我不就成了無數的我了？人們由於不了解所謂「我」是由色心兩大要素在因緣的作用下虚假地組合起來的，不識此「我」的空性，而執之爲實有，生起貪、瞋、癡三毒，三毒又引起三業，業成而有果報，從而導致人的生老病死、死而復生的輪迴，世界的成住壞空、空而復成的循環。

宗密認爲，由此看來，小乘教是以色心二法及貪、瞋、癡三毒爲人的本原，人天教所没有解決的造業和受報的主體問題，就是小乘教所説的色心二法。

宗密對小乘教這一原人觀的批評的基點是作爲本原的無條件性和普遍性，「經生累世爲身本者，自體須無間斷」（原人論）。而小乘教的色、心兩種本原，就心而言，宗密認爲，其中的識藴所含的諸識中，眼、耳、鼻、舌、身五識的産生，是需要内外條件的，外在的條件是外境，内在的條件是認識能力和認識器官。眼識的産生必須依賴於作爲生理器官的眼睛和外界的光的存在。這叫「五識闕緣不起」。第六識的意識則是間斷性的，經常停止活動，比如在人睡眠時，在無想定的狀態下，意識則會消失。這叫「意識有時不行」。就色而言，也是這樣，在無色界中，色就是不存在的，没有四大之身的存在，如何會造業呢？

宗密據此而斷言，小乘教以色心二法和貪、瞋、癡作爲人的本原，也没有能真正原人。

批評大乘法相教

小乘教所講的心，其實只是六識，大乘法相教則認爲心識有八種，第八阿賴耶識才是人的本原，外境和色身，都是識變現而成。如何變現？阿賴耶識内部存在着變現世界萬法的種子，這些種子分爲三類：一類是先天存在的，這是世界的真正源頭；二類是先天的種子自身繁衍的；三類是受熏習而成的。種子的功能是變現萬法，具體步驟有三：先是種子本身的狀態，這稱爲「初能變識」；接着，末那識執著於阿賴耶識中的這種種子爲實我，産生煩惱的污染，即我癡（對事物的無知，不明事理）、我見（我執）、我慢（傲慢自負）和我愛（沉湎於自我之中）四大煩惱，末那識就稱爲「第二能變識」；最後，前六識也因爲末那識的污染，而直接産生出具體的、具有不同的感性特徵的萬事萬法，六識稱爲「第三能變識」。

正因爲世界萬法由種子所變現，萬法本身就没有内在的本質，没有自性，只是一種本性虚空的假有，但第六、七兩識却由於無明的作用，又將自身變現的事法視爲實有，不能真正認清其本質。法相宗把這種錯誤的看法喻爲患病和做夢，患病者由於心智受損，不能如實觀察事法和人生，做夢者也是如此，以爲夢中所見都是實有。

宗密對大乘法相教的批評是基於大乘空宗的立場，其批評方法是從現象的虚妄推導出本原的虚妄，「所變之境既妄，能變之識豈真？」（原人論）既然由阿賴耶識所變現的萬法是虚妄不實的，那麽這個能變者本身也應是虚妄的，不可能由實而生虚。大乘法相教證明法空識有時以夢爲喻，宗密也指出，能夢和所夢，即做夢的人和所夢之境，都是虚妄的。之所以説識也是空，這從因緣的理論也是可以説明的，識也是假託衆緣而成的，也没有自性，這樣的識，不可能真正成爲人的本原。

批評大乘破相教

大乘破相教在宗密看來已經通過曲折的方法開始顯示真性的存在了，該教所破的，不但有人天教的我執，也有小乘教的法執，又有法相教對識的執著，宣示一切皆空之理。因此，此教的原人觀是以空爲人的本原，「若約此原身，身元是空，空即是本」（原人論）。

一切皆空論所依據的原理是緣起性空論，一切事物的産生都有因緣，即條件性。因是主要條件，緣是次要條件，由這種條件性，説明事物没有内在的自性爲主宰，不能獨立自存，是性空。空的意義之一，其實也是指的這種條件性。

雖然性空，但又不否認事法作爲假象的存在，對事法的完整理解，應是性空假有，既要看到事法性空的一面，又要看到其假有的一面，這種理解，稱爲中道。宗密在原人論中叙述空宗的思想時，突出了一個「空」，把假和中的内容省略了。

一切皆空，那麽爲什麽會有萬法差别的觀念呢？人們關於事物存在的觀點是如何産生的呢？宗密在原人論中引大乘起信論的説法，認爲萬法因妄念而有，「一切諸法，唯依妄念而有差别，若離心念，即無一切境界之相」。

宗密對大乘破相教的批評有兩點：一是指出一切皆空在教化方面的困難，二是虚妄之法應有實法爲基礎。

一切皆空在教化方面的困難，宗密歸結爲這一責難：「若心境皆無，知無者誰？」（原人論）大乘破相教一味破斥，連人的真正本原也否定掉了，誰來認識這個空呢？這樣的空又有什麽實際意義呢？「知無者誰」一句，出自後秦姚興，他在答安成侯姚嵩的表時講到：「若無聖人，知無者誰？」（廣弘明集卷十八）他反對空掉一切的看法，認爲這種觀點是不近人情的。宗密借用此語是想表明，應該還有一個終極本體的存在，這個本體不應該是空的。

一切皆空，萬法虚妄，那麽這些虚妄之法是如何産生的呢？「若都無實法，依何現諸虚妄？」（原人論）宗密認爲，一切事物的存在，都有其本體，比如水是實法，依水而有虚妄之波，明鏡是實法，明鏡所顯現的影象是虚妄的，做夢也是如此，站在破相教的立場上，可以指出能夢、所夢皆空，但没有能夢之人，何有所夢之境？宗密以此證明在虚妄之相的背後，都有着實法的存在，這個實法就是本覺真心。

(四)和會三教

宗密和會三教，是以一乘顯性教爲本教，偏淺佛教和儒道教爲末教，從對偏淺佛教的批評中，宗密逐層揭示出人的終極本質，最終而至一乘顯性教。

一乘顯性教的理論核心是本覺真心，真心的特徵：一是清浄無染；二是本覺，本覺具有佛性的意義和覺悟的意義；三是本知，這個「知」是宗密從神會禪學中繼承下來的，是真心的内在本質。

一切衆生都有本覺真心，爲什麽還會流轉生死，不得成佛？這是由於衆生先天具有的煩惱和妄念覆蓋了真心，使其難以顯現，衆生因而不能覺悟自心的佛性，執著於世界和人生爲實有，造作種種善惡之業，受種種苦樂之報。衆生的成佛之道就在於覺悟者對迷途中的衆生開示其本有的佛性，衆生一旦覺悟自心真性，便與佛無異。

因此，一乘顯性教以真心爲人的終極本原，真心是人的真正本質，也是宇宙和社會的真正本質。對人的本原的探求，到這個真心，在宗密看來才算真正完成了。

從這個本覺真心出發，宗密開始融合三教，他認爲在承認真心爲人的本原的前提下，前面所破斥的諸教，都可以歸結到這個本原上來，因而都是「正義」，都是對宇宙、社會和人生在不同層次上的正確看法，都是可以融合的。這種融合遵循着由深至淺、由本至末的次序。

第一階段是本覺真心，這是融合的本體，真心不生不滅，不增不減，不變不易，衆生從一開始就因爲煩惱的緣故不能認識此心，此心被包藏在煩惱之中，因而也稱爲如來藏。

第二階段是會通大乘破相教。破相教以空爲人的本原，破斥各種生滅之相。如來藏能生一切法，能攝一切法，而如來藏所生之法，正是破相教要空掉的，如果如來藏心能够攝盡萬法，不使生起，那麼就是破相教所説的法空了；如果連隱覆真心的煩惱也消除，那麼這個如來藏心就不存在了，也就是破相教所説的心空了。在這種意義上，破相教是合理的，可以融於真心。

第三階段是會通大乘法相教。法相教以阿賴耶識爲人的本原，阿賴耶識是在如來藏的基礎上生成的，「不生不滅的真心和有生有滅特徵的如來藏相結合，就構成阿賴耶識，「所謂不生滅真心，與生滅妄想和合，非一非異，名爲阿賴耶識」（原人論）。阿賴耶識具有「覺」和「不覺」二種含義，如果阿賴耶識處於覺的狀態，那就不會發動生起外境，這就是静。如果不覺，就會起心動念，由静而動。如果又不能覺悟妄念的空寂性質，反而執著爲實有，就會産生種種行爲，使阿賴耶識成爲能動之識，變現根身、器界，所以就有阿賴耶識爲人的本原的理論。

第四階段是會通小乘教。小乘教主張人空法有，以色身與心識爲人的本原，其原因在於不懂得萬事萬法都由妄念所顯現之理，執著空幻的事法爲實有，形成法執。

第五階段會通人天教。人天教以業爲人的本原，這是緣於我執，小乘教執著事法爲實有，在此基礎上，就會産生内在的我和外在的境的區分的觀念，人天教於是就有了我執，不知我的存在只是身心假合的空幻之體。有了這種我執，於是就産生爲滿足我的各種利益而形成的貪、瞋、癡三毒，在三毒的基礎上進一步造作種種善惡行爲，受相應的報應。做出殺人等惡業的衆生，他們的心識就隨着惡業而轉生於各種惡道之中，行善業的，其心識就會隨着善業而轉生於人道。

第六階段是會通儒道教。儒道教以元氣、自然、天命、大道爲人的本原，宗密一一對此加以會通。衆生行善業而轉生人道中，其過程是這樣的，心識首先隨着善業進入中陰，在母胎中禀受父母之氣，十月懷胎而成人，從這個意義上，會通了元氣本原論。

從業報論可知，人們的善惡行爲，必然要引起相應的報應，業滿必受報，這種必然性，是自然而然的。從業報的必然性來看，自然論是合理的，這就會通了自然本原論。

同樣是從業報論出發，人們的前世行爲決定了其現世的社會生活狀況，比如人們在前世時，少年修善業而老來修惡業，那麽他們在現世必然少時富貴而老年受苦。如果要説天命，那麽這種業報的必然性也就是天命。因此，從業報論的角度來看，天命論也是合理的，這就會通了天命論的原人觀。

從最初的阿賴耶識起心動念而生萬法時，實際是分爲兩個部分，一部分是心的生起方向，另一部分是外境的變化方向。心的部分隨善業進入母胎受氣而形成人，境的部分則漸漸地從細至麤、由微而著地變化，最終形成天地萬物。這個過程，宗密認爲就是儒道兩家的「始自太易，五重運轉，乃至太極，太極生兩儀」（原人論）的大道生成過程。這樣也就會通了大道生成論的原人觀。

至此，宗密完成了三教合一的哲學分析，與前面所講的三教在教化方面的融合，構成宗密三教合一論融合部分的兩大内容。

五、華嚴原人論的方法論淵源

原人論的方法論淵源來自三大影響，分别是大乘起信論、華嚴思想方法論和圓覺經的影響。

（一）大乘起信論對原人論的影響

大乘起信論的思想結構，首先把一心分爲心真如門和心生滅門兩類。真如門是體，不生不滅；生滅門是相，是用，有生有滅。心真如門和萬法之間是體用關係，心生滅門和萬法之間則具有直接的生成關係。更準確地説，是兩門不一不異的結合，而有阿賴耶識，阿賴耶識具有「覺」與「不覺」兩種特徵。所謂「覺」，是指阿賴耶識派生淨法，表現真心的功能，是心離妄念；所謂「不覺」，是不能覺知真心的本質，不能覺知妄念的生起。因「覺」而回歸本體，因「不覺」而生起染法。實際上是阿賴耶識的這個「不覺」特徵和萬法有着直接生成的關係，由「不覺」，而有三細六麤諸相産生。三細相是無明業相、能見相和境界相。六麤相是智相、相續相、執取相、計名字相、起業相、業繫苦相。

在原人論中，宗密對諸教的融合就是按照起信論的上述結構。首先是一乘顯性教，這是講真心的，是最初的本原。真心不生不滅，但衆生不知，真心隱覆於衆生妄念中，所以此真心又叫如來藏。依據如來藏，而有生滅心相，這實際上指的是心生滅門。不生不滅的真心和生滅妄想相結合，而有阿賴耶識。在融會大乘法相教時，宗密討論了因阿賴耶識「不覺」的特徵而産生的業相、能見相、境界相、智相、相續相，形成法執。在會通小乘教時，繼續討論了執取相、計名字相。在會通人天教時，討論了起業相。在會通儒道教時，討論了業繫苦相。由此也可以這樣説，宗密講心真如門時，是一乘顯性教；講如來藏性時，同時也是在講大乘破相教；講阿賴耶識因不覺而有三細相及六麤相中的前二麤相時，是指大乘法相教；講次二麤相時，是指小乘教；再講次一麤相時，是指人天教；講最後一麤相時，是指儒道教。

（二）華嚴思想方法論對原人論的影響

宗密也是華嚴宗人，原人論其實就是華嚴類作品，其方法論本身就是華嚴宗的。這裏所要明確的實際上是華嚴宗的特有的方法在原人論中的運用，這種方法就是融合，或者叫「無礙」，宗密當初正是感受到這種方法的奇妙才皈依華嚴宗的。

華嚴宗的主要思想特色之一是其法界論，總體而言，世界只是一個一真法界，一真法界融攝世界，通過四法界實現。四法界爲事法界、理法界、理事無礙法界和事事無礙法界。其中的理事無礙法界是本體界和現象界融合的世界，這一點是對原人論發生影響的關鍵之處。

理事無礙，或者説是體用無礙，在原人論中體現爲權實無礙，了義教和不了義教無礙。從體用的角度講，一乘顯性教是本教，是實教，是了義教，其餘均爲末，爲權，爲不了義。宗密明確地説：「二教唯權，佛兼權實。」（原人論序）二教指儒道教。佛教内也有權實之分，一乘顯性教是實，是了義教，其餘諸教是權，是不了義教。宗密要「會通本末」，就是要將本教和諸末教融合起來，將實教和諸權教融合起來，將了義教和諸不了義教融合起來，體現的就是理事無礙的方法。

（三）圓覺經對原人論的影響

按照屏山居士的説法，原人論就是對圓覺經大疏和圓覺經大疏鈔的簡略化，自然是發揮圓覺經大義的，自然深受此經的影響。

圓覺經的核心概念是「圓覺」，圓覺，就其狹義的含義來看，是「滿足周備，虚明靈照」，宗密曾給圓覺下過一個定義：「圓者，滿足周備，此外更無一法；覺者，虚明靈照，無諸分别念想。」（圓覺經大疏卷上之二)「圓」是指的這個萬法的本體普遍地、圓滿地、完備地具足一切法，無一遺漏，在圓覺之外，没有一法能獨立存在，又無一不是從圓覺中流出；「覺」則是指衆生心中的「寂知」，宗密説：「心寂而知，目之圓覺。」(圓覺經大疏本序)所謂「虚明」，就是指的空寂，「靈照」，即是知。這種對圓覺的理解繼承了荷澤神會對心的看法。

這個圓覺一方面對宗密闡述一乘顯性教的真心産生影響，其實也給融合的方法論以影響。就後一種影響而言，涉及圓覺的平等特性和圓合特性。

圓覺經稱「圓覺」爲「覺性平等」，平等的意義，是指萬法都依同一覺性而生，都無本質區别，這就類似於華嚴的事事無礙。經中列出十種平等，得念與失念平等，成法與破法平等，智慧與愚癡平等，菩薩與外道平等，無明與真如平等，戒定慧與婬怒癡平等，衆生與國土平等，地獄與天宫平等，有性與無性平等，煩惱與解脱平等，以此十類泛指一切平等，因爲這種平等，世界萬法而能圓融無礙。

圓覺經中也直接明言圓覺的融合特性，「若諸菩薩以圓覺慧圓合一切，於諸性相，無離覺性，此菩薩者，名爲圓修三種自性清浄隨順」。宗密對「圓合」就解釋爲「圓融和合」，「圓融和合一切事理、性相、真妄、色空等類，舉體相應，是爲圓合」(圓覺經略疏卷下之一)。這種融合方法在原人論中得到具體運用。

六、華嚴原人論的歷史影響

原人論的歷史影響分爲兩個方面，一是對中國佛學的影響，二是對中國哲學的影響，現分别作簡要叙述。

(一)原人論對中國佛學的影響

就思想影響而言，原人論的影響主要體現在其三教合一論上，宗密的三教合一論直接影響了後世佛教的融合的發展方向。

宗密在中國佛教發展到其頂峰時，以其深邃的眼光，指出中國佛教今後的發展戰略，這就是融合，三教融合，禪教融合，禪宗内部的頓漸融合，而這一點，在中唐鼎盛階段的佛教界人士是難以認同的，所以宗密的影響不在中唐。自中唐以後，中國佛教義學開始由盛轉衰，如何發展中國佛教的問題已經是不可回避的了，這時，就有人想到了宗密的方案。首先具體地討論中國佛教發展戰略的是永明延壽，延壽是五代十國時期吴越王時代的法眼宗僧人，清涼文益的再傳弟子，他在學術上的最大貢獻是編撰了一部百卷本的宗鏡録，其中主要是發揮了宗密的禪教合一思想，這可以説是受宗密禪源諸詮集都序的影響。同時，延壽也是主張三教合一的，在三教中，延壽也認爲有本末之分，佛教是本體之教，而儒道二教是末教，屬於較低級的教化。因爲儒道二教並不能體察到法界的真諦，「二教並未逾俗柱，猶局塵籠，豈能洞法界之玄宗，運無邊之妙行乎？」（萬善同歸集卷六）所謂法界，也就是宗密講的真心。但是二教仍有其合理性，同佛教一樣，二教也是以法界爲本的，從同以法界爲基礎的特性來看，三教是可以融合的，「三教雖殊，若法界收之，則無別原矣」（宗鏡録卷三十三）。

延壽之後，融合就成爲中國佛教的主要特徵。就三教合一而論，着重加以闡述的，還有明教契嵩，契嵩倡三教合一最力，他認爲，三教之所以能融合，主要在於三教都有共同的社會功能，即「皆欲人爲善」（輔教篇廣原教）。這和宗密關於三教共利群庶的説法是一致的。契嵩着重討論了佛教的孝道，這一點要比宗密更詳盡。憨山德清對三教合一也有其獨特的看法，他認爲，三教只有形式上的不同，佛教表現爲出世，儒教表現爲入世，道教表現爲避世，但一個完整的社會，一個完善的文化人格，就必須三教兼備，「缺一則偏，缺二則隘，三者無一而稱人者，則肖之而已」（憨山大師夢遊全集説學要）。三教的融合，在紫栢真可看來，都是融於一心，「佛不得我心，不能説法。伯陽不得我心，二篇奚作？仲尼不得我心，則不能集大成」（紫栢別集卷一題三教圖）。這種觀點，從其淵源來看，也是和宗密，特別是和其原人論有很大關係的。

(二)原人論對中國哲學的影響

從中國哲學的角度來看，原人論也是應該引起重視的。關於宗密在中國哲學史上的地位，胡適曾給以很高的評價，他把宗密歸爲第一流哲學家之列，認爲中世自東晋到北宋的幾百年間，第一流的中國思想家，包括智顗、玄奘、宗密、窺基，而韓愈、李翱等，只是第二流以下的（見中國哲學史大綱卷上第一篇之導言，載於胡適哲學思想資料選，華東師範大學出版社一九八一年版）。宗密對中國哲學的影響，其實主要就是對宋明理學的影響，馮友蘭曾説：「宗密不啻上爲以前佛學作一結算，下爲以後道學立一先聲，蓋宋明道學出現前之準備，已漸趨完成矣。」（中國哲學史下册，載於三松堂全集第三卷，河南人民出版社二〇〇一年版）宗密講心和元氣的對立，元氣由心産生，程朱的理氣對立就在這裏發展起來了；宗密講一切唯心，那麽陸王一派的宇宙即是吾心，即源於此。宗密對理學影響的主要之處，馮先生已經指出來了。

宗密在原人論中對儒道二教的基本觀點都作了分析批評，特别針對儒道比較薄弱的認識論和社會歷史觀，對此，儒教方面不能没有反應，這種反應，同時也是宗密的影響所在。

影響之一是：激發理學本體論的建立和完善。

宋明理學中的氣本論、理本論和心本論，都和宗密的真心本體論有着很大的關係。佛教哲學中的嚴密的本體論體系是其特色之一，如此衆多的佛教大德之中，爲何要强調宗密對理學的影響？原因之一就是，如此衆多的大德中，也只有宗密對儒道提出了如此系統的批評。

氣本論以張載爲代表，以元氣作爲世界的終極本原，他對佛教和道教也提出了批評，就其對佛教的批評而言，其實也可以看作對宗密批評儒教的一個回擊。宗密批評儒教的元氣論不懂得事物産生的因緣，張載認爲，佛教的因緣論恰恰是不知天命的，即不了解客觀世界的規律，「釋氏不知天命，而以心法起滅天地，以小緣大，以末緣本，其不能窮而謂之幻妄，真所謂疑冰者歟！」（正蒙大心篇）㊀「以小緣大」，是指以心之小緣生世界之大，這樣來理解心，是有機械論色彩的，他所指的心，在宗密的體系裏，只是指最底一級的肉團心，即心臟。但張載却是在證明與宗密的真心本體論截然相反的一種體系，這就是元氣本體論。宗密所推崇的理或真心，在張載的體系中，不過是元氣的運行規律而已，是依於元氣而有的。這一本體論，經王廷相到王夫之，一直是理學中的一個重要流派。

朱熹的本體論是理本論，他的理，更大程度上是一種客觀本體，儘管在其晚期思想中有將其主觀化的傾向，作爲客觀的本體，就佛學而言，應該説更受法藏的影響。朱熹的理氣關係論，其理論模式和

㊀ 對於張載的這一批評，元僧圓覺在其原人論解中回應説：「外學不知，妄謂以小緣大者，自其坐井而謂天小耳，烏足與語道哉？」

華嚴宗的理事關係論十分相近，其中又與宗密有很大關係。這表現在，朱熹以理作爲終極本體，理又通過元氣作爲萬物的直接生化者，這是理—氣—物的模式，這一點正是宗密所强調的，宗密的模式是真心（即是理）—元氣—萬法。理或心和萬物之間是間接的體用關係，元氣和萬物之間則是直接的生成關係，宗密明確説：「心外的無别法，元氣亦從心之所變。」（原人論）理和元氣之間，在朱熹既可以表述爲生成的關係，也可以表述爲體用的關係。從生成的關係看，理和氣是有先後之分的，理在前，氣在後；而從體用關係看，則理氣本無先後可言，本末融合，没有截然不同的區别，没有無氣之理，也没有無理之氣。這一層意思，在原人論中雖没有明示，但在圓覺經大疏鈔中却是很明確的。就先後論，「當知圓覺是最先義」；但是從體用而論，「本末無礙，真妄融通，則無先無後」（圓覺經大疏鈔卷四之上）。

在陸九淵和王陽明的心學中，陸九淵直接把心等同於理，心即理，這一立場和宗密是完全一致的。宗密明確説明過，四法界中的理法界，就是指自心，一真法界，就是指自心，這樣就有了心外無法的原則。王陽明則繼承了這一點。

影響之二是：激發理學認識論的深化。

這一點，就王廷相的認識論思想而言。宗密在批評儒道時，曾經從嬰兒的認識發生的角度立論，批評儒道不知前世。王廷相認爲，認識是人對事物的一種反映，人如果不和外界的事物相接觸，那麽認識就不可能産生，嬰兒的認識也是如此，「使嬰兒孩提之時，即閉之幽室，不接物焉，長而出之，則日用之物不能辯矣」（雅述上）。宗密以嬰兒的愛惡驕恣來論證人的認識能力的先天性，在王廷相看來，宗密所指的嬰兒的愛惡驕恣之類，只是人的天性之知，即現代術語所指的遺傳本能，比如胎兒在母腹就能吮吸，出胎時能視聽，都是本能。而認識論中要討論的是人道之知，即對社會、人生、自然等對象的認識，這種認識，是從社會實踐中産生的，是「因習而知，因悟而知，因過而知，因疑而知」（雅述上）。這從認識論角度回答了宗密的批評。

影響之三是：「知」的影響。

在叙述一乘顯性教時，宗密以本覺論真心，以昭昭不昧、了了常知論真心，這就賦予真心以「知」的特性。在其他作品中，宗密還明確分析了知是真心的本質，是心的自性體。這一點，影響到心學一派，特別是王陽明。宗密把知引入心性論，突破了中國哲學以善惡論心的傳統，强調心具有認識善惡的先天能力。朱熹也講人心固有知，「人心莫不有知」（朱子語類卷十四）。他認爲的知，是「虚靈知覺」（四書集注中庸章句序）。這種表達完全是宗密式的。王陽明則進一步提出了良知説，特别强調知是心的本體，這就和宗密完全一致了。

最後要簡單提到的一點是，宗密對理學的影響，不是一般的邏輯影響，而是直接的。理學家大多出入於佛老，對宗密的作品，有些理學家是直接閲讀了的。比如毛奇齡説，周敦頤的太極圖説「直用其

（宗密）語」（太極圖説遺議）。程頤和其學生習華嚴經，但所讀並不是六十華嚴之類的原典，而是華嚴宗人的作品，他的學生説：「某嘗讀華嚴經，第一真空絶相觀，第二事理無礙觀，第三事事無礙觀。」（二程遺書卷十八）這實際是標名爲杜順所作的華嚴法界觀門，而且很可能是澄觀或宗密的注解本。釋門正統中引楊時的話説：「西銘會古人用心要處爲文，正如杜順和尚作法界觀樣。」（釋門正統卷八）而這裏所提到的法界觀也很可能是澄觀或宗密的注釋本。可以明確朱熹讀過宗密作品的證據，其中之一是，他在講知時，曾説宗密也是講這個知的，「他也見得這道理，如圭峰禪師説知字樣」（朱子語類卷六十八）。這種直接性的影響，更説明了宗密重要的歷史地位。

七、版本流變和底本選擇

漢文大藏經中收録的原人論一文，最早見於永樂南藏（千字文號「青」）㈠，後又有永樂北藏本、嘉興藏本、縮刻藏本、卍正藏本、大正藏本、中華大藏經本等。單行本則有明萬曆代藩刻本、日本寬永抄

㈠ 山東省圖書館發佈的古籍數字資源中有永樂南藏，是萬曆續刻以後的印本。經初步核查，位於青四的原人論，並非原版，而是重刻，且校勘不精。其文字内容及文本結構，大體與北藏跡本相同。

本、清同治雞園刻經處刻本等。雞園本又被收入石峻等編的中國佛教思想資料選編之中。除了這些本子，一些詮解原人論的作品中收入的此論其實也可以看作一類流傳版本，這些包括宋僧浄源的華嚴原人論發微録、元僧圓覺的華嚴原人論解以及在此基礎上由明代楊嘉祚删合的華嚴原人論合解。華嚴原人論解所依的原人論，和下述兩種茲字號相似。

永樂北藏本有兩個本子的原人論，一是在千字文「跡」字號（跡七），二是在「茲」字號。「茲」字號的原人論有三部分的内容，一是華嚴原人論科（茲一），二是華嚴原人論正文，包括文前裴休的華嚴原人論序和文後李純甫的華嚴原人論後序（茲二），三是圓覺的華嚴原人論解（茲三至茲五）。

嘉興藏本的原人論，跡字號的本子（跡七），文本構成爲：原人論序（宗密述）、原人論目録（單獨一欄）、原人論正文。嘉興藏茲字號的華嚴原人論是作爲華嚴原人論解的一部分（茲二），結構和永樂北藏中的茲字號華嚴原人論解相同。

日本縮刻藏（弘教藏）本收入了兩種原人論，都在千字文「陽」字號（陽三），有校勘，一種標明「明茲」，表明依明藏本茲字號的原人論校，另一標明「明跡」，表明依明藏本跡字號的原人論而校。縮刻藏的互校本子有四種，其中包括嘉興藏，另外三種（高麗藏、資福藏和普寧藏）未收原人論。

卍正藏本中的原人論，新文豐版在第六十六册，也有校勘，校勘記在册頁上方，需要校勘的文字在字左加黑點，文本結構爲：原人論序（宗密述）、原人論目録（也是單獨一欄）、原人論正文。文前有裴休的華嚴原人論序，文後有李純甫的華嚴原人論後序。卍正藏是根據日本的黄檗藏而校勘，而黄檗藏則是以嘉興藏爲底本而增補的。因此，卍正藏本中的原人論底本實際上是嘉興藏的跡字號原人論本子。

大正藏本則以日本增上寺所收明本爲底本，實際上也是嘉興藏的跡字號原人論本子，有校勘，校勘本爲「慶應元年（一八六五）刊宗教大學藏本」。没有收裴休和李純甫的序。

中華大藏經則影印了永樂北藏本的兩種原人論。文號爲一八六八的本子收入北藏中的跡字本，經後有和徑山藏（嘉興藏）的校勘記。第一八六九號的本子則收入的是北藏本中的茲字號，也是三個部分，也有校勘記。

代藩本華嚴原人論，明萬曆五年（一五七七）刻。全書頁碼連標，前有裴休後有李純甫序，内容、結構與北藏茲二大體相同。第三頁開始爲宗密原著，署名與自序之間的第三行，文字是「大明代藩分封蒲州山陰王元峰道人俊柵校刊」。第十六頁李純甫序文後，刻「大明萬曆五年歲次丁丑夏四月吉日刊」等字樣。其刊刻時間應略早於萬曆間續入北藏的茲字號本。國家圖書館藏有一部印本，善本書號15289，可在綫上瀏覽數字資源。

日本寬永三年（一六二六）抄本原人論，内容、結構與北藏跡本近似。文末録有所據宋本的刊記：「臨安府仁和縣馬祖然施財壹佰伍拾阡、絹壹疋，刊還源觀、原人論，共成一卷。所求福利，上荅四恩，下資三有。法界冤親，同登彼岸。淳祐三年六月日　題。」刊記後有跋：「右舊本不楷正，羨文脱字往往皆是。字行復欹斜，本文注説比比相混。且信愚見，聊加筆削，朱以句之，墨以訓之。欲校無善本，姑措附後人。寬永三曆郊花月之末旬，有情道人書于餘力堂内。」這個抄本是江户時代初期儒學思想家林羅山的舊藏，今存日本國立公文書館之内閣文庫，索書號 310－0059，可在綫上閲覽。

雞園刻經處本原人論，清同治十三年（一八七四）春鍾謙鈞施資刊印。從内容及行款看，是依嘉興藏的跡字號原人論爲底本。没有原人論目録，但增刻了句讀。金陵刻經處現完好保存有全書書板，編號爲「樓上 66 號」。這個版本的早期印本，如國家圖書館藏索書號 134352 的一部，正文第二頁第九行「草木」誤作「草本」（全句是「草木亦皆禀氣，何不知乎」）；而較後印本，如國圖 134351 號藏本，則予以改正。中華書局版的中國佛教思想資料選編之第二卷第二册收入的華嚴原人論，即據此本排印，並加以現代標點。二十世紀末，金陵刻經處翻雕新板，此書刊記仍依同治板原式，没有像同時期重刻其他書那樣如實更改。這一新近的翻刻本與同治舊本除了字形等細微差異外，正文第四頁後五至後六行「分田立主」，譌作「分用立主」，是一處明顯的區别了。

中國佛教界對於原人論的研究其實並不很多，歷史上有過三篇比較重要的注釋，當代則以聖嚴法師的研究爲代表，他撰寫於二〇〇四至二〇〇五年間的華嚴心詮：原人論考釋（宗教文化出版社二〇〇六年版）代表了佛教界的最高研究水準。這一研究的範式，由原文、語體（譯成白話文）和考釋條目三部分構成，對於條目的考釋，是在一個完整的段落的原文和白話翻譯之後而集中注釋，有的條目解釋得非常詳盡。他對於原人論的重視，也是受到國際上三位研究宗密的最著名的學者，加拿大的冉雲華、日本的鎌田茂雄和美國的 Peter N. Gregory 的影響。他在此書的自序中，談到了中、日佛教史上對於原人論的研究，特別提到日本的佛書解説大辭典中，原人論原本及中、日兩國對於此論的科判、注釋達五十一種之多（見小野玄妙：佛書解説大辭典第三卷，大東出版社一九八〇年重版，第二〇二至二〇四頁。另外在第四二頁還收有以「華」字開頭的原人論的原本、注釋八種）。

在此之前，Peter N. Gregory 也對日本的研究有簡要的概括，特別列舉了九本比較重要的研究成果（見 Peter N. Gregory，*Inquiry into the origin of humanity*：*An annotated translation of Tsung-mi's Yüan jen lun with a modern commentary*，A Kuroda Institute Book，University of Hawai'i Press，1995，p. 38.）。而他本人的研究則代表了英語世界對原人論研究的水準。他所用的本子是大正藏本，研究的範式由五部分構成：一是概括主題，一句話；二是簡釋此主題，一段話；三是原人論中文原文；四是英文翻譯；五是解釋發微録本，這一部分的文字比較多。

在諸種後修的藏經中，永樂北藏本和嘉興藏本分别被選作底本。本書采用的底本爲雞園刻經處本的後印本，它依嘉興跡本而刻，又加圈點斷句，改正了初印的一個誤字，我們認爲這是一個相對完善的本子。

凡例

一、本書以清同治十三年雞園刻經處刻本爲底本。校本有：

1 永樂北藏中跡字本所收的原人論，本書稱其爲「北藏跡本」；

2 永樂北藏中茲字本所收的原人論，本書稱其爲「北藏茲本」；

3 嘉興藏中跡字本所收的原人論，本書稱其爲「嘉興跡本」；

4 嘉興藏中茲字本所收的原人論，本書稱其爲「嘉興茲本」；

5 明萬曆五年朱俊柵刻本華嚴原人論，本書稱其爲「代藩本」；

6 日本寛永三年抄本原人論，本書稱其爲「寛永抄本」；

7 宋僧淨源的華嚴原人論發微録中所收的原人論，本書稱其爲「發微録本」；

8 元僧圓覺的華嚴原人論解中所收的原人論，本書稱其爲「解本」；

9 明代楊嘉祚據華嚴原人論解而刪合的華嚴原人論合解中所收的原人論，本書稱其爲「合解本」。

最後三種釋文，所據版本爲新文豐出版公司一九七六年影印日本續藏經本。校注中如果不專門分別永樂北藏或嘉興藏的跡或茲字本，則兼指兩者。

二、本書先校後釋，若無需校勘，則直接詮釋。

三、釋文先引已有之釋，順序是先發微録本，次解本，後合解本。合解本是對解本的簡化，但也有少量的增補。對這兩種釋文，解本繁而合解本精者，則取合解本；兩者相同時，則取解本；合解本有發揮之處時，則兩種並用或突出其發揮之處。（引用三種注釋本的觀點時，並不是簡單的彙編，而是取其主要的看法，因此並非都全文照録。有些過於繁雜的詮解、引證等，包括小字注文中類似的內容，括以「中略」、「後略」，表示省去。合解本中內容與解本中相同者，也在括弧中注以「上與解本同」之類説明。）在此之後，整理者的解釋則爲「案」語。

四、在每一段原文的校釋之後，加一段本段提要，對其內容加以簡要的説明。

五、對發微録、解、合解三種釋文中的個別錯處，也注出。

六、底本和三種釋文中的雙行小注，現全改爲單行小字。

原人論序〔一〕

唐終南山〔二〕草堂寺〔三〕沙門〔四〕宗密述〔五〕

萬靈蠢蠢〔六〕，皆有其本〔七〕；萬物芸芸，各歸其根〔八〕。未有無根本而有枝末者也〔九〕，况三才中之最靈，而無本源乎〔一〇〕？

校釋

〔一〕「原人論」，北藏茲本、嘉興茲本、代藩本、解本、合解本此上有「華嚴」二字。「序」，北藏本、嘉興茲本、代藩本、寬永抄本、發微録本、解本作「并序」。

【發微録】題標原人論者。「原」，考也，窮也，謂博考内外，推窮萬法，原其人道，以一心爲本焉。「人」字有二釋：一、多思；二、多恩。（中略）「并序」者，以論題兼於自序，故云「并」也；「序」者，舒也，舒述三教之淺深，四篇之生起也。

【合解】論題標「華嚴」者，以是此論之所宗，下五教中一乘顯性，即此經故。「原」者，推究其本之謂也。欲窮究人之本始，故曰「原人」。問曰：佛教常言衆生通五趣者，何故此論但標「原人」？答曰：論主約人是我同類故，序云：「我今得此人身，而不自知。」又，六道中其餘五趣苦樂不均，不堪脩行，故偏勸人。裴相國圓㊀覺序云：「生靈之所以往來者，六道也。鬼神沉幽愁之苦，鳥獸懷獝狘之悲，脩羅方瞋，諸天正樂。可以整心慮，趣菩提，唯人道爲能耳。」三世諸佛，皆於人中成佛，蓋爲此也。知人之原，則四聖六凡類可知矣。「論」謂評議，假立問答，研究深旨，故名曰「論」。

【案】題標「原人」，是探討宇宙、社會和人的本原，體現了宗密的宇宙觀和社會歷史觀。又標「華嚴」，宗密認爲一乘顯性教即華嚴宗以真性爲人的本原的原人觀，才是探得了人的真正本原，對人的本原的探討，就是一直要深入到這一真性的。在方法論上，宗密以一乘顯性教融合各偏淺之教，以本融末，也是依據華嚴宗的理事圓融觀。

〔二〕「唐」，北藏茲本、嘉興本、代藩本、寬永抄本、發微録本、解本無。「終南山」，合解本無。

【發微録】「終南」者，自帝都南八千里外，疊嶂千重，危崖萬仞，南垂遐遠，極南海隅，故曰

㊀「圓」，原作「原」，據裴休大方廣圓覺經疏序改。

「終南」。

【解】「終南山」，乃所依之總名，地屬三秦，東西磐礴八百餘里。

【案】標示寫作地點。終南山，一稱南山，在今陝西省西安市南，即狹義上的秦嶺，是秦嶺主峰之一。

〔三〕「草堂寺」，北藏本、嘉興茲本、代藩本、寬永抄本、發微録本、解本此下有「圭峰蘭若」四字；合解本無，徑作「圭峰蘭若」。

【發微録】「草堂」，始因羅什於大寺中構一堂，以草苫蓋之而譯諸經論，則「草堂」之名始于秦什也。

【解】「草堂」即後秦逍遥園，自羅什入秦，詔於此園譯經，創草堂以居之，因改爲寺。「寺」者，司也。國置九寺，以立九卿。由漢代騰、蘭初届，館于鴻臚，爾後僧居，因名曰「寺」，即始於洛陽之白馬也。

【案】草堂寺位於今陝西省西安市鄠邑區的草堂營村，原爲後秦逍遥園的故址，鳩摩羅什曾在此譯經，唐代改爲棲禪寺，後改稱草堂寺，宗密曾長期居於此寺，寫出大量作品。寺南有圭峰，圭峰是終南山中的一個山峰，形狀像圭，宗密也常在此居住，兩地相距不遠。

〔四〕【案】「沙門」，梵文śramaṇa 的音譯「沙門那」的略稱，有勤勞、功勞、静志、息止、息心、息惡、勤修、修道、貧道等意，原爲古印度反婆羅門教思潮各個派别出家者的通稱，佛教盛行後則專指佛教僧侣。

〔五〕「述」，合解本作「論」。

【案】「宗密」，作者名，事迹見本書序言。發微録本依裴休的原人論序介紹宗密，但以此序爲法集之序。

〔六〕【發微録】「萬靈蠢蠢」者，「蠢」，動也，「靈」謂含靈，即有情正報也。仁王經云：「衆生蠢蠢，都如幻居而已。」言「萬」者，且舉大數。

【解】「萬靈」者，羽毛、鱗介、昆蟲之屬，其類不一，咸具覺知，故曰「萬靈」。「蠢」者，出也。（中略）今論文中且舉蚑蟲蠢動之微，以況於人，其實該於卵、胎、濕、化也。

【合解】「萬靈」者，羽毛、鱗介、昆蟲㊀之屬。「蠢」，動也，舉昆蟲以該胎、卵、濕、化也。

【案】「萬靈」，這裏指各種有生命（或有情）的低等生物，總括佛教所説的卵生、胎生、濕生和化生等類。「蠢蠢」、「蠢」，是指蠢動、出動，昆蟲遇冬則蟄，逢春而動。

〔七〕【發微録】「皆有其本」者，以蠢動蜎飛、胎卵濕化皆以真界爲本源也。

㊀「蟲」，原作「蟲」，據解本改。

【解】言「皆有其本」者，「本」即因緣。（中略）衆生之類，無問巨細，皆以愛染而爲其本耳。此舉有情爲例也。

【案】「本」，指本原，根本，終極原因。有情衆生都有其本原。

〔八〕【發微録】「萬物芸芸」者，月令曰：「芸，香草也。」「各歸其根」者，各歸其所始也。有本作「紜紜」，非也。且此語出道經，彼謂「夫物芸芸，各歸其根」。玄宗注云：「花葉芸芸者，生性歸根。」今論主欲示依報之物，對上正報之身，但改「夫」字爲「萬」字耳。

【解】「萬物」者，百穀草木之類。「芸芸」者，繁茂之狀。此文借老子，彼云「夫物芸芸，復歸其根，歸根曰静，静曰復命」云云。彼意謂萬物皆自道之所生，還歸於道，是復其本根也。今意但取物各有根，然後方得枝葉茂盛。此舉無情爲例也。

【案】「萬物」，相對於含靈的低等生命類型而言，這是指無情之物，如百穀草木、山河大地等類。「芸芸」，衆多、繁茂的意思。「根」，與「本」義相同，也是指根本、終極原因。語出老子十六章，取意無情萬物和有情衆生一樣，也是有其終極原因的。

〔九〕【發微録】「未有無根」下，歸明依正之枝末以一心爲根本焉。

【解】廣韻云：「一在木下爲本，根株之謂也；一在木上爲末，枝葉之謂也。」若無根本，那有枝末？

【案】「枝末」，相對於根、本而言，乃指事物的現象，依根、本爲存在的依據，不能脱離根本而存在。

〔一〇〕發微録本此句作：「況三才之中，唯人最靈，而豈無本源乎？」

【發微録】「三才」者，文心彫龍曰：「仰觀吐耀，天才。俯察含章，地才。高卑定位，故曰兩儀。儀既兩矣，唯人參之，性靈所宗，是謂三才。」

【解】「況」謂比況。上明蚰虫、草木尚有因緣，比擬於人，亦當如是，安得不窮其本致乎？言「三才」者，天、地、人也。「才」謂才能，謂天有運動之才，地有生成之才，人有鑒慮之才。古人云：「天生萬物，唯人最靈。」既曰「最靈」，是勝於萬物者也，可無本乎？

【合解】是昆蟲草木尚有因緣，況三才中唯人最靈，豈無本乎？

【案】「三才」指天、地、人三者。「才」指才能。比人低等的有情衆生和無情萬物都有其本原，何況人呢？人自然更是有其本原的。

【本段提要】原人之「原」，乃是本原之原，終極原因之原，人有其終極本原。對於原人問題的討論，宗密利用比較法，從世俗認爲較低級的生命類型和事物入手，那些低等的有情生命和無情之物的産生，都有其終極原因，何況像人類這樣的高等生命，怎麼會没有終極原因呢？揭示了「原人」的主題。

且知人者智，自知者明〔一〕。今我稟得人身，而不自知所從來〔二〕，曷能知他世所趣乎〔三〕？曷能知天下古今之人事乎〔四〕？

校釋

〔一〕【發微録】「且」字，語辭。「知人者智，自知者明。」亦出道經。王弼注云：「『知人』者，自智而已矣，未若『自知』者超智之上也。」玄宗云：「『智』者，役用以知物。『明』者，融照以鑒微。『智』則有所不知，『明』則無所不照。」

【合解】知人爲末，自知爲本。下文顯真源處，了性同佛，是爲智明，以本該末，亦無遺矣。

【案】此句話出自老子三十三章。「知人」，認識他人，認識社會的本原，這需要智慧。「自知」，認識自己，認識自身的本原，這需要靈明。靈明的功用超於智慧之上，智慧則有所不明，靈明則無所不照。由此也説明，認識自己的本性是最爲重要的。

〔二〕「今我」，北藏兹本、嘉興兹本、代藩本、解本、合解本作「我今」。

【發微録】「禀」，受也。「從來」，即過去。

【解】「我」者，論主自指，五藴假我。蓋舉自己以激勸他人也。「禀」謂禀受，如孝經云：「身體髮膚，受之父母。」謂有所禀受而得此身也。「所從來」者，即前世所禀。依内教説，即過去業惑展轉乃至本覺真如是也。

【案】「我」，佛教一般指謂色心假合的統一體，這裏是宗密自稱。「禀」，禀受，承受。「人身」，指人，色心假合的人。「所從來」，指佛教三世説中的前世，所謂的「我」或「人身」，是前世所禀。

〔三〕「曷」，寬永抄本作「焉」。下「曷」同。

【發微録】「他世」，即未來。「曷」，何也。「趣」，向也。自不知過去所因，何能知未來所向乎？

【解】「曷」者，何也。「他世」，即後世也。「趣」謂趣向。謂捨此身已，當生何道？天耶？獄耶？或升或墜。意云：既不知生從何來，又焉知死所趣向乎？如夫子云：「未知生，焉知死？」此之謂也。

【案】「他世」，指佛教三世説中的來世。佛教認爲，人的生命在三世中流轉輪迴，從過去世經由現在世而至未來世，只有了知自身在過去世的情形，亦即了知自身的本原，才能知道自己在來世中的狀況。

〔四〕「古今之人事」之「之」，北藏兹本、嘉興兹本、代藩本、解本、合解本無。

【發微録】「天下」，即現在。「古今」下，通三世。

【解】「天下」，横約處。「古今」，豎約時。「人事」者，如運祚興亡、風俗美惡、禮樂成壞、刑政得失之類是也。然「知所從來」及「他世所趣」，即前「自知」之事；「天下古今人事」，即前「知人」之事。蓋原身爲本，天下古今爲末，必先究其本，然後窮其末，則不失其序矣。若夫終日論天下古今，至於此身而不知究，則是棄本而事末矣。

【案】「天下古今」，暗指佛教三世説中的現在世。「天下」，是從横向的空間角度而論現世，「古今」，是從縱向的時間角度而論現世。「人事」，即人們必須認識和了解他人之事、社會之事。

【本段提要】此段强調原人的重要性。原人，就是要知道自身從何而來，探究前世的業因，就能知道自己在現世和未來世中的狀況。如此原自身之後，才能知他人，才能洞達社會、人生的種種現象及其本質。

故數十年中，學無常師〔一〕，博攷内外〔二〕，以原自身。原之不已，果得其本〔三〕。

校釋

〔一〕【發微録】「學無常師」，此句出論語，馬融注云：「無所不從學，故無常師。」尚書又云：「德無常師，主善爲師。」

【解】「學無常師」者，言不但師於一人也。清涼云：「益我爲友，人皆友焉。」

【案】宗密爲了探求人的本原，師從多人而學，著名者就有遂州道圓、荆南唯忠、洛陽神照、靈峰和尚、清涼澄觀等。「數十年」之説，也證明此論爲宗密的晚年作品。

〔二〕「博」，原作「摶」，據北藏跡本、嘉興本、代藩本、解本等改。

【發微録】「博考内外」者，「博」，廣也，「考」，校也。域外治於心，謂之内教；域中治乎身，謂之外教。

【解】「博」謂廣博。「攷」㊀謂攷究。「内」即佛教宗説之旨。「外」則儒老百氏之書。其志在於窮究自身之本，非爲干禄求名之學也。

【案】「内外」，佛教稱自身爲内教，佛教典籍爲内典，而稱佛教之外的一切思想流派爲外教，其典籍稱外書。宗密爲了探求人的本原，又對佛教和儒道等教進行了廣泛的研究，先習儒，再向佛，後又回到儒學，兼習道學，遇道圓後，歸向禪宗，最後歸於華嚴宗。

〔三〕「本」，解本作「身」。

【發微録】「已」，止也。「果」，尅也。

【解】「原之不已」者，「已」者，止也。有所未至，心不止也。功成必致，故得其本。

【案】「原」，探究本原。宗密在歸趣了華嚴宗之後，才真正探得了人的終極本原，這就是真性。

㊀「攷」，原作「巧」，據嘉興茲三、宗密原人論序改。下「攷究」同。

【本段提要】宗密爲了探求人的本原、人的本質，進行了長期不懈的努力，由儒而佛，並旁通諸子百家，又由佛教之禪宗而再宗華嚴宗，遍探群典，遍訪名師，最終在清涼澄觀那裏悟得心要，自謂得人之原。這一段學問經歷，宗密在其遥稟清涼國師書中有完整的回顧。

然今習儒、道者〔一〕，祇知近則乃祖乃父，傳體相續，受得此身〔二〕，遠則混沌一氣，剖爲陰陽之二，二生天、地、人三，三生萬物〔三〕，萬物與人，皆氣爲本。

校釋

〔一〕【發微録】「習」者，學也。

【合解】此下别叙諸宗，先叙外教也。「儒」即儒教，孔子爲主。「道」即道教，老子爲主。

【案】「今」，現今，指宗密所處的中唐之世，由此也可以看出宗密所關注的主要是當時思想界的狀況。「儒」，儒學。宗密所指，不純粹是先秦儒學，更主要是唐代的儒學。「道」，道家，道教。宗密所指，也不純粹是先秦道家，更主要是唐代的道教。宗密在此簡略批評外教的原人觀。

〔二〕【發微録】「則」者，承上之辭。「祖」者，祭法正義曰：「『祖』，始也。」言爲道德之始也。「父」

者,白虎通曰:「『父』,矩也,以法度教子也。」「傳體相續」者,言父傳祖之遺體,相續不絶也。蘭盆疏云:「外教所宗,人以形質爲本,傳體相續。」

【解】「傳」約從本流末,「續」謂以末繼本。謂祖傳父,父傳孫,世世不絶;子續父,父續祖,展轉乃至高曾遠祖。

【合解】二家之意,皆以氣爲初始,漸有人及萬物,故近則謂祖傳父,父傳子,子續父,父續祖,受得此身。

【案】「近」,人産生的最直接或最淺層的原因。「乃祖乃父」,人的産生是由父傳子、子傳孫等代代相傳。

〔三〕【發微録】「混沌一氣」者,即陰陽未分,清濁相和,故云「一」也。(中略)「剖爲陰陽之二」者,「剖」,分也,即一氣始分爲陰陽二氣也。「二生天地人三」者,陽氣輕清爲天,陰氣重濁爲地,沖和之氣爲人。「三生萬物」者,謂三才備,方有萬物。萬物與人,皆氣爲本者。

【解】「遠則」下,展轉推窮,則自「混元一氣」云云。謂天地之前唯一元氣,混然不分,故曰「混沌」。「剖」謂剖判。即混沌既分之後,陽氣輕清,故上升,陰氣重濁,故下沉。升者爲天,沉者爲地,二氣和合,人生其中,是爲三才。從此漸有萬物。

【合解】遠則謂天地之前,惟一元氣,混然不分,故曰「混沌」(下與解本同)。

【案】「遠」，人産生的終極原因。「混沌」，對元氣的本來狀態的描述。世界都源於氣，而元氣之最初的情形，就是這樣的一個整體。此是所謂「一」。「剖」，剖判，分化，演進。「陰陽」，由未分的元氣分化而成的兩種基本物質要素。此是所謂「二」。「三」，陰陽二氣進一步相互作用後的結果。陽氣輕清而上升爲天，陰氣重濁而下沉爲地，人則生於其中，與天地合爲三才。「三生萬物」，三才備而萬物先後生成。此段意思是老子所代表的，老子四十二章有「道生一，一生二，二生三，三生萬物」之語。宗密認爲，這段話描述了世界從元氣中産生的過程，他在其中也綜合了儒家的相關觀點。

【本段提要】這是對儒、道兩家的原人理論提出的扼要的批評，根據宗密的分析，儒、道兩家的原人理論有四種：元氣論、大道論、自然論和天命論。這裏簡要地批評其元氣爲本論。

習佛法者，但云近則前生造業，隨業受報，得此人身〔一〕，遠則業又從惑，展轉乃至阿賴耶識，爲身根本〔二〕。

校　釋

〔一〕【發微録】「但」，語辭。然業有善惡，報有苦樂，此則善業樂報，故云「得此人身」。起下文人天教。

【解】此雖總言佛法，意乃别指權、小。「近則」下，指人天教。

【案】「佛法」，佛教之法，言佛法多從思想方面而着眼。「前生」，指三世中的過去世，或稱前世。「業」，梵文 karma 的意譯，音譯爲「羯磨」，佛教所指人的造作，泛指一切的身心活動，一般分爲身、口、意三種。「報」，報應，業所産生的結果。宗密這裏所指的是人天教的原人觀，即以業爲人的本原，他在下文中有詳盡的述評。

〔二〕【發微録】「業又從惑㈠」者，歸推業從貪、瞋、癡而有也。起下文小乘教。「阿賴耶識」者，歸推三毒、我執從本識法執而生也。起下文法相教。不序破相者，以此教密顯真性空寂之理，故不序之。其顯性教，在區别了義中。

【解】「遠則」下一句，小教。「阿賴耶識」，即法相教。於此三中，前不兼後，後必兼前，中間云「乃至」者，謂惑又從執而起。然「惑」與「執」各有二種。「惑」二種者，一、煩惱障；二、所知障。「執」二種者，一、我執；二、法執。謂五藴等從衆緣生，本無實性，衆生不了，計以爲實，名曰法執。由執法故，於諸理事、世出世法不能通達，名所知障。此五藴中法尚

㈠「惑」，原作「感」，據宗密原人論序改。

難得，況主宰者？衆生於中妄計實我，名爲我執。由執我故，煩惱障生，塵勞競興，業報不息，由此輪轉，苦果無窮。而二乘人但除我執煩惱障，未斷法執所知障，菩薩雙斷二執二障。然此二執二障於賴耶識皆有種子，從種生現，起惑造業，推窮其本，則自賴耶，故云「乃至」，廣如下明。

【案】「惑」，是煩惱的總稱，特指因不懂佛教而産生的種種錯誤的認識。「展轉」，偏淺佛教對人的本原的看法的層層深入，人天因果教以業爲人的本原，小乘教以色心二法，以及貪、瞋、癡爲人的本原，大乘法相教以阿賴耶識爲人的本原。「阿賴耶識」，梵文 ālayavijñāna 的音譯，意譯爲「無没識」，即執持諸法種子而不失，也稱爲「藏識」，即含藏諸法種子，是印度佛教瑜伽行派和中國佛教法相宗所立八識中的第八識。宗密在此所指的是小乘教和大乘法相教的原人觀。

【本段提要】宗密在此又簡要分析了佛教中偏淺之教的原人觀，人天因果教以業爲人的本原，而業的産生又緣於小乘教的法執，小乘教的法執又緣於大乘法相教的阿賴耶識，阿賴耶識被認爲是人的終極本原了。

皆謂已窮，而實未也〔一〕。

校釋

〔一〕「已窮」，北藏兹本、嘉興兹本、代藩本、發微録本、解本、合解本此下有「其理」二字。

【發微録】習儒道，以氣爲本，習佛法，以識爲本，但言已窮此身，而實未至本源也。

【解】如上所説，皆是聖人權漸之談，非究竟了義之旨，恐人執滯，故總非之，意在責人，非斥法也。

【案】「窮」，窮究至終極之處。「未」，否定之辭。

【本段提要】儒道二教和佛教中的偏淺之教，都没有真正探求到人的本原。這是宗密體系中「非」的部分，即批評的部分。

然孔、老、釋迦，皆是至聖〔一〕，隨時應物，設教殊途〔二〕，内外相資，共利群庶〔三〕。

校釋

〔一〕【發微録】「然」者，評量之辭。「孔」謂孔丘，字仲尼，爲魯司寇。其父先娶施氏，生子孟皮，早亡，後娶顔氏，因禱尼丘山而生，遂以丘爲名，尼爲字。言「仲」者，次兄孟皮故也。「老」謂老聃，姓李氏，名耳，字伯陽，謚曰聃，爲周守藏室之吏，其母曾見日精下落，如流星入口，因而有娠，七十二歲而生，鶴髮龍顔，廣顙長耳，故立其名。「釋迦」，此翻能仁，長阿含云：昔有輪王，姓甘蔗氏，聽次妃之譖，擯四太子至雪山北，自立城居，人以德歸仁，鬱爲强國。父王悔憶，遣使往召，四子辭過不還，父王三歎：我子釋迦。因此命氏者。「皆是至聖」者，準清浄法行經，如來先遣三聖往化支那。老子即摩訶迦葉，仲尼即浄光童子。

【解】恐有難云：如前所説元氣陰陽、業惑、識變，皆是孔、老、釋迦至聖所説，何得非之？故今通云：自是學人不達聖意，豈孔、老、釋迦之過歟？然則聖意若何？論云「然孔、老」云云，此乃總出三聖立教之意也。

【案】「孔」指孔子，儒學的創始人。「老」指老子，道家的創始人。「釋迦」，印度佛教的創始人。「至聖」，最高的聖人。

〔二〕【發微録】「隨時應物」者，各隨當時，以應物機。「設教殊塗」者，仲尼設教，則删詩、書，定禮、樂，修春秋，贊易道，即以六經訓世也。伯陽設教，唯見素抱朴，少思寡欲，槌提刑政，絶滅禮樂，即以道、德㊀二經訓世也。能仁設教，乃辨性相，分化制，示行位，判權實，即以十二分教，以訓世及出世也。「殊途」之言出周易，彼云：「天下同歸而殊途。」「途」，路也。

㊀「德」，原作「經」，據文意改。

【解】言「隨時應物」者，孔老之時，此方人根未熟，尚未堪聞因果之説，況佛性了義之談？故孔老先以仁義道德而漸誘之，且㈠指元氣陰陽爲本。西方佛出世，四十年前，人根未熟，未堪聞於佛性了義之旨，是故大覺且隨二乘五性之機，説業、識變等，至四十年後，方説一乘。故法華經云：「久默斯要，不務㈡速説。」皆顯「隨時應物」也。言「殊途」者，謂殊異路途，即指前所説元氣、業惑等，立教不同，故曰「殊途」。

【案】「隨時應物」，根據當時的不同條件而施以不同的教化。「設教殊途」，通過不同的方式來設立各自的教化。

〔三〕「庶」，寬永抄本校記稱「一本作衆，非也」。

【發微録】「内外相資」下，言三聖互相資助，同共利樂群庶衆民也。

【解】言「内外相資」等者，「資」者，藉也，助也。謂雖設教不同，然亦互相資賴，道並行而不悖也。蓋佛教藉儒老爲誘物之始，儒老藉佛教爲成物之終，如目足相資，方能全濟。又，震旦之機，宜以仁義道德而化，故孔老以是化之，餘方之機，宜以業惑等化，故大覺以業惑等化之，衆生不一，故曰「群庶」。

㈠「且」，原作「旦」，據北藏茲三、合解本改。

㈡「務」，原作「努」，據北藏茲三、合解本、法華經藥草喻品改。

【案】「相資」，互相補充，互相促進。「群庶」指芸芸衆生。

【本段提要】儒道二教又有合理的成分，二教教主同佛教教主一樣，都是最高的聖人，他們根據不同的社會條件，不同的受教對象，設立了不同的教化，這些教化相互結合，相互補充，對社會、人生都有益處。這是宗密體系中「是」的部分，即融合的部分，是其三教合一觀的重要表述。

策勤萬行，明因果始終〔一〕；推究萬法，彰生起本末〔二〕。雖皆聖意，而有實有權〔三〕。

校釋

〔一〕【發微録】「策」謂警策。「明因果始終」者，釋教，始修六度爲因，終證萬德爲果。儒教，始覆一簣爲因，終成九仞爲果。道教。始舉一步爲因，終行千里爲果。

【解】恐人難曰：三教聖人利物之心既同，則應三教皆可原人，何故此中偏宗佛教？故復答云：利物之心，三聖雖同，權實之用，三聖則異。儒道一向是權，佛教兼於權實。今取實教了義，故偏宗佛。迷於權實，豈達聖意？言「策勤萬行」者，「策」謂策發。「萬行」者，且言行門之多，不但説施、戒等，至於四諦緣生、十善五戒、四禪八定、儒老五常道德等，皆在其中，細詳文意，自可見矣。「因果始終」，唯明佛教，修因爲始，感果爲終，或約一人，先後爲始終也。

【案】「策勤」，警策，勤勉。「萬行」，各種教義和修行方法、行爲規範等。「因果」，原因和結果，特指佛教的因果報應説，作爲原因的任何行爲，都會導致相應的果報，在没有得到果報之前，行爲的作用不會消失。「始終」，「始」爲事法的本原，也爲「因」，「終」是由此本原而決定的現象，也爲「果」。三教具有相同的一面，都在鼓勵人們完善自身，但佛教更注重探討世界的因果關係，事法的前始後終，因而，佛教和儒道二教還是有差别的。

〔二〕【發微録】「彰生起本末」者，佛教以一心爲本，依一心開二門，乃至生三細起六麤爲末也。儒教以太極爲本，故「易有太極，是生兩儀，兩儀生四象，四象生八卦」爲末也。天、地、雷、風、水、火、山、澤，是謂八卦。道教以一氣爲本，一生二，乃至三生萬物，爲末也。

【解】「萬法」至「本末」，亦通三教，儒道以氣爲本，釋教以業惑、八識、真如爲本，隨宗不同，末則可知。

【案】三教也都推究萬法的本原，但對本原的看法却是各不相同的，於是就會顯出深淺的差别來。

〔三〕「聖意」，寬永抄本、發微録本作「聖教」，寬永抄本校記稱「一本作意，非也」。「有實有權」，合解本作「有權有實」。

【合解】「雖皆聖意」者，縱辭也。「而有權有實」者，奪辭也。

【案】「聖意」，聖人之意。「實」，指終極性的。「權」，指權假，權宜。

【本段提要】宗密一方面確定三教都有相同點，都有積極作用，可以融合，另一方面又着重指出三教之間實際上是有層次差別的，三教並不是都求得了人的真正本原。

二教唯權，佛兼權實〔一〕。策萬行，懲惡勸善，同歸於治，則三教皆可遵行〔二〕；推萬法，窮理盡性，至於本源，則佛教方爲決了〔三〕。

校釋

〔一〕【發微録】「二教唯權」者，儒宗太極，道本一氣，皆權也。「佛兼權實」者，佛教總太極、一氣之權而歸一心之實也。又，「權」謂第一斥迷執，第二斥偏淺。「實」即第三直顯真源也。

【解】言「權實」者，「權」謂權假，亦曰權宜。秤錘曰權，言能酌量輕重，以喻聖人方便分别事宜，隨器授道，孔子所謂「可與立，未可與權」是也。「實」者，果之核，取其堅也，亦確乎不可拔之謂也。然則二教之權與佛教之權可得聞乎？答曰：冥顯有異。二教之權，即冥權也，佛教之權，乃顯權也。何以言之？明教大師云：「權也者，有顯權，有冥權。顯權則爲淺教，爲小道。冥權則爲異道，爲他教。」釋曰：淺教如法相、破相，小道如二乘、人天。此之三乘，如化城之喻，是佛隨宜之説，故曰「顯權」。「冥權」者，無方妙用，潛興密應，或爲異道之師以化正彼類，或爲他教之主，用他教法以利于世。

【案】「佛兼權實」，佛教内部，既有權教，也有實教，人天教、小乘教、大乘法相教、大乘破相教四教均爲權教，一乘顯性教方爲實教。

〔二〕【發微録】「懲惡勸善」者，懲誡去惡，勸勉就善也。故周易云：「小懲而大誡，此小人之福也。」「同歸于治」者，尚書云：「爲善不同，同歸于治。」「治」，理也。「遵」，依也。

【解】亦應先難云：前明教有權實，唯宗實教，則應權教皆無用耶？答曰：是何言歟？夫聖人設教，各有攸當，或權或實，隨器所宜，故此一科，即顯權教之有用也。初句如前已解。「懲惡勸善」者㊀，「懲」者，戒也，止也，即止惡興善也。儒教三綱五常，老氏保雌守弱，釋教三學六度，莫不皆使人止惡興善而已，泛常所説三教大同者，此之謂也。（中略）「遵」者，依也。所歸既同，依行皆可，是故依儒教則爲成德之君子，遵老氏則爲清浄之真人，禀釋教則出三惡而往人天，乃至究竟，證三乘而圓二果者矣。

㊀「者」，原作「有」，據北藏兹三改。

【合解】欲奪先縱，以顯權教之用也。儒教三綱五常，老氏保雌守弱，釋教三學六度，莫不皆使人策修萬行、止惡興善而已。爲教不同，同歸於治也，所歸既同，遵行皆可（下與解本同）。

【案】「治」，有秩序，安定。「三教」，儒教、釋教和道教。儒釋道三教在教化方面都有着同樣的社會作用，這是三教會通的基礎。

〔三〕「萬法」，代藩本作「萬行」。

【發微録】窮真如不變之理，盡萬法隨緣之性。易曰：「窮理盡性，以至于命。」文同義别，其在茲乎。

【合解】前縱此奪，以顯實教之用也。前言「三教皆可遵行」者，但順聖人隨宜益物，治已成之人身，非欲窮究所以成人之源本，欲窮其本，則非了義教莫能盡之。言「推萬法，窮理盡性」者，「推」謂尋其本致，「窮」謂極其根源，「盡」謂竭其蘊底，「萬法」，即色心等世、出世法。然「窮理盡性」，語出周易，彼繫辭云：「窮理盡性，以至于命。」雖借彼文，取意則異。「理」謂道理，真理。「性」謂法性，心性。不取天賦，故不言命。謂真如一法，横對諸事曰「理」，廣也，豎貫一法曰「性」，深也。然在無情曰「法性」，在有情曰「心性」，亦曰「佛性」，亦名「本覺」，亦曰「如來藏」，即下顯性教中所説真性是也。謂色心等法，從緣而生，無實自性，全是真如隨緣所成。故此萬法皆以真如而爲本源。故論主圓覺疏序云：「萬法虛僞，緣會而生，生法本無，一切唯識，識如幻夢，但是一心，心寂而知，目之圓覺。」此推萬法至本源之謂也。（中略）言「至於本源」者，非離真性之外別有本源，但約教詮淺深之異，故有「至」、「不至」爾。起信云：「心真如者，即是一法界大總相法門體，所謂心性不生不滅。」乃至云「唯是一心，故名真如」。又云：「摩訶衍者，總説有二種：一者法，二者義。所言法者，謂衆生心，是心即攝一切世間、出世間法，依於此心，顯示摩訶衍義。」華嚴經云：「云何説諸蘊？諸蘊有何性？蘊性不可滅，是故説無生。分別此諸蘊，其性本空寂。空故不可滅，此是無生義。衆生既如是，諸佛亦復然。佛及諸佛法，是性無所有。」則知不生不滅真如妙性，實諸法之本源矣，非一乘了義，何以臻此？言「決了」者，謂決定了義，亦決斷顯了也。

【案】「推」，尋求本原。「萬法」，指世間和出世間一切事法。「窮」，指極其根源。「理」，道理，佛教所指真理。「盡」，窮盡，指推究至事法的終極之處。「性」，本性。作法性解，即事物的本性；作心性解，即人的本性。「本源」，終極本性，最初的根源。如果説要論窮究事法的真正的本原，最終要依靠佛教中的了義之教，也就是一乘顯性教。

【本段提要】在肯定儒、道二教的應有價值的前提下，又指出三教中有權實之分，儒、道二教爲權，佛教有權有實，但即使是佛教中的權教也要比儒、道二教高級，儒、道二教的價值在於它們對人的教化作用，但要窮究人的終極本質，則最終還是要依佛教中的實教。這是宗密判教觀的簡明表述。

然當今學士，各執一宗〔一〕，就師佛者，仍迷實義〔二〕，故於天地人物，不能原之至源〔三〕。

校釋

〔一〕「一」，北藏跡本作「下」。

【發微録】「學」，斆也。「士」，事也，任事之稱也。「各執一宗」者，儒生執五常，道流執自然，皆迷因緣也。釋子執緣起而迷性起。

【解】此言「學士」，即通指習三教者。「士」，即人也。「各執一宗」，謂習儒者唯執天命，習老唯執自然等，更不復博究圓暢。

【合解】此先顯餘宗未了，爲造論之緣由也。「學士」，通指習三教者（下與解本同）。

【案】「當今學士」，如今的修習三教者。宗密欲揭示出當時習三教者的心態。「各執一宗」，習儒、道二教者各以自宗爲至極之教，而不與其他諸宗融合。習佛教者也是如此，不與儒道二教融合。這是三教對立、各不相讓的實際狀況。

〔二〕【發微録】夫「實義」，即性起之本也。

【解】或執業惑，或執識變，不信一乘實教，設談佛性，定揀闡提，縱説真如，但云不變，有所未悟，故曰「仍迷」。其猶衆盲摸象，豈識象之全軀？坐井觀天，寧見天之無際？

【合解】「師佛」者，即別指内宗習權教人（下與解本同）。

【案】「師佛」，信奉佛教。這裏指習佛教中的偏淺之教。「實義」，實教之義，了義教之義，指一乘顯性教之義。習偏淺佛教者，並不知道實義之教，不知真性，自然也不懂得和會儒道。

〔三〕【發微録】「天地人」，即緣起之末也。

【解】問：此科與前别除諸宗何異？答：前就學人所知以顯教之權實，今約學人所執爲造論之發端。向使學人無封執之情，則論主可以亡言矣。

【案】「至源」，終極的本原。習偏淺佛教者，不能窮究人的終極本原。

【本段提要】宗密這一分析，乃是三教圓融之論，但當時三教中人，都各執自教，儒者唯儒，道者唯道，佛者唯佛，在唐代，三教之争是很激烈的。但如果不能融合，對人的本原的探討就是不全面的。這强調了三教合一的重要性。

余今還依内外教理，推窮萬法〔一〕。初從淺至深，於習權教者，斥滯令通，而極其本〔二〕。後依了教，顯示展轉生起之義，會偏令圓，而至於末〔三〕。末即天地人物〔四〕。文有四篇，名原人也〔五〕。

校釋

〔一〕【發微録】「余」，我也。「還」，復也。「内外教理」者，教文義理也。治於心曰「内」，即吾佛教迹，四依章門也；治於身曰「外」，即老子道德、孔氏五經也。

【解】「余」者，我也。論主自稱之詞。「還依内外教理」，則見解圓融而無偏局之弊，與夫未嘗讀佛書而輒議佛者，相去遠矣。夫子云：「蓋有不知而作之者，我無是也。」論主之謂歟！

【案】「余」，我，宗密自稱。宗密對人的本原的研究，就不只是依於佛教，而是廣泛涉獵佛教内外的教理，以對整個中、印文化，特别是中國文化有全面的把握。

〔二〕【發微録】「於習權教」，即初二篇，皆淺也。「而極其本」，即第三篇，唯深也。「滯」者，凝久也。

【解】言「從淺至深」者，即指論初二門斥迷執、偏淺也，於中前前淺而後後深。「斥滯令通」者，即破執情而顯圓解也。「極其本」者，指第三門顯真源也。「極」者，至也。

【案】「從淺至深」，從權淺之教而依次深入到了義實教，是從人天教、小乘教、大乘法相教、大乘破相教而至一乘顯性教。「斥滯令通」，破斥權教中的執著，使其通達了義教的真性。這一過程指原人論中的斥迷執第一、斥偏淺第二。「極其本」，達到了義教中的真性。這是指原人論中的直顯真源第三。這裏顯示的是宗密三教合一論中批評的一面。

〔三〕【發微録】「展轉生起」者，下文以初顯性，本唯一心，乃至會通儒道二教之末。

【解】「後依了教」下，即指第四門。「顯示展轉」等者，即第四門中用顯性了義會前所斥，同一真理也。

【案】「了教」，佛教中的了義教，指宗密所判的一乘顯性教。「展轉生起」，由一乘顯性教的真性緣起萬法，其中引起的種種層次變化。「會偏令圓」，會通各偏淺之權教，使它們都至圓滿。這是指原人論中的會通本末第四。這裏顯示的是宗密三教合一論中融合的一面，在批評基礎上的融合。

〔四〕「末即天地人物」，合解本無。「即」，發微録本作「則」。

〔五〕「名原人也」之後，北藏跡本、解本兩行列有：「斥迷執第一，斥偏淺第二，直顯真源第三，會通本末第四。」寬永抄本也有這四句，且對每句加注釋，「斥迷執第一，習儒道者。斥偏淺第二，習佛不了義教者。直顯真源第三，習佛了義教者。會通本末第四。會前所斥，同一真源，皆爲正義。」發微録本同寬永抄本，注文略有出入，「習佛了義教者」作「習了義實教」，「同一真源」作「同歸一源」。嘉興跡本則另起一頁，爲「原人論目録」，左四行分别是：斥迷執第一、斥偏淺第二、直顯真源第三、會通本末第四。

【本段提要】宗密不只局限於佛教義理，而且要通過探討佛教之外的儒道二家的理論，來求得事物的本原。其方法是從權淺之教而依次深入到了義實教，破斥權教中的執著，使其達到了義教的真性。然後依據了義教的真性緣起萬法，會通各種偏淺之權教，使它們都至圓融。

原人論

唐終南山草堂寺沙門宗密述

斥迷執第一〔一〕習儒道者〔二〕

儒道二教，説人畜等類皆是虚無大道生成養育〔三〕，謂道法自然〔四〕，生於元氣，元氣生天地，天地生萬物〔五〕。故愚智貴賤，貧富苦樂，皆稟於天，由於時命〔六〕。故死後卻歸天地，復其虚無〔七〕。

校釋

〔一〕「斥迷執第一」，北藏茲本、嘉興茲本、代藩本、解本、合解本作「一斥迷執」。此五字前，北藏跡本、寬永抄本、發微録本、解本、合解本無標題、作者「原人論，唐終南山草堂寺沙門宗密述」；

北藏茲本、代藩本標題作「華嚴原人論」，後以兩行列有「一斥迷執、二斥偏淺、三直顯真源、四會通本末」四句；嘉興跡本也列有標題「原人論」和作者，唯比底本少「唐」字；嘉興茲本則列有標題「華嚴原人論」。

【合解】「斥」者，排擯義。「迷」謂惑而不悟。「執」謂固守不移。

【案】這一部分是對儒道二教的原人觀的批評，儒道不知真性，而以大道、自然、元氣和天命爲人的本原，宗密認爲都没有真正探得人本原。

〔二〕「習儒道者」，嘉興茲本、解本作「習儒業者」，寬永抄本、發微録本無。

〔三〕【發微録】「儒」者，文選云：「博通經史謂之儒。」「道」者，隋書經籍志云：「蓋萬物之奥，聖人之至賾也。」「人畜等類」，等取天地萬物也，彼二教不説餘之三趣。餓鬼、修羅、地獄。「皆是虚無」下，夫「道」，虚也，無也，非有也，非物也。莊子云：「虚無無爲，萬物之本。」文子曰：「實出於虚。」列子云：「無形而有形生焉。」故云「生成」也。「養」，樂也。「育」，長也。

【合解】此下顯二宗之大同也。道經云：「有物混成，先天地生，寂兮寥兮，獨立而不改，周行而不殆，可以爲天下母，吾不知其名，强名曰道。」又，彼經云：「道生之，德畜之，物形之，勢成之。」皆言虚無大道生成養育之功用也。

【案】「虚無大道」，指儒道二家以道爲人的本原，道的基本特點是虚無。這是宗密所要批評的以大道爲人之本原的道本論。關於道本論，在道家是很顯然的，儒家的道本論，宗密認爲比如易傳中講的太極，其實就是指的道。

〔四〕【發微録】「道法自然」者，老經云：「人法地，地法天，天法道，道法自然。」釋曰：「法」者，倣效也，取則也。以大道無所從來，名爲自然，非別有大道而令大道法之也。

【合解】就二宗推明生起次序也。「謂」者，二宗意旨也。「道法自然」，語出道經，彼云：「人法地，地法天，天法道，道法自然。」即上文「虚無大道」也。「自然」者，妙本之性，性非造作，故曰「自然」。「道」者，妙本之用。「道」與「自然」，體用之稱，與上文有別。順文言「法」，非謂道法倣於自然也。

【案】「道法自然」，道以自然爲法則。這是宗密所要批評的以自然爲人的本原的原人觀。

〔五〕【發微録】「生於元氣」，彼云：「道生一，一生二，二生三，三生萬物。」釋曰：一是混沌之一氣。一氣與道，亦非二體，但一氣是展轉相生之義，道是自然義耳。「元氣生天地」，即上「一氣生二」也。「天地生萬物」，即上「三生萬物」。

【合解】彼經云：「一生二，二生三，三生萬物。」今云「生於元氣」，即彼「道生一」也。「元氣生天地」，即彼「一生二，二生三」也。「天地生萬物」，即彼「三生萬物」也。

【案】「生於元氣」，指儒道二家以元氣爲宇宙、社會和人的本原的觀點。「元氣生天地」，這在道家有老子的「一生二」説，「一」即混沌未分的元氣，「二」即天和地。在儒家有「太極生兩儀」説，「兩儀」即陰陽，或天地。「天地生萬物」，這在道家有老子的「二生三，三生萬物」之説，人生天地之間，天地的相互作用，再加上人的作用，就有萬物的産生。在儒家，有「兩儀生四象，四象生八卦」之説，八卦相蕩而萬物生。這是宗密所要批評的儒道二教元氣本體論的原人觀，宗密在圓覺經大疏鈔卷九之下曾把這種原人觀點概括爲：「萬物唯氣，離氣無物。禀神於天，受形於地。故形神者，麤妙之質。麤妙者，清濁之氣。散則反至本，聚則成於物。聚散雖異，而其氣一焉。」

〔六〕【發微録】計其變通趨時也，彼謂存亡者命，進退者時，隨時進退，逐命存亡，安天而不憂，樂命而不喜，故雖天地，不得違時耳。

【解】「愚」謂諸情暗鈍，「智」謂慧解高明，「貴」謂名位尊榮，「賤」謂身職卑下，「貧」謂資生闕乏，「富」謂財用富饒，「苦」謂逼迫心形，「樂」謂諸根適悦。然愚智約性，貴賤約位，貧富約資，苦樂約受。亦應言吉凶壽夭、妍媸病健等，觸類可推矣，此皆人中品類不同。言「皆禀於天，由於時命」者，儒宗泛説，多止天命。時與命，皆數也。論語云：「死生有命，富貴在天。」孟子云：「莫之爲而爲者，天也；莫之致而至者，命也。」

【案】「皆禀於天，由於時命」，指儒道兩家的天命決定論，天命是主宰，有時也把天和命分爲兩者。這是宗密所要批評的以天命爲宇宙、社會和人的本原的原人觀。

〔七〕【發微録】「死後却歸天地」者，禮記云：「魂氣歸于天，骨肉歸于地。」「復其虚無」者，謂歸其根本也，即道經云：「歸根曰静，静曰復命。」

【合解】前約從本起末，此約原始反終。「天地」者，儒宗所歸。「虚無」者，老氏所復。道經云：「夫物芸芸，復歸其根，歸根曰静，静曰復命。」言萬物既禀天地元氣而生，如草木依根而得榮茂，死則復其本始，如草木凋落，精脉還其本根，是復其所禀之性命也。

【案】「故死後」，圓覺經大疏卷中之三作「及其死也」。「歸天地」，人從天地間產生，死後又復歸於天地，即精神歸於天，骨肉歸於地。這側重於儒家的觀點。「復其虚無」，人從虚無大道中生成，死後又回歸到這個虚無。這側重於道家的觀點。上述四條從人的產生角度論人的本原，這裏是從人的歸宿角度論人的本原。

【本段提要】宗密在此列出了儒、道二家四種原人理論的基本觀點，大道生成論（或道本論）以虚無之道爲本原，自然論以自然爲本原，元氣論以氣爲本原，天命論則以天和時命作爲本原。

然外教宗旨，但在乎依身立行〔一〕，不在究竟身之元由〔二〕；所説萬物，不論象外〔三〕；雖指大道爲本，而不備明順逆起滅、染浄因緣〔四〕。故習者不知是權，執之爲了〔五〕。今略舉而詰之〔六〕。

校釋

〔一〕【發微録】「依身立行」者，老子云：「修之於身，其德乃真。」孝經云：「修身慎行，恐辱先也。」

【解】言「外教」者，謂佛法之外也。言「依身立行」者，儒宗五常百行，老氏保雌守弱，皆以修飾其身而已。

【案】「外教」，心外之教，佛法外之教，指儒、道二教。「依身立行」，儒道二教的理論和修行體系，都是爲了修身，保全其身。

〔二〕【發微録】「元由」者，本因也。

【解】不言此身因何而有，何故得爲人，何故爲畜等，縱若説者，不過大道、元氣而已。

【案】「究竟」，作動詞用，指推究，探求。「元由」，本因，本原。儒道不知推求人的終極本原。在這裏，宗密對儒道二教的原人觀提出了總體性的批評。

〔三〕【發微録】「象外」者，寂知也。

【合解】「象」謂物之形象，天地皆象内也，今世教所談，至大者不過天地而已，而人畜萬物，皆在天地之中，故其所論，不出天地之外。莊子云：「六合之外，聖人存而不論也。」則知天地之外，孔老非實不知，但以世人智淺，未足與議。論語云：「夫子之言性與天道，不可得而聞也。」

況象外乎？

【案】「象外」，指具體的事物之外，意指本體。象内之事，都只是現象，象外之事，方爲本體。儒道二教所論，都只是在天地之内，都只是現象之物，未涉及本體。

〔四〕【發微録】「雖」者，縱奪之辭。「指大道爲本」，縱也。「而不備明」下，奪也。「順逆起滅、染净因緣」者，若迷真逐妄，從微細順次生起，展轉㈠至麤，此明染因緣也。若悟妄歸真，從麤重逆次斷除，展轉至細，此明净因緣也。

【解】恐有問言：彼宗亦説大道、元氣等生成萬物，大道、元氣即是身本，那言「不究」？故今釋云「雖指大道」云云。論文略舉，且言大道，實兼元氣、天命、父母等也。然元氣、父母等，但是生身之具，而非即是身本，譬如孩穉見母籠甑取餅啖之，便知是餅，籠甑所成，後來索餅，即指籠甑，豈知籠甑但是成餅之具，豈是餅之所本哉？今元氣、天地等，籠甑之謂也，執爲身本，孩穉之見而已。「而不備明」下，正顯所迷。「順逆起滅」者，謂内教所説十二因緣，迷則從無明起行，展轉乃至有、生、老死，即順生死起動而成流轉也；悟則從生死逆觀，乃至無明，遂起智斷無明，由無明㈡滅，故行滅，乃至生、老死滅，即證聖果，此明逆生死而還滅也。此十二支，

㈠「轉」，原無，據文意補。

㈡「無明」，原作「明明」，據北藏兹三、合解本改。

通大小乘，義門繁廣，非略可盡。言「染淨因緣」者，有二。一約小乘，其説又二：一者如前十二有支，由無明緣行，乃至生緣老死，是染因緣。由無明滅，行滅，乃至老死滅，是淨因緣。二者約苦、集、滅、道四諦，謂苦、集是世間因果，滅、道是出世間因果。由造集諦因，感苦諦果，名染因緣。由厭苦故，起道諦智，斷彼集因，苦果不生，證滅諦理，名淨因緣。（中略）二約大乘，亦二：一約法相宗，謂藏識法爾，包攝三乘及三性名言種子，而一切衆生有無不同，若有三乘種子者，遇緣熏習，修行斷障，當得三乘聖果，名淨因緣；若無三乘種子，但有有漏三性等種，即造三種業，三界流轉，名染因緣。二約法性宗，真妄和合，成黎耶識。若迷之時，染法有力，淨法無力，向緣下轉，沉淪三界，名染因緣；悟時，淨法有力，染法無力，背緣上轉，成四聖位，名淨因緣。廣如下引。此等法義，外教豈知？況能「備明」？

【案】「備明」，完全明了，徹底認識到。「順逆起滅」，佛教所指事法的本末、體用關係。由本至末，由體至用，爲「順」，爲「起」，反之爲「逆」，爲「滅」。「染淨因緣」，即染因緣和淨因緣。因緣是佛教所指事物生起的各種條件或原因，主要的條件或直接的原因稱爲「因」，次要的條件或間接的原因稱爲「緣」。宗密實際上是依大乘起信論，以迷於真性而不知，隨妄念而動，從細至麤，順次第生起，爲染因緣；以捨妄歸真，從麤至細，逆向漸次斷滅，而至真性，爲淨因緣。

〔五〕【發微録】「不知是權」者，前序云：「二教唯權，執之爲了。」謂執一氣，禀於天，由時命，爲了畢也。

【解】孔老所説，但是權宜，不執則爲入道之緣，固執則爲障道之損。

【案】「執之爲了」，習儒、道二教者不知自己所宗是權教，而執著爲了義教，這是迷。

〔六〕【發微録】「舉」，動也。「詰」，問也。言舉動前文而詰問也。

【合解】就二宗詰難，下文有四：一難道生，道教所執；二難自然，道教所執，儒宗亦執；三難元氣，此儒道皆執；四難天命，儒者所執。

【案】此下對儒道二教的四種原人觀加以具體的批評。

【本段提要】宗密扼要指出了儒、道兩教原人觀的缺陷，即不知人的終極本質，因此只是權教，但是習儒道者卻執著於這種權教，以爲是了義實教，這就妨礙了他們對人的真正本質的探討，因而有必要提出進一步的批評。宗密的批評，多集中於社會歷史領域，也涉及認識論領域，而這些方面正是儒、道兩家的理論弱點。

所言萬物皆從虛無大道而生者〔一〕，大道即是生死賢愚之本，吉凶禍福之基〔二〕。基本既其常存，則禍亂凶愚不可除也，福慶賢善不可益也〔三〕，何用老莊之教耶〔四〕？

校釋

〔一〕「萬」，北藏跡本作「禹」。「虛無」，北藏茲本、嘉興茲本、代藩本、解本、合解本無。

【解】此唯老氏所執。

【案】宗密首先批評的是大道爲人的本原的觀點。

〔二〕【發微録】「本」字，并次「基」字，皆喻道也，謂本出生死，乃至禍福之末也。

【解】彼以長生久視爲道，故作此難之。初二句按定，「基」謂基址。

【合解】此按定外宗「道生」以立難也。

【案】「基」、「本」都有本原之意。圓覺經大疏鈔卷九之下釋曰：「基者，爲一切屋宅等根柢，喻道爲禍福等之物基也。府者，藏諸財貨之庫藏也。」「生死」，人的出生和死亡。人生於道，死後復歸於道。「賢愚」，人的賢明和愚昧。這是從人的資質方面論道的作用，賢愚都由道決定。「吉凶禍福」，從人的社會生活狀況論人的本原，人的社會生活狀況都由道決定。這是儒道特别是道家道本論的基本内容。

〔三〕【發微録】彼以道爲常，且禍亂凶愚既從道生，不可除去，則修福積慶、尊賢尚善亦不可增益也。

【解】道既是常，物亦應常，如世子孫，還類父母，則禍亂應常禍亂，非人力可以剪除；福慶應常福慶，非積善可能增益。

【案】「常」，永恒性。宗密認爲儒道的大道具有永恒的性質，老子有「道可道，非常道」之説，正是指道的「常」性。「不可除」，既然本體是永恒的，由本體所決定的現象也是永恒的，因此可以説，社會中惡的現象也是永恒的，不會再除去一分。「不可益」，「益」，指增加。同樣由於本體的永恒性質，由其所決定的社會的善的現象也是永恒的，不會再增加一分。宗密在這裏的邏輯是，從本體的恒常性推導出現象的恒常性，再從現象的恒常性得出現象的不可改變性。

〔四〕【發微録】若禍福賢愚有由，老莊即應設教教之，令修福夷禍，去愚成賢。既云皆禀於道，何用教乎？即老莊立教是虚設也。

【解】恐云：設如禍福不可增損，復有何過？故今難云：如此則孔老設教遂成無用。良以聖人見善有益，可以致福，故勸令爲善，見惡有損，可以致禍，故教令遠惡，則知吉凶禍福由我致之。既道使然，於我何預？勉之修善，曾何所圖？

【案】「教」，教化。宗密在此從邏輯上否定了孔老設教的必要性。圓覺經大疏鈔卷九之下云：「若賢愚禍福各由其人，即應設教教之，令去愚成賢，修福夷禍。既云皆禀之於道，何用教耶？」

【本段提要】這是對儒、道二教，尤其是道家的大道生成論提出批評。從其具有「常」性的大道本原推導出由其所決定的現象，特别是各種社會現象的永恒性，不會增加，也不會減少，再從現象的永恒性來否定人爲的作用，否定教化的作用，從而否定了老莊之教存在的基礎。

又，道育虎狼，胎桀紂〔一〕，夭顏冉，禍夷齊〔二〕，何名尊乎〔三〕？

校　釋

〔一〕【發微録】「育虎狼」者，道既能生萬物，則虎狼皆是道能養育，然虎狼殘害人畜，豈非道之不仁歟？言「虎狼」即類取蜂蠆虵鴆一切毒惡物也。「胎桀紂」者，夏之桀，商之紂，皆無道之君。「胎」，始也，如人胎孕，是初育之義。是則大道胎育不仁之主，塗炭萬物也。言「桀紂」即類取庸君暗臣一切惡人也。

【解】「育」謂鞠育，「胎」謂含孕，互舉爲文。「虎狼」，害人之獸，豈道畜之而使害人？「桀紂」，暴虐之君，豈道孕之而使虐民？必曰道生，道何不道？

【案】此處宗密以由大道所決定的惡的張揚來指斥大道的不仁。

〔二〕「冉」，寬永抄本校記稱「一本作閔，非也」。

【發微録】「夭顏冉」者，顏回、冉伯牛，皆至賢至仁，是十哲之首，德行之科，皆被大道夭屈之，令其短命歟。「禍夷齊」者，伯夷、叔齊，孤竹君之二子，皆有志節，故夫子云「古之賢人」也，亦被大道禍害之，令餓死首陽山下歟。

【解】「夭」，短折也。「顔」即顔回，字子淵。「冉」即冉耕，字伯牛。皆孔子弟子，四科中德行科也。論語云：「賢哉，回也！不遷怒，不貳過，不幸短命死矣。」又，「伯牛有疾，子問之，自牖執其手曰：『亡之，命矣夫！斯人也而有斯疾也。』」云云。先儒謂伯牛有惡疾，將死，夫子歎之。夫以二子之賢，而不享年，故曰「夭顔冉」。「禍」謂凶禍。「夷齊」謂伯夷、叔齊，先儒云孤竹君之二子也，父喪，兄弟讓國不紹，武王伐紂，二子諫之，不從，恥食周粟，餓死於首陽山下。以夷齊之賢，而致餓死，故云「禍」也。若云萬物皆是道之所爲者，道乃富愚夫而禍賢士，何足敬哉？

【案】「禍夷齊」，圓覺經大疏卷中之三此下有「是長惡棄善之物」一句。此處宗密以由大道所決定的善的遭棄來抨擊道的不義。

〔三〕【發微録】「何名尊乎」者，老子云「道尊德貴」，今既長惡棄善，何得云「尊」、「貴」乎？

【解】道經云：「萬物莫不尊道而貴德。」使道之所爲誠如前説，則不足敬也。

【案】道家以道爲尊，宗密在此否定了道的至尊地位。

【本段提要】宗密進一步從社會的不公正現象來批評大道生成論的内在矛盾，大道生成理論和社會現實的矛盾。

又言，萬物皆是自然生化，非因緣者〔一〕，則一切無因緣處悉應生化〔二〕，謂石應生草，草或生人，人生畜等〔三〕。

校　釋

〔一〕【發微録】「非因緣」者，歸牒上文，言萬物無因而自然生，無緣而自然化。

【合解】此又按定外宗「自然」以立難也，内教説一切萬法從因緣生，謂親能發起爲因，疎能助起爲緣。如草木等，從種子生，名曰親因，水土人時，名曰疎緣。人畜等，從業惑生，名曰親因，父母、二氣，名曰疎緣。彼儒道既執自然，則不推因緣。

【案】「自然生化」，圓覺經大疏卷中之三作「若無因而自然生，無緣而自然化」。宗密所理解的儒、道原人理論中自然爲本論的命題，意指萬物自然而然地産生出來，不依賴任何條件，這是和佛教的因緣論相違的。其實道家所講的自然，是在指出萬物的終極本原的意義上使用的，是對道的性質的規定，即道法自然，而對具體事物的産生，道家也是講條件的，「三生萬物」中的「三」，就是萬物産生的條件，這一點也是宗密的宗師荷澤神會所曾强調的。宗密在此處對自然論的原人觀提出批評。

〔二〕【發微録】出偏㊀生之過也。如穀芽莖，無種子，是無因處，無水土人工，是無緣處。「應生化」者，即穀芽也。「悉」者，一切皆然也。謂一切世界無種子、水土等處，一切有情，千品萬類，以皆無因緣，自然生故。今現見無本因緣之處，皆不生化，不生化則自然理破矣。

【案】宗密又從萬物産生的無條件性而進一步推演出任何無因緣關係的兩個事物之間，都應能生化，以顯示自然論和最簡單的事實之間的矛盾。

〔三〕「或」，北藏兹本、嘉興兹本、代藩本、解本、合解本作「應」。

【發微録】「石應生草」下，意明此法因緣不生彼法，以顯各各因緣不雜亂，爲正因緣也。謂畜生所生，不取人之因緣，人生因緣，不關草石等，是故石中無草因緣，不生於草，草中無人因緣，不生於人、不生於魚等，一一例之。今現見草不生人等，即知互用此彼因緣，猶不能生，況都無緣而能生耶？

【解】謂既不待因緣，則石非草等因緣，應能生草，草生人，人生畜等，以皆非緣故。

【案】如果没有因緣關係的任何事法之間能够生化的話，那就是亂生了。宗密以此揭示自然論的邏輯矛盾。宗密稱爲「頓出偏生之過」（圓覺經大疏鈔卷九之下）。

【本段提要】這是對儒、道兩家，特别是道家、道教的自然論的原人觀所提出的批評，以佛教的因

㊀「偏」，原作「徧」，續藏經校記「偏疑徧」，今改。

緣理論爲基礎，首先揭示出自然生化論和萬法生成的實際現象之間的矛盾。

又，應生無前後，起無早晚〔一〕，神仙不藉丹藥，太平不藉賢良，仁義不藉教習〔二〕，老莊周孔何用立教爲軌則乎〔三〕？

校　釋

〔一〕【發微録】出常生之過也。「應」，當也，合也。謂既無因緣處自然而生，且如正月一日便合有穀麥麻豆及一切物，一時齊生，人畜等亦爾，不應穀待三月、四月，蕎豆待六月、七月，麥待九月、十月等，以不假因緣，自然能生，何待時耶？

【解】「前後」、「早晚」，約時，時乃疎緣中一事，通内及外，如春蘭秋菊、社燕賓鴻等，各因其時，人須十月方乃誕生，非自然也。

【案】「生無前後」，宗密把道家的自然生成論理解爲「常生」，圓覺經大疏卷中之一說：「若謂萬物自然而生，即是無因，亦一切時處應常生故。」比如種植，就應該一年四季都可以，何必要依一定的時令呢？待時而生是與自然論的「常生」原則相違的。此處宗密以無情之物生成的有條件性來批評自然生成論，「出常生之過」（圓覺經大疏鈔卷九之下）。

〔二〕【發微録】「神仙不藉丹藥」者，就彼宗解行相違以破，謂彼教云一切自然而生，自然而得，不因修習，若如此者，則自然神仙，而求習彼教之徒，何必燒煉丸丹、採種靈藥、吐納津氣、服蔘苓等耶？「太平不藉賢良」者，謂自然太平，何必賢能良善設風政而治之耶？「仁義不藉教習」者，自然仁義，何必詩、書、禮、樂教習之耶？

【解】「神仙」已下，别約有情。神仙要須宿稟寡欲之資，鍊藥服氣爲緣，方能長生不老。天下太平，必藉忠臣良士，武以定亂，文以經世，君臣相濟，然後民安國泰，時和俗淳。人有才德之美，皆資訓誨之力，習與性成，未有不學而自成者。（中略）故知仁義必由教習，執自然者，不亦乖乎？

【案】「神仙」，道家道教以成神成仙爲最高理想。「丹藥」，道教爲了達到成仙的境地，通過煉丹服藥來實現。「太平」，儒家的社會理想，指社會安寧和平。「賢良」，賢人良士。以賢人良士而使國泰民安。「仁義」，儒家的價值觀，指代仁義禮智信五常。「教習」，教化學習。通過教化學習而達到儒家的社會理想。這是揭示由自然論推演而成的無條件論與儒道實現其理想時的有條件論的矛盾，其理論和實踐的矛盾。

〔三〕「何」，發微録本此下有「必」字。

【發微録】「莊」即莊子。「周」即周公。「莊」，姓也，名周，字子休，生梁國蒙縣，師長桑公子，受號「南華仙人」。「周公」者，「周」即周代，姓姬，名旦，文王之子，武王之弟，成王之叔，製禮作樂，以輔成王。「軏」，車轍也。「則」，法則也。此亦轍、則無用也。

【解】外應問曰：設依我宗自然而成，不藉教習，復有何過？答：便有聖人立教無益之過。既賢者自然而賢，不由教習，愚者自然而愚，教亦無益，聖人立教，便成無用。「軏」謂車轍。「則」謂法則。如世行車，必遵軏轍爲法則也。然老氏上士下士之説，孔聖上智下愚之論，在吾教中，蓋宿習力故。謂多生熏習純熟，今得爲人，諸識聰利，人一己百，聞道勤行，孔老於此謂之生知、上智、上士，故白樂天生而識字，世呼爲「三生人」。若宿世從異類㊀中來，未曾熏習，或因祕悋不肯教人，今得人身，諸情暗鈍，倥侗顓蒙，誨而不學，聞道大笑，孔老於此呼爲下愚。其中人者，昔雖曾熏，然未純熟，故於今世學之則成，不學則殆。由此觀之，雖愚鈍之資，苟能自勉於學，縱未偕於上達，亦自勝於不學者矣。況中人乎？聖人知學問有益，可以革愚成智，故垂典誥，以爲軏則，斯則因緣之理明矣，而曰自然，未敢聞命。

【案】「軏則」，規範，準則。從自然生成論的理論看，成就個人和社會的理想，是自然而成的，不必通過種種規範，但儒道却又設立種種規範，這不是和自然原則相違嗎？

【本段提要】進一步揭示自然生成論的内在矛盾。這裏批評的道，不只是先秦的道家，而是道教

㊀「類」，原作「中」，據北藏、茲三、合解本改。

了。道教講服食修煉以成仙，儒家講以賢良致太平，以教化達仁道，這都是有爲的，有條件的，不是自然無爲、無條件的了，因而與其自然論相矛盾。

又言，皆從元氣而生成者〔一〕，則欻生之神〔二〕，未曾習慮，豈得嬰孩便能愛惡驕恣焉〔三〕？

校釋

〔一〕【發微録】「皆從元氣而生」者，莊子云：「人之生，氣之聚，聚則爲生，散則爲死。」文子云：「天氣爲魂，地氣爲魄。」易曰：「精氣爲物，游魂爲變。」

【合解】此按定外宗「元氣」以立難也。

【案】此處對儒道二教的元氣論的原人觀提出批評。

〔二〕【發微録】「欻」者，從無忽有，不令人覺，不知何所來也。

【解】「欻」，暴起也，言欻然而生也。「神」謂人之精神。

【案】「欻生」，忽然生成，從無忽然化生出有，是儒家對元氣化生萬物情形的描述。「神」，人的認識能力。人的認識是從元氣中忽然産生的，依於元氣而有，不是先天存在的。

〔三〕【發微録】「未曾習慮」者，謂未曾經習愛惡喜怒之情慮，若言自然，無宿生習種者，雖逐境隨緣，不得而生，何者？以其未習未慮故也。「嬰孩」者，倉頡篇云：「女曰嬰，男曰孩。」令孩兒幼時逐境隨緣，漸漸生愛惡等，則知先已經習經慮，由託生歷世，廢忘前習，今因再遇境緣，愛惡漸漸明顯，豈但是氣如是乎？

【解】初生之子，八識雖具，七情未彰，良由創與境逢，未知染著，若漸長大，慣習力故，愛惡滋彰，所謂習以性成，非由元氣使之然也。論云「豈得」，反質之辭。言「嬰孩」者，小兒之稱，女曰「嬰」，男曰「孩」。「愛」謂染著，「惡」謂憎嫌，「驕」謂矜傲，「恣」謂縱肆，皆言情也。

【案】「習慮」，學習，思慮。「愛惡驕恣」，都是指的嬰兒的一些情感表現，特别是一些生理本能。這裏實際上涉及嬰兒的認識發生問題，宗密把這些情感看作是嬰兒的認識行爲，由此證明認識的先天性，進而證明前世的存在。

【本段提要】這是對儒、道兩家的元氣論的原人理論的批評。按照宗密在圓覺經大疏鈔卷九之下中的説法，這裏的批評方法是批評元氣論「無前世失」（即不知道前世存在）中的「宿習本有難」。批評元氣論不能解釋嬰兒的認識是如何發生的，而佛教認爲，嬰兒的認識是從前世承繼下來的。

若言欻有，自然便能隨念愛惡等者〔一〕，則五德、六藝，悉能隨念而解，何待因緣學習而成〔二〕？

校釋

〔一〕【發微録】「若言欻有」等者，若是神知稟氣欻有，自然先無積習驕恣便能隨念愛惡者，則一切德藝悉能隨念而解，謂逢女色等便愛，遇技藝便爲，見不平能斷，對冤親能解，不應待十年五年〔一〕方有能爲之事。今既不然，則知非欻生便能隨念也。既無隨念自成之理，而有緣習轉變之道，則稟氣成神，神散歸氣，不爲當矣。由是觀之，神知之非氣，可以明矣。

【解】恐有救言：且如孩子初生便能飡乳，不得則啼，豈待習慮？故曰：「自然便能隨念愛惡。」

【案】「隨念」，念指認識狀況。這是宗密對元氣論的認識論的理解，指人們的認識能力隨着元氣而突然出現，隨之就有各種具體的知識出現，並不需要另外再作特別的學習教化之類。

〔二〕【發微録】「五德」，即五常也，要言曰五德之運，所謂五行也。「行」者，老聃云：「行，天之氣也。」「木」，仁德；「金」，義德；「火」，禮德；「水」，信德；「土」，智德。謂土既王於四時，故

〔一〕「年」，原作「季」，據圓覺經大疏鈔卷九之下改。

四德總名爲智。然則仁者何？其於物無不愛之謂也。義者何？於其所宜行之謂也。禮者何？先後於物，使之無失次之謂也。智者何？其於事無不通之謂也。信者何？得其宜守而不失之謂也。「六藝」者：一曰禮，二曰樂，三曰射，四曰馭，五曰書，六曰數。數者，筭術也。藝者，才能也。

【解】若爾，五德、六藝亦應自解，不待習慮，何故不爾？言「五德」者，即仁等五常，或父義、母慈、兄友、弟恭、子孝。「六藝」，謂禮、樂、射、御、書、數。然人生便知飲乳啼號者，無始以來慣習力故，與心俱生，（中略）皆因緣也，豈是元氣使之然也？

【案】「五德」，一説指五常，即仁、義、禮、智、信。另一説指五種品德，即論語所説的温、良、恭、儉、讓。「六藝」，六種才能，指禮、樂、射、御、書、數。也指六經，即禮、樂、書、詩、易、春秋。「隨念而解」，認識是突然産生的，對萬法本質的理解領悟也自然是隨着認識的産生而突然具有的。「因緣學習」，以修學、習行爲獲取認識的手段或條件。

【本段提要】這是批評元氣論「無前世失」中的「未習則無難」。按照元氣論的認識論，認識是從元氣中突然産生的，各種知識也隨之突然生成，但實際情形是，五德、六藝在嬰兒那裏並没有，必須要經歷五年到十年的學習才能掌握，而這就與「隨念」説有矛盾了。這也是揭示元氣論和聖人的實踐之間的矛盾。

又，若生是禀氣而欻有，死是氣散而欻無〔一〕，則誰爲鬼神乎〔二〕？

校釋

〔一〕【案】「禀氣而欻有」，儒、道二家認爲人是從元氣中突然出現的。人的肉體由粗濁之氣構成，精神由精妙之氣構成。「氣散而欻無」，人的死亡是元氣的突然散失，人死又復歸爲元氣。從這種理論出發，將導致無神論。

〔二〕【發微録】鬼神之事，外教及世人皆許是有，故約此難之。尚書云：「多才多藝，能事鬼神。」周易云：「是故知鬼神之情狀。」

【解】儒者皆執氣聚爲生，氣散爲死，故今難云：若爾，氣散斷滅，應無鬼神。蓋鬼神之説，儒宗許有，故彼所知以難之。然依儒典訓，「神」者，伸也；「鬼」者，歸也。陽魂曰神，陰魄曰鬼。然論語云「子不語怪力亂神」者，蓋以鬼神理幽，常人智淺故，但令敬而遠之，恐生惑著，然豈謂之無鬼神乎？

【案】「誰爲鬼神」，圓覺經大疏卷中之三此下有「而靈知不斷」五字。「鬼神」，指脱離肉體而獨立存在的精神，有神論的思想基礎，宗密在此引出元氣論的無神結論，揭示其和儒者承認鬼神存在的矛盾。

【本段提要】揭示元氣論在鬼神問題上的内在矛盾，一方面，儒、道一般是承認鬼神存在的，但從元氣論本身却又得出了無鬼無神的結論。宗密這層批評是指斥元氣論的「無後世失」，即否定後世的存在，本段是這層批評中的第一條「以有難無」，即以儒、道所持鬼神之有批評元氣論中的無鬼無神。

且世有鑒達前生，追憶往事，則知生前相續，非禀氣而欻有〔一〕。又，驗鬼神靈知不斷，則知死後非氣散而欻無〔二〕。

校　釋

〔一〕【發微録】「鑒」，鏡也，照也。然追前續後，略録三人。一、晉太傅羊祜，字叔子，年五歲時嘗令乳母取先所弄指環，乳母曰：「汝先無此物，於何取耶？」祜曰：「於東垣邊弄之，落桑樹中。」乳母曰：「汝可自覓。」祜曰：「此非我先宅，兒不知處。」後因出門遊，鄰逕東行，至李家入門，於東垣樹下，探得小環，李驚張曰：「此亡兒之物也，云何持去？」祜持環走歸，乳母既説祜之一二，李驚悲，遂欲求祜爲兒，里中解喻，然後乃止。二、晉書説，鮑靚，字太玄，東海人，生五歲，語父母云：「本是曲陽李家兒，年九歲，墮井死。」其父尋訪，果得李氏，推問，皆符驗焉。

三、釋曇諦，俗姓康氏，年十餘歲，見關中僧䂮，呼䂮，䂮曰：「童子何得呼宿長名？」諦曰：「和尚本是我沙彌。」䂮甚諤，諦父具説諦生時本末，䂮乃悟而泣曰：「即䂮先師弘覺法師也。」以此驗之，則神之相續，未嘗絶滅，故得李死爲鮑，猶記往生，覺滅成曇，還論昔事，理雖荒昧，事甚昭彰，而謂身死神無，還歸於氣，何罔也！

【解】言「鑒達前生」事等者，如羊祜之識金環，崔咸之徵墨誌，房琯剖松下之書，唐紹刺燈前之犬，圓觀峽中之舊約，東坡陜右之夢遊，盧女憶販羊之宿冤，西山決弑親之疑獄，若此之類，今古實多，以此驗知，捨身受身，自類相續，非禀氣也。

【案】「世」，指俗世，世俗世界。宗密以俗世中的一些充滿迷信成分的民間傳説來證明前世的存在，這些實例在原人論中並未具體舉出來，在此，他只是總結出一個結論，而在圓覺經大疏中都列舉了，在圓覺經大疏鈔卷九之下中又有詳釋。「鑒達前生」，「鑒」，光明照耀。「達」，通曉明白。「前生」，即三世中的過去世。十分清楚地知道自己在過去世中的情況，説明人死神不滅。「追憶往事」，現在世的人回憶他在過去世時的一些事情，説明前世的存在。「生前相續」，現世的生命是從前世延續下來的，是前世生命的輪迴。宗密舉了鮑靚李家、曇諦弘覺和羊祜指環三例説明之，爲發微録所引。

〔二〕【發微録】「驗」，證也。今録四類以證靈知不斷。一、蔣濟之子託母求官。蔣濟，字子通㊀，楚郡曲阿人，魏文帝時爲太尉。有子亡已七年，其妻夜夢見亡兒，告之曰：「我在地下爲太山役，辛苦頗甚。」言：「今領軍府南有孫阿者，太山府君欲召爲省録事，願父母囑，使我得安樂。」其妻驚覺，涕泣告濟。濟爲人剛强，初不信之。至明日夜，妻復夢見亡兒，還如前夢之語。而蔣濟遂至領軍府南，訪得孫阿，即以夢中亡兒之言囑阿。阿曰：「若如是，當地下爲太子㊁方便。」經二月，孫阿病，一宿而卒。後十日，其妻還見亡兒來，告之曰：「我在地下，得太山録事免役。」二、嬖妾之父爲兒結草。小史云：晋大夫魏武子有寵妾，武子疾，命其子顆，告之曰：「吾死必嫁此妾，無違我言。」及疾困，復命顆曰：「必殺妾從我。」顆思之曰：「吾從父清釋之言，不從昏亂之語。」後乃嫁之。秦以杜回爲將伐晋，晋命顆爲將拒之，尅明交戰。顆夜夢一人，謂顆曰：「將軍明辰早戰，我率鬼以助，必令取勝。」顆問之曰：「君是何人，而能見助？」答曰：「我是將軍亡父嬖妾之父，感將軍不殺我女而改嫁之，故率鬼兵以相助。」顆喜，侵晨動戰以擊秦軍，杜回爲結草㊂圍之，進退無路，爲晋師所敗。語云「鬼役結草」，此之謂也。

㊀「子通」，原作「子遍」，據三國志本傳改。蔣濟是楚國平阿人，齊王時爲太尉，發微録下引有誤。
㊁「太子」，續藏經校記「太一作亡」，圓覺經大疏鈔卷九之下作「公子」。
㊂「結草」，原作「草草」，據圓覺經大疏鈔卷九之下改。

三、蘇韶㈠卒後來與姪節問答。晉書曰，蘇韶爲中牟令，卒。其姪名節，每見韶來，與之言語，無異於生人，前後四十度來。節因問曰：「死何如生？」曰：「無異耳！」節曰：「要當不如。」韶笑曰：「卿後自知之。」節問：「死者何不歸故屍骸？」韶曰：「譬斷卿一臂，以投於地，就剝削之，於卿有患否？屍骸，如此也。」蘇韶言與生不殊者，將知死，神識不滅也。又如死去屍骸，如棄斷臂，則人之死也，神離人形，更受鬼形，亦可知矣。四、孔子語子貢曰：「死後自知之，不晚。」子貢問孔子曰：「死人有知乎？無知乎？」子曰：「吾欲言死之有知，將恐孝子順孫妨生以事死。吾欲言死之無知，將恐不孝之子棄其父母而不葬。賜欲知死者知與無知，非今之急，後將自知之，未晚也。」

【解】泛言「鬼神」者，多是古聖先賢、忠臣義士，功流後世，澤被斯民，正直無私，英靈不昧，或鎮山川社稷，或司福善禍淫，國旌祀典之榮，民遂禱祈之應者，謂之正神。其有木怪山精、强魂厲鬼，或乘人之衰耗，或附物以傳通，恐懼閭閻，邀求祭禱者，謂之淫祀。正邪雖異，皆具㈡靈知，若謂死而氣散，則其神者爲誰？故東坡文集中多載鬼仙詩詞，良可證矣！

【案】「驗」，以事例來驗證，驗證靈魂的不滅。「靈知不斷」，「靈知」指人死後的靈魂，人死

㈠「韶」，原作「詔」，據下文和圓覺經大疏卷中之三改。下「蘇韶爲中牟令」、「每見韶來」同。
㈡「具」，原作「俱」，據北藏茲三改。

後，靈魂不滅。「死後」，圓覺經大疏卷中之三此下有「相續」二字。宗密在圓覺經大疏卷中之三中舉有蔣濟之子託母求官、嬖妾之父爲兒結草、蘇韶卒後來與侄節問答和孔子語子貢云「死後將自知之未晚」四例，均爲發微録所引。

【本段提要】進一步提示儒、道二教在重鬼神的實際表現和元氣論的無鬼神論結論之間的矛盾，爲批評元氣論「無後世失」中的第二條「雙彰過未二世」，既明過去世的存在，又明未來世的存在。

故祭祀求禱，典籍有文〔一〕，況死而蘇者説幽途事〔二〕，或死後感動妻子，讎報怨恩〔三〕，今古皆有耶。

校　釋

〔一〕【發微録】「祭祀求禱」者，「祭」，享也。無已曰「祀」，已言止也。謂年祭無止，所以求索禱福也。「典籍有文」者，經典六籍，其文備矣。

【解】言「典籍有文」者，引教破，如尚書金縢篇謂武王有疾，周公作册書，禱于太王、王季、文王，請以身代，文云：「維爾元孫某，遘厲虐疾，若爾三王是有丕子之責于天，以旦代某之身。」云云。公歸，乃納册于金縢之匱中，翌日乃瘳。（後略）

【案】「祭祀」，祭神祀祖。「求禱」，向神明求福。「典籍有文」，儒家典籍中有着明文記載，此四字圓覺經大疏卷中之三作「人皆爲之」。關於祭祀求禱等的記載，儒家經典中很多，宗密以此難元氣論的無神論。

〔二〕【發微録】「死而蘇者説幽塗事」者，麟嘉二年癸亥，東平王劉約，是劉聰之子也，死一宿猶暖，遂㊀不殯殮。乃蘇，言見元海於不周山，經五日，遂至崑崙山，三日後歸於不周山，見諸王公卿將相死者悉在，宫殿甚壯麗，號蒙珠離國。元海謂約曰：「東北有遮須夷國，無主久，待汝父爲之，二年當來，來後國中大亂，相殺相害，居家死亡略盡，但可永明輩數十人在耳。汝且還，後年當來，見汝非遲。」不久約辭，而道過一國，名猗尼渠餘國，引約入宫，與皮囊一枚，曰：「爲吾遺漢皇帝。」約辭而歸，置皮囊於机上，俄而蘇，使左右机上取囊，開之，有一方白玉，題文曰：「猗尼渠餘國天王敬信遮須夷國天王，歲在攝提當見。」馳使呈劉聰，聰曰：「若審如此，吾不懼死也。」其後約死，屢晝見之，聰惡之，謂太子粲曰：「吾寢病惙煩，怪異特甚，往以約言爲妖，比累日見之，此兒必來迎也，吾何以圖人死定有神靈。」如是㊁，太興元年，聰死，與此玉并葬焉。由是言之，則死而有知，豈虚爲哉？又有死而蘇者，相繼不絶，皆是幽塗官屬受苦之處，豈

㊀「遂」，原作「逐」，據晉書劉聰載記改。

㊁「此兒」至「如是」，晉書劉聰載記作「此兒必來迎吾也。何圖人死定有神靈，如是，吾不悲死也」。

蘇者虛爲此見哉？

【解】説幽途事，多關釋典，恐彼儒者尚未信之，今引儒者一説證之。宋吏部侍郎葛立方，字常之，所撰韻語陽秋云：歐陽永叔素不信釋氏之説，既登二府，一日被病亟，夢至一所，見十人冠冕環坐，一人云：「參政安得至此？宜速反舍。」公出門數步，復往問曰：「公等豈非釋氏所謂十王者乎？」曰：「然。」因問：「世人飯僧、造經，爲亡追福，果有益乎？」答曰：「安得無益？」既寤，病良已。

【案】「死而蘇」，死後又復活，從現代醫學的角度看，這裏所謂的死亡，可能是假死。「説幽途事」，死而復活的人訴説他在死後世界所遇到的事情。宗密在圓覺經大疏鈔卷九之下中舉了十六國時代漢國國君劉聰之子劉約死後復活的事例，爲發微録所引。

〔三〕【發微録】「死後感動妻子」者，今依儆誡録略引二類。一、通泉縣王藻，明吏法，善刀筆。元戎薰璋，委任孔目吏鄧可球，倚爲中要。可球有田在通泉謝梁，每逋其賦，藻追莊户，決責令殺㊀市，可球深銜之，乃潛構藻賦私，殺之。藻死，經五年，其妻夢藻曰：「我負屈，數論于天帝，今方得理，見差人與吾同取可球，君須與我大備酒食，燒化錢紙筆，仍飯僧五十人。」妻覺而

㊀「殺」，原作「於」，續藏經校記「於疑殺」，今改。

悲，祝之曰：「妾今家貧，何處得錢副君所要？」哽泣而寐，復夢藻曰：「舊宅火燒桑樹下有銀五十兩，君可取用之。」明日掘之，果得銀，乃賽其夢。經月，可球卒。二、豪民鄭昌，妻黄氏，早亡，有二男一女，皆幼。而昌再娶吕氏，吕氏性狠而虐其子，凌轢鞭扑，或湯火潑烙之，又加以凍餒，昌不能制。吕氏後夢一婦人，自稱黄氏，以棗一枚，令吞之，覺後得噎疾。未愈，而復夢黄氏以針㊀簽其兩手心，怒云：「憂抶我男女。」覺而生瘡，漸透於手而死矣。「讎報怨恩」者，謂讎怨報恩也。報恩，如前「結草」。讎怨者，今於顔之推怨魂誌中編録三條。一、竇嬰，漢孝文帝竇皇后從兄子㊁也，封魏其侯，爲丞相，後乃免相。因與太僕灌夫交結甚歡，恨相知之晚。于時孝景帝皇后㊂同母弟田蚡爲丞相，親幸縱横，使人就嬰求城南田數頃，嬰不與，曰：「老漢雖棄，丞相雖貴，寧可以勢相奪乎？」灌夫亦助怒之，蚡皆恨之。及蚡娶妻，皇太后詔列侯宗室往賀蚡，灌夫狂醉，不肯賀之，竇嬰强與俱去。因醉酣，言辭不遜，蚡遂怒謂長史曰：「有詔宗室，而灌夫罵座不敬。」并奏其在鄉里豪横，處夫棄市。竇嬰乃上書具陳灌夫醉飽事，不足誅。帝召見之，嬰與蚡互相言長短，帝問朝臣，兩人誰是？朝廷多言嬰是。太后聞之，怒而不食，且

㊀「針」，原作「計」，續藏經校記「計疑針」，今改。
㊁「子」，原作「弟」，據漢書竇嬰傳改。
㊂「皇后」，此下原衍「父」字，今删。

曰：「我在，人皆陵藉吾弟，我百歲後，魚肉之乎！」及出，蚡復爲嬰造作惡語以聞，天子亦爲蚡不直，特爲太后故偏，將嬰及夫棄市。嬰臨死罵曰：「若爲死無知則已耳，有知，要不獨死。」後一月餘，蚡病，一身盡痛，但號呼叩頭謝罪㊀，天子使視鬼者瞻之，見竇嬰、灌夫共守笞蚡，遂死。（後略）

【解】言「感動妻子，讎報怨恩」者，（中略）成公十年，晉景公疾，夢大厲，被髮及地，搏膺而踴曰：「殺余孫，不義，余得請於帝矣。」六月丙午，公薨。前二年，晉景公以無罪殺臣趙同、趙括。言「帝」者，即冥府十王也，以事關幽途故。（後略）

【案】圓覺經大疏卷中之三此段作：「或死後感動妻孥，求索飲食，或酬恩冤，及邪病呪禁而愈等耶。」「死後感動妻子」，指人死後其靈魂仍舊能回到現世來活動。宗密在圓覺經大疏鈔卷九之下中舉了一個屈死孩童的靈魂報仇的故事。有一位姓徐的人，和前妻許氏生有一男名鐵臼，許氏死，徐氏又娶陳氏，陳氏非常凶殘，虐待鐵臼。她也生一男，取名鐵杵，向兒子發毒誓，如果不除鐵臼，就不是我兒子。鐵臼被虐待致死後，其鬼魂經常回家，向陳氏索鐵杵之命，致使鐵杵在六歲就得病而死。「讎報怨恩」，即讎怨報恩，死後的靈魂有仇報仇，有恩則報恩。

㊀「謝」，此下原衍「曰」字，今刪。「罪」，原作「自幸」，續藏經校記「自幸疑皋」，今改。

宗密也舉有多例來説明這種魂不滅的情形。冤魂報仇之事，宗密在圓覺經大疏鈔卷九之下中舉有西漢竇嬰和灌夫被田蚡害死而報仇的故事，爲發微録所引。靈魂報恩之事，則舉有嬖妾之父爲兒結草的故事。

【本段提要】祭祀儀式的理論依據就是有神論，宗密以儒家典籍中關於祭祀的規定來指出重祭祀與元氣論的矛盾。這是宗密批評元氣論「無後世失」中的第三條「證成不斷」，即以儒家典籍證明人死後靈魂的不斷。宗密又進一步以一些傳説性的故事來證明死後靈魂的存在，證明佛教三世的存在。

外難曰：若人死爲鬼，則古來之鬼，填塞巷路，合有見者，如何不爾〔一〕？

校釋

〔一〕「不爾」，寬永抄本無。

【發微録】「外難」下四句，亦答王充之問，緣論主取意用之，不具其文，故直言通妨，標入科文也。難意云：若人死爲鬼，則天地開闢已來，道路之上，一步一鬼也，見鬼宜見數百千萬，滿堂盈庭，填塞巷路，不宜但見一人兩人。〔鈔意似以一人則田蚡，兩人則竇嬰、灌夫。〕

【解】外人聞説人死爲鬼，則謂人人死已，盡皆爲鬼，不知有六道輪迴，轉受後身，故作此難。言「合有見者，如何不爾」者，論中假作不信有鬼之問，故且如是，其實見鬼之事，古今有之，不能具引。

【案】「外難」，這裏舉出的是王充的設難。王充在論衡論死中設難説：「人且死見鬼，宜見數百千萬，滿堂盈庭，填塞巷路，不宜徒見一兩人也。」「合」，應該，應當。「爾」，如此，這樣。

【本段提要】引出王充對鬼神論的批評，進一步揭示元氣論的理論缺陷，即不知死後世界的多樣性和生命的輪迴。這是宗密批評元氣論「無後世失」中的第四條「問答通妨」，即通過問答論辯來進一步指出元氣論的原人觀的困難。

答曰：人死六道，不必皆爲鬼，鬼死復爲人等，豈古來積鬼常存耶〔一〕？

校　釋

〔一〕「鬼死」之「死」，合解本無。「復」，寬永抄本作「後」。

【發微録】「答曰」下，據鈔云：「夫人死爲鬼，鬼死爲牛，牛死爲天，天死復爲人。隨業變化，不拘一類，六道輪迴，未始有極，豈可人獨有死而鬼無死乎？若長不死，即可如所㊀論也。」

㊀「所」，圓覺經大疏鈔卷九之下作「來」。

【解】言「人死六道」者，謂或有生天，或還爲人，或作禽畜，或墮地獄，前言鬼者，但一趣耳。言「鬼復爲人」者，謂鬼業盡已，或復爲人，或轉餘趣。「豈古來」下，譏其膠柱，如梁高僧傳，説後漢建和間沙門安世高，舟行至洪亭湖㈠，泊舟岸上，有湖神祠焉，神降曰：「舟中沙門，吾神宿世道伴，爲我請之。」安至祠中，神泣訴曰：「吾與師曾爲道友，以嗔心故，墮此趣中，幸相愍救。」師請現本身，神曰：「本身醜惡，恐相驚駭。」安曰：「無慮。」忽有大蟒出於牀後，引首向安，安撫之，以天竺語説法化導，蟒泣謝曰：「幸聞教化，今脱苦矣。」以絹千疋、黄白之資付安，令作功德，安爲建寺於豫章。已而見後山有大蟒死於草澤中，自是廟不復靈。此鬼趣轉生之例也。今俗子無識，謂佛、菩薩同鬼神者，吁！可悲哉。

【案】「答」，宗密對王充設難的回答。「六道」，佛教認爲人死後，靈魂的去向有六種，即地獄、餓鬼、畜生、阿修羅、人、天，究竟進入哪一道，這都是根據其生前所造的業而決定的。有此六趣分流，所以今人能見到的鬼就較少了。「鬼死復爲人等」，宗密認爲，不只是人會死，鬼也有死，鬼死後也會轉生爲其他生命類型，比如説還可以重新投生爲人，人和鬼之間的轉化是雙向的。他在圓覺經大疏鈔卷九之下的叙述中將此描述爲：「人死爲鬼，鬼死爲牛，牛死爲魚，魚

㈠「洪亭湖」，高僧傳（趙城藏本）卷一作「邯亭湖廟」。

死爲天，天死爲鬼，鬼死復爲人，（中略）豈可人獨有死而鬼無死乎？」由於鬼也可以轉生爲其他生命類型，所以今人能見到的鬼就更少了。「積鬼」，王充所理解的鬼，不能再轉化爲其他生命類型，所以逐漸積壓下來了。

【本段提要】宗密以六道輪迴理論説明生命的循環，回答東漢無神論者王充提出的長期没有系統回應的設難。

且天地之氣本無知也，人稟無知之氣，安得欻起而有知乎〔一〕？草木亦皆稟氣，何不知乎〔二〕？

校　釋

〔一〕【發微録】「安得欻起而有知」者，夫「知」即神識也，神有賢愚，善惡千差，稟無知之氣，豈有此千差耶？夫識與氣異，在氣無知，在識有知，豈混之於一氣哉？故經云：「四大合散，唯心爲本，在三界中，獨來獨去，無一隨者。」據此則知非氣爲本，若氣而生心，心復不合善惡等別，若善惡亦氣，則不因習學，既不因習學，何用孔老設教，令改惡爲善耶？

【解】謂氣無分别，豈人得之而有分别乎？若人因稟氣而有分别，則草木等亦應有分别，以所稟同故。論亦應言：「且天地之氣本無賢愚貴賤之異，豈人同稟之而有賢愚貴賤之異乎？」而儒者皆執稟氣，謂稟淳和之氣則爲聖爲賢，稟渾濁之氣則爲愚爲不肖，孰不知天地之氣本無差別，自吾人宿習之不同爾。其猶管籥之音，隨竅發異，故有清濁高下之殊，而吹者之氣曷嘗異哉？若謂吹者之氣有異，則何藉竹管之殊竅乎？又，李白桃紅，姚黄魏紫，無乃春風之各異乎？何不辯其物性而責於氣耶？

【案】「人稟無知之氣」，圓覺經大疏卷中之三作「無知之氣在人身中」。「無知」，没有認識能力，没有靈覺之性。元氣本身没有認識能力，没有靈覺。「有知」，有認識能力，有靈覺之性。這是有情生命特別是人類的基本特徵。宗密認爲元氣論不能解釋人的認識能力是如何從元氣中産生的問題。

〔二〕【發微録】若有知之類即稟陰陽之氣，無知之物則不稟氣，則知與無知各異。今既俱稟陰陽，不得爲異，何故草木無知，人畜有知？據此，則知是神識不關氣也。

【解】亦應云：「禽獸亦皆稟氣，何飛走之不同？」蓋天地之氣，猶爐冶甑㽅之謂，但能成物，非物所本。故爐冶雖能範金，不能變銅鐵爲良鍰㊀；甑㽅雖能熟食，不能變糠粃爲珍饈。天

㊀「鍰」，原作「猨」，據北藏茲三、合解本改。

地之氣雖能成物，不能使草木爲人，庸愚作聖，良以草木各有根，人畜各有本故也。

【案】圓覺經大疏卷中之三此句作：「若禀得無知之氣而能知者，則草木等既同禀氣，皆應知也。」「不知」，没有認識能力。元氣論認爲，草木等無情之物同人一樣，也是從元氣中産生的，但是並没有産生像人那樣的認識能力。據此，宗密得出認識能力和元氣無關的結論，他在圓覺經大疏卷中之三説：「蓋是無始心神世世傳習續而爲主也。」又在圓覺經大疏鈔卷九之下這樣説：「今既俱禀陰陽，不待爲異，何故草木無知，人畜有知？據此，則知是心神，不關氣也。」

【本段提要】這是宗密對元氣論的原人觀中認識理論的批評。元氣論用禀氣來説明人類認識的産生，但宗密責問：元氣本身並無認識能力，怎麽會産生有認識能力的人呢？同樣是禀氣，爲什麽人有知，而草木無知呢？這些都是元氣論要進一步思考的。這層批評，宗密稱爲「難無性失」，即元氣論的原人觀不能解釋人的認識的産生。

又言，貧富貴賤、賢愚善惡、吉凶禍福皆由天命者〔一〕，則天之賦命，奚有貧多富少、賤多貴少，乃至禍多福少〔二〕？苟多少之分在天，天何不平乎〔三〕？

校　釋

〔一〕【發微録】「貧富」等者，謂貧乏、富足、貴尊、賤輕、賢能、愚惷、善良、惡過、吉利、福祐，「凶」、「禍」二字俱訓「害」。「皆由天命」者，論語云：「死生有命，富貴在天。」禮云：「天命之謂性。」此言仁義本於性，性本於天也。

【解】此多儒者所執，先儒解云：命，猶令也。彼宗但以清氣上升至高無上曰天。

【案】「皆由天命」，一切都由天命所決定。自此開始對儒道兩家天命論原人觀的批評。

〔二〕【發微録】「天之賦命」下，破其所計貧富等皆受之於天命也。「賦」者，量也。「奚」者，何也。「乃至」者，具云愚多賢少、惡多善少、凶多吉少耳。

【解】謂天道至公至平，無偏無黨，何故而有貧富貴賤、賢愚禍福多少之異？又復於中貧賤禍夭者多，富貴壽康者少？世途目擊，豈不然哉？「奚」者，何也。

【案】「賦命」，決定人的命運，賦予人們以社會生活的必然性。「奚」，爲什麽。

〔三〕【發微録】「天何不平」者，既富貴等多少分數由天與㊀之，天何不均平與之，而乃不平乎？

【解】天實爾者，則公平安在？

㊀「與」，原作「興」，續藏經校記「興疑與」，今改。下「均平與之」同。

【案】「苟」，如果，假如。「不平」，不公平。指斥天命違反社會生活的平等原則。

【本段提要】這是對儒、道兩家天命論原人觀提出的批評。宗密通過對社會現象的分析，責問上天賦命的不公，即給人們不公正的社會生活命運，由此而揭示天命論在解釋社會現實時所遇到的困難。

況有無行而貴，守行而賤〔一〕，無德而富，有德而貧〔二〕，逆吉義凶，仁夭暴壽〔三〕，乃至有道者喪，無道者興〔四〕。既皆由天，天乃興不道而喪道〔五〕，何有福善益謙之賞，禍婬害盈之罰焉〔六〕？

校釋

〔一〕【發微録】「無行而貴」者，如夏桀殘義、殷紂損善而爲王者，是「無行而貴」也。「守行而賤」者，如樊須，字子遲，素藴仁行，嘗請學稼，執御從游，是「守行而賤」也。

【解】「無行而貴」，如桀紂爲君。「守行而賤」，如仲尼無位。

【案】「無行而貴」，有些人不遵守儒、道的價值規範却能貴爲至尊。「守行而賤」，有的人遵守了儒、道的價值規範却處於卑賤的地位。

〔二〕【發微録】「無德而富」者，如齊景公有馬千駟，死之日，民無得而稱焉，亦「無德而富」也。「有德而貧」者，如顏淵，一簞食，一瓢飲，在於陋巷，是「有德而貧」也。

【解】「無德而富」，如景公有馬千駟，何曾日食萬錢。「有德而貧」，如原憲、黔婁之類。

【案】「無德而富」，没有道德的人却成爲富人。「有德而貧」，有道德的人反而貧窮。

〔三〕【發微録】矧爲逆者吉，就義者凶，仁者夭亡，暴者長壽。

【解】「逆吉義凶」者，如姦邪得志，忠良遇害之類。「仁夭暴壽」，如顏、冉短折，盜跖永年。

【案】「逆吉義凶」，違反社會準則的人却得平安，有道義的人却遭受凶險。「仁夭暴壽」，仁慈的人短命而亡，凶殘的人却能長壽。

〔四〕【發微録】「乃至」，超間之辭。「有道者喪」，如仲尼、孟軻，皆有道之聖賢，而無其位，是亦「有道者喪」耳。「無道者興」，如桓魋毀仲尼於宋司馬，臧倉謗孟軻於魯平公，此亦「無道者興」焉。

【解】云「有道」、「無道」者，如世善人動輒坎軻，强梁貪暴，觸事利宜，自古迄今，此事屢有，世俗每謂天不平，或云天不開眼。

【案】「有道者喪」，依道而行的人得不到應有的社會地位。「無道者興」，缺乏道義的人却成爲社會的主宰。

〔五〕「喪道」，北藏兹本、嘉興兹本、代藩本、發微録本、解本、合解本作「喪有道」。

【案】圓覺經大疏卷中之三此句作：「天何興不道而喪道耶？」「興不道」，使無道者興盛。

「喪道」，使有道者遭不幸。

〔六〕【發微録】「賞」，賜也，有道者賞之。「罰」，罪也，無道者罰之。

【解】「何有」下，顯過，即顯彼宗執天命者自違其教耳。謂書云「天道福善禍淫」，言下民之善惡，天實司其禍福之柄，作善者降之以福，作惡者降之以禍。「淫」，過也。

【案】「何有」，圓覺經大疏卷中之三此上有「此乃顛倒冠履，尊卑無序，天之命也。亦猶無恒之人，易所不占」一段。「福善」，給善良的人以幸福。「益謙」，給有謙德的人以益處。尚書大禹謨中有「滿招損，謙受益」之説，易謙卦中有「天道虧盈而益謙」之説。「禍婬」，給作惡的人以災禍。「害盈」，給過度充滿者以減損。尚書中有「天道福善禍婬」之説，易謙卦中有「鬼神害盈而福謙」之説。

【本段提要】繼續批評天命的不公，揭示天命賞罰的不公。按照德福一致的原則，天應該是賞善罰惡的，實際上天命却正好相反，賞罰顛倒，因而宗密在圓覺經大疏卷中之三稱之爲「顛倒冠履，尊卑無序」。

又，既禍亂反逆皆由天命，則聖人設教，責人不責天，罪物不罪命，是不當也〔一〕。然則詩刺亂政，書讚王道，禮稱安上，樂號移風，豈是奉上天之意，順造化之心乎〔二〕？

校　釋

〔一〕【發微録】「禍亂反逆皆由天命」者，據上所説，則禍亂凶害非天不成，反逆不孝非命不就。成由天成，歸罪於人，就由命就，責過於物，是忿其室而怒於市，無以異也。夫禍亂自天，反逆由命，則聖人設教，責人不責天，罪物不罪命，是言之不當者也。何則不由於物而歸罪於物？由天不歸罪於天？是聖人之教歸於人㊀也，歸於人則不法於天矣，故云「不當」耳。

【合解】世人見説古今治亂等事，莫不皆謂天數，若由天者，經書所説，只合責天，何但責人耶？如詩書所譏，春秋所貶，曾不譏貶天命，何耶？

【案】「禍亂反逆」，泛指社會中的一切惡的現象，按照天命論，這些都是由天命所決定的。「責人不責天」，聖人將社會中惡的現象歸咎於人的因素，而不是天，這是和天命論相違的。「罪物不罪命」，聖人將社會中的惡的現象歸結於事物自身的原因，而不是歸命運，這也是和天命論相違的。「不當」，不正確的，錯誤的。

〔二〕【發微録】「然則」二字，連前起後之辭也。「詩刺亂政」者，且如平王東遷，政令不行，賞罰權勢皈弱於諸侯，由是黍離之詩作焉，孔子删之，乃刺平王亂政之始也。「書讃王道」者，謂三王

㊀「人」，原作「天」，續藏經校記「天一作人」，今改。下「歸於人」同。

開往得天下，以至仁罰不仁，以大義誅不義，出生靈於塗炭，躋庶民於富壽，所以「書讚王道」也。「禮稱安上」者，孝經云：「安上治民，莫善於禮。」「樂號移風」者，孝經云：「移風易俗，莫善於樂。」此意謂，既一切由天，祇合刺天、讚天，安上、移風，不關禮樂。今乃毛詩刺亂政，尚書讚王道，乃是反上天之意，逆造化之心耳。

【合解】既云福禍由天，不在人爲，天乃自然之理，不容增損矣，則詩書禮樂懲惡勸善，使人遠禍就福，以承天休者，不成空言耶？詩有國風、雅、頌，善則美，惡則刺。書有典、謨、訓、誥、誓、命之異，皆明二帝三王治世化民之道。孝經云：「安上治民，莫善于禮；移風易俗，莫善于樂。」凡此詩書禮樂皆所以規人心于善道者，是以人力而奪造化之權，豈是奉天意而順天心乎？蓋世儒不知感召之端實由乎我，一向歸之天命，不但違佛教因緣之説，亦違自宗詩書禮樂之本意矣。

【案】「詩刺亂政」，「詩」指詩經。詩經中包含着許多對君王亂政的批評，對暴虐的統治者的批評。「書讚王道」，「書」指尚書。尚書中對上古三王（夏禹、商湯、周文王）充滿了讚頌。「禮稱安上」，「禮」，六經之一，其規定的禮制是使君王的統治得以穩定的條件。「樂號移風」，「樂」，六經之一，其倡導的高雅音樂對於社會的移風易俗很有積極意義。

【本段提要】宗密進一步揭示天命論的内在矛盾。既然一切都由天命決定，社會中惡的現象就出自天命，但聖人聖典却將其歸咎爲人或物，社會中善的現象也是出自天命，而儒家聖典中却將其歸結爲人，這都是與天命論相違的。

是知專此教者，未能原人〔一〕。

校釋

〔一〕【發微録】專守老莊、周孔之教，未能原人之根本也。

【合解】結前儒道外宗未了義也。

【案】「專」，專心執守。「原人」，這裏的「原」是動詞，探源之意，探求人的本原。

【本段提要】宗密通過上述批評而得出結論：儒、道二教的四種原人理論都沒有真正説明人的本原。

斥偏淺第二〔一〕習佛不了義教者〔二〕

佛教自淺之〔三〕深，略有五等：一、人天教；二、小乘教；三、大乘法相教；四、大乘破相教；上四在此篇中。五、一乘顯性教。此一在第三篇中。〔四〕

校　釋

〔一〕「斥偏淺第二」，北藏茲本、嘉興茲本、代藩本、解本、合解本作「二斥偏淺」。

〔二〕「習佛不了義教者」，寬永抄本、發微録本無，解本作「習佛不了義經者」。

〔三〕「之」，合解本作「至」。

〔四〕「此一」，北藏本、嘉興茲本、代藩本、寬永抄本、發微録本、解本、合解本無。

【發微録】前之四教皆斥偏淺，後一顯性方彰圓深耳。「略有五等」，不説別教一乘，故云「略」也。「小乘教」即賢首愚法，攝初人天教，「大乘法相」即賢首分教，「大乘破相」即賢首始教，「一乘顯性」即終頓圓、同教一乘。注「在①第三篇中」，即直顯真源，習佛了義教也。

【合解】此五種教，圭峰約義分判，由所被機，有五乘之異，故能被教有此五種。言五乘者：一、人天乘；二、聲聞乘；三、緣覺乘；四、菩薩乘；五、佛乘。今合聲聞、緣覺而開菩薩，故立此五。若依法相宗説五種種性者：一、聲聞乘性；二、緣覺乘性；三、菩薩乘性；四、不定乘性；五者無性。就「不定」中復有四類：一、聲聞菩薩性；二、緣覺菩薩性；三、聲聞緣覺性；四、聲聞緣覺菩薩性。其「無性」者，謂總無前三乘種性。今人天教收彼「無性」，小乘教收彼

① 「在」，原作「有」，據原人論自注改。

「聲聞」、「緣覺」二性，後三教收彼菩薩性。其「不定性」，中間三教攝之。若依賢首五教者：一、小乘教，同此第二；二、大乘始教，當此三、四；三、終教，四、頓教，五、圓教，當此第五。良以賢首後三皆約一乘，故圭峰合之。賢首約同教別教、歷位無位，開成三異，而彼始教，雙收西域空、相二宗，以俱未盡大乘法理，故合爲初，圭峰依西域，仍爲二。或開或合，各有攸當，不可一準。萬松老師于此論中立九對十八重，總該賢首、圭峰二種五教之義：一、苦樂對；二、人天對；三、定散對；四、色空對；五、凡聖對；六、大小對；七、始終對；八、頓漸對；九、偏圓對。是則於賢首小教中曲開前五對，收此論義，可謂辭簡而理盡矣。

【案】「人天教」，是一般信衆所修習的教派，其基本教義是宣傳三世因果報應和六道輪迴，令修行者發起欣上厭下、怖苦趨樂之心，行善業，得善報，以業爲人的本原。「小乘教」，印度佛教中的原始佛教和部派佛教的統稱，其基本教義是宣傳我空法有論，以析色致空法證明人的色身的空性，以色、心二法和貪、瞋、癡三毒爲人的本原。「大乘法相教」，在印度佛教中指大乘有宗，中國佛教宗派中指法相宗，其基本教義是宣傳識的存在，以第八識阿賴耶識爲人的本原。「大乘破相教」，在印度佛教中爲大乘空宗，在中國佛教中是三論宗，其基本教義宣傳一切皆空，不只是色法空，心法也是空，以空爲人的本原。「一乘顯性教」，宗密特指的華嚴宗，宣傳一切衆生都有本覺真心，從無始際以來，被妄想所覆，不見自心真性，流浪生死，一旦經覺悟者指示其心性，就頓與佛同。此教以真性爲人的本原。

【本段提要】宗密略説偏淺佛教和了義教由淺至深的五個不同層次的教派名稱。在宗密的禪源諸詮集都序卷上之二中的判攝與這裏的五教名稱稍異，内容相同，爲人天因果教、斷惑滅苦樂教、將識破境教（此三教合稱密意依性説相教）、密意破相顯性教、顯示真心即性教。在宗密的圓覺經大疏卷上之四中，則判攝爲第一愚法聲聞教、第二大乘權教、第三大乘實教、第四大乘頓教、第五一乘圓教，這是華嚴宗傳統的小、始、終、頓、圓的判攝。

一〔一〕、佛爲初心人，且説三世業報、善惡因果〔二〕，謂造上品十惡，死墮地獄〔三〕；中品，餓鬼〔四〕；下品，畜生〔五〕。故佛且類世五常之教，天竺世教，儀式雖殊，懲惡勸善無别，亦不離仁義等五常，而有德行可修，例如，此國斂手而舉，吐番散手而垂，皆爲禮也〔六〕。令持五戒，不殺是仁，不盜是義，不邪婬是禮，不妄語是信，不飲噉酒肉，神氣清潔，益於智也〔七〕。得免三途，生人道中〔八〕。修上品十善，及施戒等，生六欲天〔九〕。修四禪八定，生色界、無色界天〔一〇〕。題中不標天、鬼、地獄者，界地不同，見聞不及，凡俗尚不知末，況肯窮本？故對俗教，且標原人，今敍佛經，理宜具列〔一一〕。

校釋

〔一〕「一」，解本此下有「人天教者」四字。

〔二〕【發微録】此與禪詮序中第一人天因果教大同，但彼略此廣耳。若依教迹，此如普耀經第二七日提謂等五百賈人施佛麨蜜，亦攝人天等經。「三世業報」者，圓覺大疏云：「當知欲因愛有，身因欲生，既有此身，還生於愛。復感未來生死果報。」是則三世業報皆由於心，故遠公報應論云：「夫事起必由其心，報應必由於事，是故自報以觀事，而事可變，舉事以責心，而心可反。」「善惡因果」者，謂惡業爲因，苦報爲果，即次文辨三塗也；善業爲因，樂報爲果，即下文明人天也。

【解】「初心人」者，所被機也，對後三乘，故曰「初心」，一向方便，故云「且説」。「三世業報」者，謂過去造業，今世受報，今世造業，來世受報，故曰「三世」，「業」即能招之因，「報」即所招之果，然「業」與「報」皆通善惡，故曰「善惡因果」。

【案】「初心人」，指根機最淺的學佛者。「且」，表示佛法爲應機的方便之説。「三世業報」，「三世」爲過去世、現在世和未來世。「業報」指因人們所造的行爲而得到的相應的報應，過去世所造的行爲可以在當時得報應，也可以在現世得報應或在未來世得報應，現在世所造的行爲可以在現世立即得報應，可以在來世得報應，也可以在以後許多世時得報應。「善惡因果」，善因善果或惡因惡果。行爲是因，所得報應是果，行爲有善惡之分，所得的報應也有善惡之分。

〔三〕「地獄」，寬永抄本此下有「中」字，再接下句「中品」等。

【發微録】「謂造上品十惡，死墮地獄」。一約境，於父母造殺業，爲上品。二約心，則瞋心增勝，死墮地獄。

【解】言「十惡」者，謂身三：殺、盜、婬；語四：妄言、兩舌、惡口、綺語；意三：貪、嗔、邪見。言「上品」者，泛説善惡，皆有三品，三位明之。一約境，且如殺生，殺人爲上，殺畜爲中，蚊蚋爲下。不殺反此，謂不殺人爲上，不殺蚊蚋爲下。二約心，不論善惡，但猛利心作爲上，泛爾心作爲下，庸庸爲中。三約時，若善若惡，但三時無悔爲上，二時無悔爲中，一時爲下。言「地獄」等者，梵云「捺洛迦」，此云「苦器」，即衆生受苦之器也。今言地獄，約義立名。有云，「地」者，底也；「獄」者，局也。地下有獄，故名地獄。總有四類，謂八熱、八寒、近邊、孤獨。言八熱者，一曰等活，謂刀劍剉斬成千萬段，以叉撥聚，唱言：「活，活。」彼即便活。活已，復斬，斬已，復活，故曰等活。以四王天壽五百年爲一日一夜，如是積數至五百歲。二曰衆合，衆山四合，碎罪人身猶如微塵，以忉利天壽一千年爲一日一夜，積此歲月，壽一千歲。三曰黑繩，如世解木，繩抨鋸解，以夜摩天二千年壽爲一日一夜，壽二千歲。四曰號叫，以兜率天壽四千年爲一晝夜，壽四千歲。五、大號叫，以化樂天八千年壽爲一晝夜，壽八千歲。六曰炎熱，以他化天一萬六千年壽爲一晝夜，壽一萬六千歲。七曰極炎熱，壽半中劫，謂從人壽八萬四千歲，等百年減一歲，減至十歲，名半中劫，爲此獄壽。八曰阿鼻，此云無間，有五義故，立無間名：一者作業無間，約治罰説；二者受報無間，約果報説；三者受苦無間，約楚痛説；四者壽命無間，無中夭故；五者身量無間，謂衆生自業，各各自見身滿獄中，間無空處，故曰無間。此獄壽命一增減劫。言八寒者，一、按部陀㈠，正云「遏部曇」，此翻爲「疱」，寒苦觸身，如瘡疱故。二曰疱裂，身凍裂故。三、蝎盤沾㈡。四、虎虎凡㈢。五、嚇嚇凡㈣。六、青蓮華。七、紅蓮華。八、大紅蓮華。然此八寒壽量，二説不同。依俱舍説，比前更長。若準瑜伽説，八寒壽量較於八熱，次第減半，如按部陀，減於等活之半，乃至大紅蓮華較阿鼻亦爾。依此則是八寒輕於八熱也。三、近邊獄者，八熱四門各有四獄，一曰煻煨，沸灰齊膝，下足焦爛，舉足如故。二曰屍糞，糞泥齊膝，中有毒蟲，下足食盡，舉足還復。三曰鋒刃，刀劍等刃，布爲道路，履則割傷。四曰灰河，沸熱灰汁，

㈠「一按部陀」，原無，據北藏茲四補。

㈡「蝎盤沾」，一作「阿吒吒」，是梵文 aṭaṭa 的音譯，脣舌凍僵發出的聲音。

㈢「虎虎凡」，原作「虎虎几」，據北藏茲四改。下「嚇嚇凡」同。「虎虎凡」，是梵文 huhuva 的音譯，俱舍論中作「虎虎婆」，因寒冷而喉中發出的聲音。此應是第五寒地獄。

㈣「嚇嚇凡」，是梵文 apapa 或 hahava 的音譯，俱舍論中作「臛臛婆」，因寒冷而口中發出的聲音。此應是第四寒地獄。

或煮或煎，皮肉潰爛。四、孤獨獄者，處所不定，或山間樹下、曠野城隍等處。依瑜伽説，近邊、孤獨，壽命不定，隨業長短。

【案】「上品十惡」，「十惡」，指殺生、偷盜、邪婬、妄語、兩舌、惡口、綺語、貪欲、瞋恚、邪見。「上品」，佛教論善惡又分爲上中下三品，從造惡的對象來看，對象是父母，爲上品之惡，對象爲其他人，是中品之惡，對象是蚊蟲等類，爲下品之惡。從造惡的主觀心態而言，發猛烈的惡心，下很大的決心去行惡事的，是上品之惡，發心一般的，是下品之惡，處於這兩者之間的，是中品之惡。「地獄」，梵文naraka的意譯，也譯爲不樂、苦器、苦具等，罪人的受苦場所，俗義的理解是地底之獄，有多種分類，是六道中最惡的一種報應結果。

〔四〕【發微録】「中品，餓鬼」。一約境，於餘人造殺業爲中品。二約心，則慳貪增勝，死墮餓鬼。

【解】言「餓鬼」者，謂長受饑餓，故曰餓鬼，輕重不同，凡有九類。以人間二十日爲一日一夜，彼還以三十日爲一月，十二月爲一年，壽五百歲。上依俱舍。有云鬼趣壽命不定，極長者七萬歲。

【合解】言「餓鬼」者，謂長受飢餓，故曰餓鬼，輕重不同，凡有九類：一曰炬口鬼，謂於口中常出猛焰；二曰針咽鬼，頭腹如山，咽喉如針；三曰臭口鬼，口如臭屍。此三名無財鬼，皆不得食故。四曰大癭鬼，項中有癭，以手抉膿，還自食故；五曰針毛鬼，身毛如針，還自刺身，出血而食；六曰臭毛鬼，身毛臭穢，嫌故拔出，取血而食。此三名少財鬼，少得飲食故。七曰得棄鬼，常得祭祀所棄之食；八曰得失鬼，常得巷陌所遺食故；九曰勢力鬼，此有三種：一者夜叉，二者羅刹，三者毗舍闍。此三名多財，多得飲食故。此上諸鬼，以人間二十日爲一日一夜，彼還以三十日爲一月，十二月爲一年，壽五百歲。上依俱舍。

【案】「餓鬼」，梵文 preta 的意譯，音譯閉麗多，也有多種分類，有的特徵是腹大如鼓，咽喉却細如針，没有人給他們舉行祭祀，常處於饑餓之中。

〔五〕【發微録】「下品，畜生」。一約境，於蚊蚋等起殺業爲下品。二約心，則愚癡增勝，死墮畜生。

【解】言「畜生」者，「畜」者，養也，人所畜養，如牛馬犬豕之類。此名則局。或云「傍生」，傍行而生，通一切飛走之類。此名則寬。别而言之，羽毛鱗介、蠢蠕飛潛，其類繁廣，於中最福德者，如龍及金翅，皆通四生。然畜趣壽命長短不定，極長者壽一中劫，廣如别章。

【案】「畜生」，狹義指人所畜養的牛馬狗猪等類，廣義則是傍行而生，指一切飛禽走獸之類，是生命轉生的一種類型。

〔六〕「天竺世教」至「皆爲禮也」，及下「不殺是仁」至「益於智也」，兩段注文，發微録本合爲一段置於下文「生人道中」一句之後。「亦不離仁義等五常」之「常」，北藏本、嘉興兹本、代藩本、寬永抄本、發微録本、解本、合解本無。

【發微録】「類世五常」者，類例五戒也。注「天竺」者，正云印度，此翻月邦。「世教」，即五戒也。「吐蕃」，外國之名也。

【合解】後明善因果也，五戒、十善、四禪、八定是善因，人、天等是善果。今先言人乘。「類」謂比類，「世」謂世俗，通西域、此方，不但周孔説五常也。言「五常」者，謂仁、義、禮、智、信，是人之所常行，造次、顛沛，不容離故。注中別會兩方世教，以顯大同，亦潛通妨難，恐人疑云：佛出天竺，彼國世教，儀式或殊，那言類此五常？即應是佛教倣傚孔老，作是附會，故爲此通云。又，龍樹釋摩訶衍論，引道品經，立四法藏，一補特伽羅藏，經云：「佛子，諦聽，爲汝解説。仁藏、義藏、禮藏、智藏、信藏，并聲聞藏及菩薩藏、大覺法藏，所以者何？一切行者，漸次轉勝，次第之法故。」

「天竺」者，葱嶺已西有五天竺，謂成劫之時，光音天人下生於此，故受天名，梵云「印土」，或云「身毒」，訛略云「竺」。言「世教」者，謂國王治世之教也，西域有佛法處，依佛法治國，如金光明有王法正論品也。又，輪王以十善化世，遵古佛遺教也。言「儀式雖殊」者，如正朔、衣冠之類，隨方或殊，而懲惡勸善與此方大同。德行雖多，舉其大綱，不出仁義等五者。可見天下之理，至當歸一，故治世之法，若合符節，非周孔特爲斯民而創式也，亦非如來倣傚此方而設教也。

【案】「類世五常之教」，「類」，相似，仿照。「世」，世俗世界，這裏指儒教盛行的社會。「五常」，儒家的仁義禮智信五種道德規範。佛的教法有和此土儒家的仁義禮智信五常之説相似之處。「天竺」，印度的古稱。「吐番」，西域古國之一，西域也是佛教的傳入地，在當時是和天竺」一起被人們視爲西方佛國世界的。

〔七〕「飲噉酒肉」，合解本作「飲酒噉肉」。

【發微録】「不殺是仁」，仁有博愛之德。「不盜是義」，義有合宜之德。「不邪婬是禮」，禮有尊卑敬讓之德。「不妄語是信」，信有無虛妄之德。「不飲噉」等，「益於智也」。智有照了之德。

【合解】若翻前十惡，合云十善，華嚴二地中説十善通五乘，謂下品，人因；中品，天因；上品，三乘因；上上品，佛因。而佛于律儀中又制近事五戒，亦通五乘，故知五戒、十善，大同小異，開合隨宜，其猶大乘六度、十度耳。

注以五戒會五常，以義同故。明教大師云：一曰「不殺」，謂當愛生，不暴一物，不止不食其肉也。孟子曰：「殺一無罪，非仁也。」故以不殺爲仁。二「不盜」者，謂不義不取，不止攘他物也。孟子云：「非其有而取之，非義也。」三曰「不淫」，謂不亂非其匹偶也，而禮所以決嫌疑、别同異、明是非，故同不淫。四「不妄語」者，謂不以言欺人，而信者言無反覆，故同不妄。五「不飲啖」者，由飲啖故，心神濁亂，情慮癡狂，害于智也，故不飲㊀啖，智思清潔也。然此五戒依律儀中，復有支時具闕之異。五戒能持，名爲支具；或但能持四、三、二等，名爲支闕；盡形壽持，名爲時具；或但能持十年、五年，下至一日，名爲時闕。支、時相望，應有四句具闕之義，由此有一分、少分、多分、滿分優婆塞、夷。於此五中，不殺闕故，雖得人身，多病短命；不盜闕故，資財乏少；不淫闕故，無好眷屬；不妄闕故，言無人受；不飲闕故，諸情暗鈍。又，此五中，前四是性戒，謂

㊀「飲」，原作「餘」，據解本改。

殺、盜等，體性是罪，故曰性戒。飲酒一戒，是名遮戒，由飲食亂性，犯前四故，故佛制此，以防前四，故曰遮戒。

【案】「五戒」，佛教對在家居士所規定的終身應遵守的戒條，即不殺生，不偷盜，不邪婬，不妄語，不飲酒。「不殺是仁」，宗密把佛教的五戒和儒家的五常相類比，指出五戒和五常的等同，作爲他三教合一論的一個重要論據。宗密在圓覺經大疏鈔卷七之上中具體分析了這種觀點：仁是一種仁愛之心，「仁是愍物，博施恩慧，廣濟患難」。而五戒中的不殺生正是體現的這種思想，因而與仁的意義相同。「不盜是義」，義是一種行爲規範，按照這種規範而行事，則「有志有準，非理不爲」。而不偷盜正是這種規範的具體化，因而與義相同。「不邪婬是禮」，禮是一種社會秩序，「別尊卑，息譏嫌，分内外，禁諍亂」。而不邪婬的意義正與此相同。婬是非禮之極，只要做到不婬，其他禮法就都可以順利遵守。「不妄語是信」，信是遵守信用，「發言無二，不虧其約」。不妄語所要表達的也正是這個意思。「不飲噉酒肉，神氣清潔，益於智也」，智是指心境清明，頭腦清醒，而不飲酒正是要保持這種清醒，所以與智相同。

〔八〕【發微録】「得免三塗」。「塗」，道也，地獄名火塗道，餓鬼名刀塗道，畜生名血塗道也。

【合解】五戒、十善，皆依師受三歸，言下得此戒體。先受三歸，後受五戒、十戒。由歸佛故，不墮地獄；歸法故，不墮餓鬼；歸僧故，不墮旁生。「得免三途」，蓋三歸之力也，未有不歸三寶而得戒者。以受五戒，必先三歸，故略不言。

【案】「三途」，指六道中的三惡趣，即地獄、餓鬼和畜生。「人道」，六道中的人趣，衆生死後轉生爲人。

〔九〕【發微録】「上品十善」，即修因也。「生六欲天」，即報果也。或曰：論文何以不説中下二品十善耶？然修中品十善，生人道，下品十善，生修羅。今論主既令持五戒生人道，故不言中品也。又，儒道二教不説修羅，故不言下品耳。

【解】「修上品十善」者，此有二意：一者對前五戒爲下，故曰上品，上品即十善也。二者影略以明人中十善爲下，故以天中爲上品。上品之十善，揀下品故。又，於天中十善是總，「施」等爲别，謂修十善，與散心俱，兼行「施」等，生六欲天；與定心俱，生上二界。言「十善」者，殺、盜、婬、妄與五戒同；五、不綺語，謂不飾非言；六、不兩舌，謂語不背面；七、不惡口，言必善順；八、不貪愛，謂心常知足，於有、有具不生染著；九、不瞋恚，謂不以忿恨宿於心；十、不邪見，謂心見正直，無誑無諂。此後六戒，諸教標列，或小異同，皆不相違。又，有一經中合語四爲三，謂不誹謗、不欺誑、不妄語，加不飲酒食肉，爲四。華嚴於語四中，妄言、兩舌、惡口、綺語爲次，此約重輕爲先後也。嵩公輔教編列意三，爲嫉、恚、癡。瓔珞、梵網唯局大乘，故此不會。然其意三得爲業道者，清涼大疏依瑜伽釋云：貪若未決，但名煩惱，決即名業，嗔癡亦然。故意三中，要具五緣，方成業道。言五緣者：一事；二體；三差别，於中有三，一不求，二不願，三不貪。於差別中，前二方便，後一究竟，并前事、體，即是五緣。於此五中，若闕究竟，但名煩惱。善惡相反，成業例然。

言「及施戒」者，謂持十善時，又廣行惠施，故感欲天，衣食自然，宫殿隨身，眷屬圍繞。如是果報，由布施故，天人壽長，由持戒故。然前云十善，此又云戒者，此或是近住戒，或出家戒等，如報恩經中説有一日一夜持近住戒，或沙彌戒、比丘戒等，故别言之。而言「等」者，即等取忍、進、定，或餘善法，謂供養三寶，孝順父母，修八福田等。但十善爲正因，餘皆助因，而是有漏心修，故不免輪迴，非如菩薩通無漏者。

【合解】（上與解本同）言「生六欲天」等者，泛言「天」者，俱舍云：「光潔自在，神用得名。」總爲三界，别爲二十八天，謂欲界六天，色界一十八天，無色界四天。言欲界者，謂飲食睡眠、男女情愛，故名欲界。言六天者：一曰四王天，是帝釋臣佐，居須彌四傍，去地四萬二千由旬，身長半由旬，衣重半兩，壽五百歲，以人間五十年爲一晝夜，陰陽如人世。二、忉利天，此云三十三，居須彌頂，其須彌山出水八萬四千由旬，前四王天居山之半，山頂之上，四周廣平，於其四方，各有八天，最中一天，帝釋所居，故總名三十三天。此天身長一由旬，衣重六銖，壽一千歲，以人間百年爲一晝夜，以相抱爲陰陽。三、炎摩天，此云時分，以蓮花開合爲晝夜，故曰時分，居前天之上一倍，身長二由旬，衣重三銖，壽二千歲，以人間二百年爲一晝夜，以身相近爲陰陽。四、兜率天，此云知足，於所受樂，常知足故，居處倍前，身長四由旬，壽四千歲，以人間四百年爲一晝夜，以執手爲陰陽。五、化樂天，爲隨心意樂，自化樂具，還自受用故，居倍兜率，身長八由旬，衣重一銖，壽八千歲，以人間八百年爲晝夜，以相熟視爲陰陽。六、他化自在天，謂他化樂具，自得受用故，居倍前天，身長十六由旬，衣重半銖，壽一萬六千歲，以人間一千六百年爲晝夜，以暫瞬目爲陰陽。自此以還，名曰欲界。

【案】「上品十善」，「十善」，與十惡相對，不殺生、不偷盜、不邪婬、不妄語、不兩舌、不惡口、不綺語、不貪欲、不瞋恚、不邪見。十善也分三品，即上品、中品和下品。修十善的果報，修上品十善，生六欲天中，修中品十善，生人道中，修下品十善，生阿修羅道中。對於修中品十善和下品十善的果報狀況，宗密没有分析，因爲在講持五戒的果報時，已經講到了人道，而阿修羅道在儒道兩教中都不講，所以也略去不説了。「施戒」，指布施和持戒，實際上是泛指大乘六度。「等」，略去其他善法。「六欲天」，六道中天道的一種，是欲界中的六重天，依次爲四天王天（東爲持國天，南爲增長天，西爲廣目天，北爲多聞天）、忉利天、夜摩天、兜率天、樂變化天和他化自在天。六欲天中還没有脱離婬欲和食欲。

〔一〇〕【發微録】謂修四禪，生色界，修四空，兼前四禪，成八定，生無色界也。

【解】言「修四禪八定」者，梵語禪那，此云静慮。法苑章云：「静者，性離囂塵、沉浮等障；慮者，專心一志，籌度境門。」㊀然諸無色定，有静無慮，純定心故；欲界等持，有慮無静，多散動故。唯色界中，静、慮均平，故得此名。言「四禪」者：一、有尋有伺静慮。尋伺亦名覺觀，對治欲界惡不善法故，然尋約麤相，伺約細相。二、無尋無伺静慮。離前初禪覺觀之心，生歡喜故。三、離喜静慮。離前二禪喜心，憂喜雙忘，住於樂受故。四、離喜樂静慮。離前三禪喜樂，苦樂雙忘故。言「八定」者，四禪之後加無色四空定，謂：一者空無邊處定，前色界中所有色想，今皆超越，住無邊空處故。二、識㊁無邊處定，前色與空皆不離識，今皆超越，唯住無邊識故。三、無所有處定，前有識可住，今識亦不可得，若心若境，皆無所有故。四、非想非非想處定，前能離心識之想，今亦無故。此與四禪俱名定者，以四禪中有一分定義，故得定名。言「生色、無色界」者，由修四禪，得生色界，謂有五蘊色身，故名色界。言「無色」者，謂無麤色蘊，但有四蘊，心及心所，依定而住，名無色界。

【合解】（上與解本同）言「生色、無色界」者，由脩四禪，得生色界，謂有五蘊色身，故名色界。其十八天者，謂初禪三天：一、梵衆天，即梵王人民；二、梵輔天，即梵王臣佐；三、大梵天，即是梵王。然此三天皆壽一劫，自此已上，身衣隨意，無復男女，但以禪定法喜爲食，内有覺觀心

㊀法苑義林章（大正藏本）卷三此段作：「性離囂高、沈没等障名静，專思一慮、籌度境門名慮。」

㊁「識」，原作「色」，據北藏茲四、合解本改。

故，外感火災所壞。二禪，少光、無量光、光音三天，壽命二劫，内有喜故，外感水災所壞。三禪，少浄、無量浄、徧浄三天，壽命㊀三劫，内有樂故，風災所壞。四禪九天，無雲、福生、廣果三天，壽四劫；無想天，五百劫；無煩天，千劫；無熱天，二千劫；善現天，三千劫；善見天，四千劫；色究竟天，五千劫。脩後四定，生無色界。言「無色」者，謂無麤色藴，但有四藴，心及心所，依定而住，名無色界。其四天者：一、空無邊處天，壽一萬劫；二、識無邊處天，壽二萬劫；三、無所有處天，壽四萬二千劫；四、非想天，壽八萬四千劫。

【案】「四禪八定」，「四禪」，是指從一禪到四禪的四種色界所修的禪定，用以對治各種煩惱，能産生相應的功德。初禪，修此禪定，能感受到離開欲界所帶來的快樂。二禪，此禪定對治初禪所具有的「尋」、「伺」兩種粗細不同的思考方式，形成内心的信仰，産生由此禪定自身而形成的喜樂，這種喜樂稱爲「定生喜樂」。三禪，對治二禪的定生喜樂，得非苦非樂之境，産生離開二禪喜樂的喜樂，稱爲「離喜妙樂」。四禪，對治三禪的離喜妙樂，得不苦不樂的感受。四禪和四定構成八定，四定又稱四無色定、四空定，是無色界所修的四種禪定，分別是：空無邊處定，以無邊的虛空爲觀想對象，超越四禪的色想；識無邊處定，以内識的虛空爲觀想對象，超

㊀「命」，原作「名」，據文意改。

越空無邊處定的觀想；無所有處定，以無所有爲觀想對象，超越識無邊處定的觀想；非想非非想定，超越無所有處定的觀想，進入非想、非無想的絶對寂静的狀態。「色界、無色界天」，即色界四禪天和無色界四無色天，分别是修四禪和四無色定後所得的相應的境界。四禪天包括初禪三天（梵衆天、梵輔天、大梵天），二禪三天（少光天、無量光天、極光浄天），三禪三天（少浄天、無量浄天、徧浄天）和四禪九天（無雲天、福生天、廣果天、無想天、無煩天、無熱天、善見天、善現天、色究竟天），共十八天。四無色天指空無邊處天、識無邊處天、無所有處天和非想非非想天。

〔二〕「天鬼」，寬永抄本作「天界」。

【發微録】「界地不同」等者，謂上界與地下不同，是則諸天、鬼、獄，而人間皆見聞不及也。「尚不知末」下，尚不知人道見聞之末，肯窮天、鬼、地獄之本乎？

【解】注「題中」下，通妨。恐有難云：此既具明五趣，何故題中但標「原人」，不言天等？注先牒難。「界地不同」下，正答。應云「界趣不同」，或筆悮耳。三途、人天，類趣各别；欲、色、無色，依地有殊。言「見聞不及」者，天堂、地獄、鬼趣，孔老不談，俗眼不見，故云爾也。「凡俗」已下，約所對機。言「尚不知末」者，且以天爲本、人畜爲末者，世人但知人畜草木依天所生，不知人畜從自業招，妄謂天生，是不知末，況能知彼天等果爲何物？縱若説者，不過但云清氣上升，高明悠久，無聲無臭，以爲至極，更不信有佛教所説能盡天地之實者，故曰：「況肯窮本？」豈復能知空生大覺，如海一漚者乎？「故對」下結意，此二句出立題意。「今叙」下，出此文意。

【案】「界地不同」，即界、趣都不相同，界有欲界、色界和無色界之異，趣有六途分别。「見聞不及」，色界、無色界以及地獄、餓鬼、畜生、阿修羅等，都是凡人的感官難以感覺到的。「尚不知末」，宗密認爲，儒道教以天爲本，以人畜等類爲末，只知人畜草木依天而生，不知是自己所作的業的報應，這是不知末。既然不知末，那麽更不知天是什麽了。「俗教」，指世俗的儒道之教。「且標原人」，衆生有六道輪迴，對六道都應追求其本原，爲何只求人的本原？這是針對儒道二教的情形而言的。儒道二教不談地獄等惡趣，對人的本原的看法也是錯誤的，所以只以「原人」爲題，一方面爲了適應中國傳統思想的習慣，另一方面也是爲了批評一切宗密視爲錯誤的原人觀。

【本段提要】宗密首先闡述了人天教的基本觀點，即建立在業報論基礎上的三世因果報應理論，以業爲因，報應爲果，報應的結果依業的不同而有六道，稱爲六道輪迴説。在此，宗密特别提出了以佛教的五戒與儒家的五常相會通的觀點，這是其三教合一論的重要論據。

故名人天教〔一〕也。然業有三種：一惡，二善，三不動〔二〕。報有三時，謂現報、生報、後報〔三〕。據此教中，業爲身本〔四〕。

校釋

〔一〕「人天教」，寬永抄本作「人教」。

〔二〕【發微録】一、惡業，貪瞋猛盛者，即造十惡業。二、善業，貪來生富樂之報者，造諸善業。三、不動業。厭下苦麤障，欣上浄妙離者，修四禪八定。

【合解】注辨業報差別也。業以造作爲義，然體有假實，身、語是假，思是實體。然思有三種，謂審慮、決定、動發。正取動發，方成業道。謂動身思，是身之實；發語思，是語之實。審決二思，但是方便。注「一惡」者，即前三品十惡是，「二善」者，即前五戒、十善等是，「三不動業」者，即前四禪八定，對欲界散動，得不動名。

【案】「業有三種」，人的行爲有三種，即惡的行爲、善的行爲和不具有善惡特性的行爲。能引起報應的行爲是善業和惡業。「不動」，即不動業，屬於色界和無色界的禪定，没有善惡的性質。

〔三〕「時」，寬永抄本無。「謂」，北藏茲本、嘉興茲本、代藩本、解本、合解本無。

【發微録】「現報」，現世作善惡，即現身受苦樂報。「生報」，今生作善惡，次一生受報。「後報」。次二三生，乃至未來多生受報，名「順後報」。

【合解】言「報亦有三時」等者，報以酬因爲義。「現報」者，現在作惡作善，現身受報，如服狼虎藥，立時見效。此約極猛利心作業，故得現報，如琉璃王誅滅釋種，生陷阿鼻，法照和尚專念彌陀，生歸極樂，更不歷中有身也。二、「生報」者，今生作業，來生受報，如今歲種麥，來歲收刈。三、「後報」者，今生作業，隔生方受，如負二人債，强者先牽，善輕惡重，則先受惡報，惡輕善重，則先受善報，則以後受者爲後報矣。此約善惡間雜，復由輕重分先後耳。餘經論説此三之外復有「不定報」，對時料揀，復有四句，謂：一、時定報不定；二、報定時不定；三、時報俱定；四、時報俱不定等。

【案】「報有三時」，即三種報應形式：「現報」，現世所造的業，在現世立即得到報應；「生報」，現世的業，要在下一世（來世）中得到報應；「後報」，現世的業，要在後二世或幾世才能得到報應。

〔四〕【解】「業爲身本」者，但知此身從業所招，而更不推業從何來，良由根鈍，未能窮究。此如西方宿作論師所計，彼見今世作善而現身受苦，作惡，受樂，便作是思：若由士夫現在所作，即應顛倒，當知由彼宿世業行，是故今世作善，能壞宿業，宿業既盡，即得涅槃等。

【案】「業爲身本」，業是人的本原。這是人天教的原人觀。

【本段提要】宗密總結出人天教的原人觀，以業爲人的本原。

今詰之曰：既由造業受五道身，未審誰人造業，誰人受報〔一〕？

校　釋

〔一〕【發微録】「受五道身」者，開出修羅，即成六道。

【合解】誰造誰受？總詰也。彼應答云：是我身心能造。故下别難也。

【案】「五道」，即地獄、餓鬼、畜生、人、天，除去阿修羅一道。「未審」，不知道，不明白。

【本段提要】宗密對人天教的原人觀提出總體性的批評，人天教以業爲人的本原，但没有進一步揭示出造業和受報的主體。

若此眼耳手足能造業者，初死之人，眼耳手足宛然，何不見聞造作〔一〕？

校釋

〔一〕【合解】此難身也，由彼不了身等是假，執爲實能造，故招此難。

【案】「眼耳手足」，宗密以此表示肉體之身是造業受報者，假設人天教是以肉身作爲造業和受報的主體，那麽色身又可以分析爲具體的不同的部分，以此證明身是空，這是采用了小乘佛教的分析致空方法。「初死之人」，宗密以死人的感官不能造業來否定色身是造業主體的觀點。關於死人和活人的區别，范縝早在其神滅論中就已經指明，死人之質無知，而活人之質有知，這是根本的差異，宗密爲了避開這一點，就使用了「初死之人」的提法，其實初死之人也是無知的死人。「宛然」，分明，没有差别。

【本段提要】宗密批評人天教以身爲造業的主體，指斥其不知身性是空，身相是假。用小乘教分析致空的方法，認爲身只是眼耳手足之類的組合，若論身，只是或論眼，或論耳，或論手，或論足，没有獨立存在的色身，身是空，所以不能以身爲本。宗密又混淆活人和初死之人的區別，以初死者的器官不能造業來設難。

若言心作，何者是心〔一〕？若言肉心，肉心有質，繫於身内〔二〕，如何速入眼耳，辨外是非〔三〕？是非不知，因何取捨？且心與眼耳手足俱爲質閡，豈得内外相通，運動應接，同造業緣〔四〕？

校　釋

〔一〕【合解】此難心也。佛教説心，凡有四種：一、肉團心，五藏中火也；二、緣慮心，通八種識，俱能緣慮自分境故；三、集起心，唯賴耶識，集諸種子，起現行故；四、堅實心，即如來藏性是也。今人天機，不知後三，故招此難。此與世俗言心大同。

【案】「心」，宗密在禪源諸詮集都序卷上之一中將心分爲四類，即肉團心、緣慮心、集起心和堅實心。

〔二〕「肉心」，寬永抄本作「内心」。

【發微録】「肉心有質」者，謂肉團心有形質，故按五藏論説，人之心藏，唯一方寸。正法念經云：如蓮華開合。提謂經云：心如帝王。皆肉團心也。

【解】言「有質」者，以肉團心屬色法故，但是心等所依，無實作用。

【案】「肉心」，即四類心中第一種的肉團心，是指作爲生理器官的心臟。「質」，指肉團心具有的體積、形狀、大小等性質。

〔三〕【解】言「如何速入眼耳」等者，然佛説第六意識有二義用：一、與五識俱行，如眼緣色時，意亦緣色，分别皂白，起殊勝解，耳緣聲等，例亦如之；二、不與五俱，名獨頭意，如前五不緣境時，内自思等。今人天教不知緣外境者是意識作用，執以爲心，故招此難。

【案】「速入眼耳」，眼耳等感覺器官對事法的認識，必須以心爲基礎，心是各種感覺器官的主宰，但宗密把心的這種主宰關係又規定爲具有體積等特徵的心臟對體表感官的進入，以此具有機械論色彩的觀點來設難。

〔四〕「質閡」，北藏茲本、嘉興茲本、代藩本、解本、合解本作「質礙」，寬永抄本作「質閡」。

【發微録】「是非不知」，縱也。「因何取捨」，奪也。意謂因何取是捨非耶？「内外相通」下，肉心居内，眼耳居外，内外質礙，如何相通耶？

【解】顯肉團心無作用也。如其有用，肺等應然，則諸已死，應能緣慮。

【案】「内外相通」，以心爲内，眼耳等爲外，對外界事法的分别必須由心和外部感官相結合才能進行，但在身軀内部的心臟和在外部的各感官如何能相結合呢？這涉及認識科學的一系列問題，在當時的科學水平下是難以解決的。

【本段提要】批評人天教以心爲造業和受報的主體，宗密把心假定爲有形狀、體積的作爲生理器官的心臟，以機械論的觀點，否認心臟和其他感覺器官之間的内在聯繫。

若言但是喜怒愛惡發動身口令造業者〔一〕，喜怒等情乍起乍滅〔二〕，自無其體，將何爲主而作業耶？

校釋

〔一〕【解】恐彼救云：心能喜怒愛惡發動身口，故能造業。此乃認情爲心，不知喜怒等但是意識心所法也。

【案】「喜怒愛惡」，泛指人的情感，是心的本體所決定的現象，宗密又假設人天教是以情爲造業和受報的主體，由此又對這一觀點提出批評。

〔二〕【發微録】「喜怒等情」者，儒以喜怒哀懼愛惡欲謂之七情。「乍」，暫也。「起」，生也。

【解】「乍起乍滅」者，謂對順情境則喜則愛，對違情境則怒則惡，境來則起，境去則滅，殊不知心體常恒，本無起滅，若境去心無，心即斷滅，誰爲主宰而作業也？

【案】「乍起乍滅」，「乍」，暫時的，短促的。情的生滅是無常的，没有規律的，對於順境，喜愛之情會忽然而生，怒惡之情忽滅，對於逆境，則怒惡之情忽然而生，喜愛之情忽滅。情不是永恒的，本身並不具有終極的意義，它必須以性作爲自己本體，所以不能成爲造業和受報的主體。

【本段提要】批評人天教以情爲造業和受報主體的觀點，這是對心的進一步分析，心可以分爲性和情，性是心的本體、心的本質，情是心的作用、心的現象，性是永恒而無生滅的，而情是暫時的、忽生忽滅的。

設言，不應如此别别推尋，都是我此身心能造業者〔一〕，此身已死，誰受苦樂之報〔二〕？

校釋

〔一〕「我此身心」之「此」，北藏茲本、嘉興茲本、代藩本、解本、合解本無。

【發微録】「别别推尋」者，喜怒等情爲别。「推」，窮。「尋」，究也。

【解】亦躡前轉破也，由前身心别破，彼遂立身心相合義。應先救云：不應如此别别推尋，都是我身我心總合能造。故此牒云設作此説者。

【案】「別別推尋」，把身和心分別開來加以分析。宗密先批評人天教是以色身作爲人造業和受報的主體，又批評其把心作爲主體，都是根據人天教的理論邏輯而作的推理，人天教本身並没有這樣明確的觀點。「身心能造業」，以身和心的組合體而作爲造業和受報的主體。

〔二〕【解】縱言身心相合，則身死心滅，誰受報耶？若許心不滅，則無此難。

【案】「此身已死」，如果肉身死去，那麽身心的統一體就不存在了，也就不能成爲造業和受報的主體了。

【本段提要】批評人天教以身心合一爲人們造業和受報的主體，宗密是以人死後這種合一狀況的消失作爲主要的批評意見。人死之後，肉身不存，心也已滅，不可能再受所造善惡諸業的報應了，没有受報的主體，則説明所論的造業主體是不當的。

若言死後更有身者，豈有今日身心造罪修福，令他後世身心受苦受樂〔一〕？據此，則修福者屈甚，造罪者幸甚，如何神理如此無道〔二〕？

校　釋

〔一〕【發微録】「豈有今日」下，意謂豈有今世自己身心造罪修福，令後世他人受苦受樂？言不相應也。

【解】恐彼救云：前身雖死，仍有後身，前身造業，後身受報，復有何過？「豈有」下難，意謂若心不滅㊀，自作自受，屬於一人，於理則可。汝今既執㊁身心俱滅，則後身心非前身心，不應彼作而令此受，其猶前官枉法，後官被黜，安有此理？

【案】「死後更有身」，此謂「更生論」，是以靈魂不滅論爲基礎的，指人死之後，心可以和新的肉體再度結合而成爲新的統一體。

〔二〕「罪」，合解本作「業」。

【發微録】「修福者屈甚」，謂自己修福善，他人受樂報，豈非屈耶？「造罪者幸甚」，謂自己造罪業，他人受苦報，豈非幸乎？「幸」者，小雅云「非分遇福」也。「如何神理」下，「理」者，明也，結責神明無道也。蘭盆疏云：「境勝心彊，徹於神理。」此推神明有效也。

【解】言「修福屈甚」者，謂現身修福，而由前身所造惡故，令現受苦，如現職官清廉有德，而以前官枉濫之罪加之，不亦冤乎？「造罪幸甚」者，今世行惡之人，而以前世善故，得享其福，如現職贓濫，而以前官清廉之功賞之，不亦幸乎？蓋不應得而得，故曰「幸」也。「甚」謂過

㊀「滅」，原作「威」，據北藏兹四、合解本改。
㊁「執」，原作「報」，據北藏兹四、合解本改。

甚。（中略）「神理」者，即業理也。業由心造，故得名神。業理至公，必不如此枉濫，但自彼宗不能深究，率情而論，故似枉也。

【案】「屈甚」，非常冤屈，因爲修福的人在其現世的人生中並不能得到相應的善的果報。「幸甚」，非常幸運，因爲造惡業的人在其現世的人生中並没有得到相應的惡的果報。「神理」，佛教之理，具體指人天教之理。「無道」，不合理。

【本段提要】進一步批評人天教以靈魂不滅論爲基礎的輪迴後的身心統一體爲受報主體的觀點，宗密認爲，這種異體而報的因果報應論是不合理的。從注重現世生活的立場來看，後世的公正性報應，在現世中人們的經驗是感覺不到的。

故知但習此教者〔一〕，雖信業緣，不達身本〔二〕。

校　釋

〔一〕「者」，北藏茲本、嘉興茲本、代藩本、合解本無。

〔二〕【發微録】「雖信業緣」，縱也，「不達身本」，奪也，以人天教雖信三世業緣，而不知業從惑起，是不達身本也。

【解】既信業報，則勝前儒老唯執自然、氣、命等，故致「雖」言，但不知業由心造，心法刹那，自類相續，故云「不達身本」也。前後論意，皆躡迹相破，如此人天宗於業報。業報即是儒道所迷故，但舉業報，足破之矣。未達色心從緣等，是此教所迷，即以小乘復爲能破。

【案】「業緣」，以業爲人的本原。「身本」，人的本原。

【本段提要】通過上述批評，宗密得出結論，人天教以業爲人的本原，並没有達到對人的終極本原的認識。

二、小乘教者〔一〕，説形骸之色，思慮之心〔二〕，從無始來，因緣力故，念念生滅，相續無窮〔三〕，如水涓涓，如燈燄燄〔四〕，身心假合，似一似常〔五〕。凡愚不覺，執之爲我〔六〕，寶此我故，即起貪、貪名利以榮我。瞋、瞋違情境，恐侵害我。癡非理計校。等三毒〔七〕，三毒擊意，發動身口，造一切業〔八〕。業成難逃，故受五道苦樂等身〔九〕，別業所感〔一〇〕。三界勝劣等處〔一一〕。共業所感〔一二〕。於所受身，還執爲我，還起貪等，造業受報〔一三〕。身則生老病死，死而復生〔一四〕，界則成住壞空，空而復成〔一五〕。

校　釋

〔一〕【發微録】「小乘教」，即同禪詮序中第二斷惑滅苦教，説三界不安，皆如火宅之苦，令斷業惑之集，修道證滅，揀邪正，辨凡聖，分欣厭，明因果。

【解】乘以運載爲義，謂依因緣教，悟生空理，修自利行，取灰斷果。運載衆生出於三界，故名曰「乘」。不求大果，闕於利他，故名曰「小」。小之乘故，揀大得名，此以大乘貶他立號故爾。

【案】「小乘」，梵文 hīnayāna 的意譯，是印度佛教發展至大乘佛教時期，大乘佛教對原始佛教和部派佛教的貶稱，而學術界沿用這一稱呼，則並無貶義。小乘和大乘佛教的主要區別表現爲：小乘佛教只承認一個教主，爲釋迦牟尼佛，而大乘佛教則講十方三世的無數佛，並把佛神化；小乘以個人的解脱爲修行的理想，大乘則把拯救衆生作爲理想；小乘講我空法有，大乘講我法皆空；小乘修戒、定、慧三學，大乘兼修六度。

〔二〕【發微録】「形骸㊀之色」，即四大也。「思慮之心」，即四藴也。

【解】「形骸之色」，揀外四大。「思慮之心」，即意識也。此之色心，即緣生果。

【案】「形骸之色」，指人的肉體。「思慮之心」，指人的精神。

㊀「骸」，原作「體」，據原人論改。

〔三〕【發微録】「從無始來，因緣力」者，廣疏云：但有諸識，從無始來，前滅後生。即同此文「念念生滅」也。又云：心、心所法，因緣力故，相續不斷。即同此文「相續無窮」也。

【解】言「無始」者，揀於外宗有初始故，又但知今世而已。「因緣力」者，出生滅所以，由内六識爲所熏，三毒爲能熏，起惑造業，爲能招因緣。「念念生滅」者，此之身心既是有爲之法，故有四相遷流，前前念滅，後後念生。「相續無窮」者，謂後後續於前前，不斷絶故。

【案】「無始」，從時間的角度看，没有一定的開始，指先天性。「念念生滅」，指心識刹那起滅，没有永恒性。「相續無窮」，指心法和心所法在因緣的作用下前滅後生，没有間斷。

〔四〕【發微録】「如水涓涓」，喻相續無窮㊀。「如燈焰焰」，喻念念生滅。

【解】舉此二喻，以顯生滅之相。「涓涓」，點滴流注不斷，而前前非後後。如燈焦炷，前焰非後焰，雖前後不同，不妨相續，無始至今。

【案】「如水涓涓」，像涓涓流水，雖一流不斷，但前流並非後流，比喻心法和心所法的相續無窮。「如燈燄燄」，如燄燄燈火，雖一燄不息，但前燄並非後燄，比喻心識的念念不斷。

㊀「窮」，原作「究」，據文意改。

〔五〕【發微録】「身心假合」，即圓覺云：「四緣假合，妄有六根㊀，似有緣相，假名爲心。」「四緣」，即四大也。「似一似常」者，似一非一也，似常無常也。

【解】「身心假合」者，互相資持，如束蘆故。謂身心爲二而不相離，故言「似一」。前後生滅而恒相續，故曰「似常」。

【案】「假合」，虚假的結合，身心由於因緣的作用而暫時組合在一起，並非有自性的結合。「似一似常」，似一而非一，似常而非常。「一」，指不變的統一體。因緣和合的人看似不變的統一體，其實是各種條件的虚假的結合體。「常」，指永恒、恒常。因緣和合的人看似永恒的，其實也是刹那生滅的。

〔六〕【發微録】「執之爲我」者，「我」謂主宰，如國之主，有自在故，主有我體，宰是我用分別。

【解】「凡愚不覺」者，無明覆故。「執之爲我」者，即我執俱生。

【案】「凡愚」，凡夫和愚笨的人，指迷而不悟的衆生。「我」是梵文 ātman 的意譯，音譯爲阿特曼，原意指呼吸，佛教中轉義爲生命、自己、身體等義，相當於自我、物體的自性等義，即人和事物的内在的主宰者，分人我和法我兩種。單獨一個「我」，常常指人我，把自我當作不變的實在

㊀「根」，原作「相」，據圓覺經改。

或主體。

〔七〕「榮我」，發微録本作「榮身」。「恐侵害我」之「我」，發微録本作「身」。

【發微録】「寶此我」者，寶積經云：「於身生寶愛，不離於我人。」禪詮序中作此「保」字，皆愛惜義。注「非理計校」，即觸向錯解也。「三毒」者，毒以鴆毒爲義，惱害之甚，故謂之毒。

【合解】「寶此我」者，分別我執也。因執起惑，由我執故，生煩惱障。煩惱障品雖復有多，三毒勝故。「貪」者，染著爲性。「嗔」者，憎恚爲性。「癡」者，迷暗爲性。言「毒」者，從喻得名，如毒蛇毒藥，觸必傷人，服必喪命。此三亦爾，能害衆生法身慧命，故名曰毒。

【案】「寶」，以某物爲寶貝，愛惜、執著、癡迷之意。「榮我」，使我得榮耀，滿足我的榮耀。「侵害我」，使我受到侵害。「非理計校」，執著於不符合佛教真理的邪見。「三毒」，指貪、瞋、癡三種煩惱，這三者對人的損害，如同毒藥，故稱三毒。它們是産生其他煩惱的根本，也稱根本煩惱。「貪」是貪欲，貪圖名利，以使我榮耀。「瞋」是瞋恚，即發怒，擔心我受到侵害而發怒。「癡」是愚癡，以不符合佛教教義的邪見去計較，以維護我的利益。

〔八〕「擊」，寬永抄本作「繫」。

【發微録】「擊意」，擊起意識。

【解】「擊」者，熏動義。即以三毒爲能熏，意識爲所熏，如風擊静水，以成波浪。言「發動身口，造一切業」者，即前十惡等。

【案】「擊意」，「擊」有熏習之義，熏習意識，造意業。三毒爲能熏，意爲所熏。「發動身口」，意業進一步熏習人的行爲和語言能力，造身業和口業。

〔九〕【發微録】「業成難逃」，「逃」，避也。如影之隨形，如響之應聲，形聲喻業因，影響喻報果。

【解】此報有二，謂五道等身爲正報，三界九地爲依報。由造十惡，受三途等苦，由修戒善，受人天樂，故云「受五道」等。

【案】「難逃」，難以擺脱報應的結果。

〔一〇〕【發微録】注「別業所感」者，瑜伽論云：自身則各隨己業，貴賤苦樂不同，飛走類別，名爲別業所感㊀正報。

【解】注云「別業所感」者，人天造、受不同故。

【案】「別業」，衆生所具有的各自的業因，特殊性的業。衆生因爲這種業，而有五道不同的果報。

〔一一〕「三界」，寬永抄本、發微録本此上有「感」字。

㊀「感」，原作「惑」，今改。

【解】「三界勝劣」者，如以欲界望色界，則色界爲勝，欲界爲劣。以四王望忉利，則忉利爲勝，四王爲劣。

【案】「三界」，即欲界、色界和無色界。欲界是具有食欲和婬欲的衆生所居住的世界，色界是在欲界之上已脱離此二種欲但仍離不開色（物質）的衆生所居住的世界，無色界是在色界之上没有形色的衆生所居住的世界。三界各處，有勝有劣。

〔二〕【發微録】注「共業所感」者，論又云：此三千世界是衆生共業所感，貴賤、人畜，種種有情，同共依之而住，名爲共業所感依報。按唯識論明共、别造，凡有四句：一、共中共。謂四大皆是有情八識共變。二、共中不共。謂雖是人畜共變，受用不同。如水，魚見舍宅，天見瑠璃，人見清冷，鬼見猛火；又如田宅，各有其主，是不共也。三、不共中共。如男女身根種子各變，名不共，而受用澀滑無殊，即共也。四、不共中不共。如男女五根，各種所變，利鈍明暗，一一不同。

【解】注云「共業所感」者，多人同造同感，故名曰「共」。

【案】「共業」，衆生所具有的共同的、表現爲相同形態的業，由此可以引起共同的報應結果。

〔三〕【發微録】「於所受身」，即前「苦樂等身」也。「還執爲我」，即前「凡愚不覺，執之爲我」也。「還起貪等」，即前「三毒擊意」等文。「造業」，即前「造一切業」。「受報」，即前「業成難逃」等。

【合解】此明三道不斷也。金剛疏序云：「惑業襲習，報應綸輪，塵沙劫波，莫之遏絶。」故經論呼人爲數取趣，謂數數起惑，造業受報故。中論染染者品云：「經説貪欲、嗔恚、愚癡是世間根本。」乃至云「三毒因緣起於三業，三業因緣起於三界，是故有一切法」。證此可知。

【案】衆生由於没有明了業是因三毒而生起的，因而陷入無盡的輪迴中。

〔一四〕【發微録】「身則」下，釋前五道等身。

【解】五蘊初起曰「生」，蘊熟衰變曰「老」，四大增損爲「病」，五蘊滅壞爲「死」。上釋前「別業所感」。

【案】「生老病死，死而復生」，衆生由於執著於我而産生的生命的輪迴，關於這一點，小乘教以十二因緣理論説明。

〔一五〕【發微録】「界則」下，釋前三界等處。

【解】「界則」下，釋前「共業所感」。界緣辨果曰「成」，暫有所依曰「住」，三災變滅爲「壞」，蕩然無物曰「空」。

【案】「界」，即三界。「成住壞空，空而復成」，指衆生所住三界的生滅循環，「成」，指成劫，世界及有情衆生的産生期；「住」，指住劫，世界及有情衆生的存在期；「壞」，指壞劫，世界及衆生的毁壞期；「空」，指空劫，世界壞滅後的虛空。在空劫的基礎上，又開始新世界的再生。

【本段提要】叙述小乘教的原人觀。此教以色、心二法和貪、瞋、癡三毒爲人的本原，比人天教要進了一層，人天教執我爲有，小乘教認爲我是色（肉體）和心（精神）的虚假組合而成，本質上是空，所存的只是假象。無明衆生不懂我空之理，執空幻之我爲實我，産生我執，在此基礎上形成三毒，三毒熏習身、口、意，形成三業。

從空劫初成世界者〔一〕，頌〔二〕曰：

空界大風起，傍廣數無量，厚十六洛叉〔三〕，金剛不能壞，此名持界風〔四〕。光音金藏雲，布及三千界，雨如車軸下〔五〕，風遏不聽流，深十一洛叉，始作金剛界〔六〕。次第金藏雲，注雨滿其内，先成梵王界，乃至夜摩天，風鼓清水成〔七〕。須彌、七金等，滓濁爲山地，四洲及泥犁，鹹海外輪圍〔八〕。方名器界立，時經一增減〔九〕。

校　釋

〔一〕「劫」，北藏茲本、嘉興茲本、代藩本、解本無。

【合解】註中别明世界成住壞空之狀，先廣叙成劫，引俱舍頌。

【案】「空劫」，指世界壞滅之後，下一個世界還没有成立的空漠期，分二十個小劫。「初成世界」，即世界與有情衆生開始産生的時期，成劫之初。

〔二〕【案】「頌」，這是宗密根據俱舍論本頌（玄奘譯本）等概括而成，部分内容出自宗密的圓覺經道場修證儀卷十禮懺文中的述人道。此頌具體描述世界産生時的過程，詳細内容見俱舍論。

〔三〕【發微録】「空界大風起」者，頌又云：「安立器世間，風輪最在下。」「洛叉」，此云億。

【合解】云「空界」者，前界壞劫之後第二十空劫也。又，此空界即空輪也。梵語「洛叉」，此云億。謂此風輪厚十六億。阿毗曇論云：世界空二十劫後將成之時，乃有毗嵐風鼓之，以爲風輪，最居其下，厚九億六萬由旬，廣十二億三千四百五十㈠由旬。雖數量小有不同，大抵皆同，風輪居下也。

【案】此段頌文在俱舍論本頌中是這樣的：「安立器世間，風輪最居下，其量廣無數，厚十六洛叉。」在圓覺經道場修證儀卷十則爲：「器世風輪最在下，厚十六億廣難窺。」「空界」，這裏指四輪中的空輪，處於四輪中最下的一層。「大風起」，對風輪的描述，風輪由有情的業力在空輪中生起，其面積無限大，厚十六洛叉，其質體堅密無比，如果用金剛輪奮力撞擊它，金剛破碎而風輪不壞。「洛叉」，梵文 lakṣa 的音譯，印度古代的數量單位，意爲十萬，又爲億。

〔四〕【發微録】「金剛不能壞」者，頌云：「此輪體性殊堅密，金剛杵擊亦難摧。」㈡

【解】風力大故，金剛不壞。「此名」一句結風名也。此風有持界之用，「持界」，即風持業。

㈠「十」，原作「千」，據解本改。

㈡出自宗密的圓覺經道場修證儀卷十。

【案】「金剛」，原指印度人常隨身而帶的鋒利小刀，佛教中常指牢固、鋭利、無堅不摧等意。然此金剛不能壞風輪。「持界風」，風能保持水，使水輪中的水不致流散，是風的四種作用之一。俱舍論分别世品第三之四中云：「如是風輪，其體堅密，假設有一大諾健那，以金剛輪奮威懸擊，金剛有碎，風輪無損。」

〔五〕【發微録】「光音金藏雲」至「如車軸下」，頌云：「大雲澍雨風輪上，滴如車軸即成池。」㊀

【解】「金藏」，即雲之名。雲色如金，注水無窮，故曰「金藏雲」，升至光音天也。

【案】「光音」，指光音天，二禪中的第三天，又稱水無量天。此天身長八由旬（一説古印度以帝王一日行軍的路程爲一由旬，三十里），壽八大劫，以喜悦爲食，自然光明。「金藏雲」，是一種雲的名稱，雲呈金色，其中流滿了水，升到光音天時，降雨如注，在風輪上形成水輪，水輪深八洛叉。「車軸」，比喻雨水之大，雨滴大如車軸。此段在俱舍論分别世品第三之四中記爲「諸有情業增上力，起大雲雨，澍風輪上，滴如車軸，積水成輪」。

〔六〕「十一」，寬永抄本作「十二」。「剛」，寬永抄本無。

【發微録】「風遏不聽流」者，論云：有情業感，由風力持，令不流散，如輻持轂。「始作金剛

㊀ 出自宗密的圓覺經道場修證儀卷十。

界」者，又，業風起時，擊此水上，結成金輪。

【解】「遏」，止絶也。若無風止，水注無窮。北山云：「大雲升空，降雨如軸，積彼風輪之上，結爲水輪。水輪最上，堅凝爲金，如乳停膜，是爲金輪。」俱舍云：水輪厚八洛叉。又，因本經云：「水聚厚六十萬由旬。」水上別有大風，吹轉此水，於上成金，如熟乳上生膏，是名金輪，厚三洛叉二萬由旬。論中引頌「十一洛叉」者，通取水輪八洛叉及金輪三洛叉，故成十一也。此意明金輪依水輪，水輪依風輪，風輪依空輪，空輪最在下，金輪最在上。

【案】「風遏不聽流」，風輪中的大風吹颳雨水，保持雨水而不讓其到處流散。由於風的作用，使雨水在水輪之上又吹結成一層堅硬的結構，爲金輪，厚三億二萬由旬，它與厚八億的水輪合而有十一億二萬由旬。「金剛界」，水輪和金輪組合而成的世界。此段在俱舍論分別世品第三之四中記爲：「有情業力感別風起，搏擊此水，上結成金，如熟乳停，上凝成膜，故水輪減，唯厚八洛叉，餘轉成金，厚三億二萬。」

〔七〕「注雨」，北藏茲本、嘉興茲本、代藩本作「布雨」，解本作「布再」。

【發微録】「先成梵王界」，即初禪第三天也。「夜摩」，此云時分，受五欲樂，知時分故，以夜摩已上諸天皆空居故。

【解】「次第金藏雲」下，此明器界成立之相。北山云：「三輪既成，雨自空飛，注金輪上。」彼注云：「雨滴如車軸，晝夜不息，猶如河瀉。」「先成梵王界」至「清㊀水成」者，謂風吹此水，清者上升，自上至下，次第先成色界梵王天及欲界空居四天也。

【案】「梵王界」，亦稱大梵天，初禪第三天。「夜摩天」，欲界六天中的第三天，此天光明燦爛，晝夜不分，居住其中，時時刻刻受不可思議的歡樂。「清水」，雨水中清輕的部分。夜摩天之上，都是虛空世界，自夜摩天以下，爲物質世界和有情衆生存在的世界。大風吹着降落於金輪上的雨水，清者上升，自上至下，依次形成色界初禪三天，以及欲界空居四天，即他化自在天、樂變化天、兜率天和夜摩天。

〔八〕【發微録】「須彌」，此云妙高。（中略）「七金山」。一、雙持；二、持軸；三、擔㊁木；四、善見；五、馬耳；六、象鼻；七、魚嘴㊂。「四州」。東勝身、南贍部、西牛貨、北俱盧。「泥犁」，正翻「不可樂」，其處極苦，不可愛樂。或翻「苦具」，義翻「地獄」，謂地下有獄，蓋就此方一義也。「鹹海外輪圍」者，頌云：「海外輪山是鐵圍，東西南北四州渚。」㊃

㊀「清」，原作「滑」，據北藏茲四、原人論自注改。

㊁「擔」，原無，續藏經校記「木上疑脱擔字」，今補。

㊂「嘴」，原無，續藏經校記「魚下疑脱觜」，今補。

㊃出自宗密的圓覺經道場修證儀卷十。

【解】「須彌、七金等」一句，在清濁之間，忉利居須彌頂，四王居須彌之半故，但舉須彌，則二天可知矣。「七金」者：一、踰健陀羅山，此云持雙；二、伊沙馱羅山，此云持軸；三、朅地洛迦，此云擔木；四、蘇達黎舍那山，此云善見；五、頞濕縛羯拏，此云馬耳；六、毗那怛迦山，此云象鼻；七、尼民達羅山，此云魚名。此七皆金所成，故曰「七金」。須彌居中，七金繞之。「滓濁爲山地」者，「滓」，澱也。謂稠泥之屬，結爲土石㊀、諸山及平地也。「四洲」即東勝身、南贍部、西牛貨、北俱盧，此四居須彌四畔，鹹海之中，蓋汀渚之謂，故曰「四洲」。「泥犁」，即地獄名也。言「鹹海」者，即四洲所依之海，其水味鹹，揀七金山間香海故。「外輪圍」者，即鐵圍山，在鹹海外。此等皆前「滓濁」所成。

【案】「須彌、七金等」，泛指須彌山和七金山等所組成的世界，與形成諸天的清水相比，這些都是由較濁的雨水所構成的。「須彌」，即須彌山，梵文 sumeru 的音譯，舊譯蘇迷盧，意譯爲妙高山，山高八萬四千由旬，山頂爲帝釋天，統攝忉利天，山的中部爲四天王天，周圍有七香海、七金山、鹹海、鐵圍山等。這些都建立在金輪之上。「七金」，指七金山，即與七香海相間，圍繞須彌山的七座山。「滓濁爲山地」，雨水中的粗重部分凝爲其他的山和土地。「四洲」，指處於鹹海中的四大部洲，即東方的勝身洲，南方的贍部洲，西方的牛貨洲和北方的俱盧洲。「泥犁」，地獄，有不可樂之義，没有一切喜樂，處於極苦之中，是欲界中最低的一層。「鹹海」，在第七金山和鐵圍山之間的一個大海，海水味鹹，故名。「外輪圍」，指圍繞着鹹海的鐵圍山，由

㊀「石」，原作「后」，續藏經校記「后疑石」，今改。

鐵構成。這一段内容，俱舍頌中記爲：「蘇迷盧處中，次踰健達羅，伊沙馱羅山，朅地洛迦山，蘇達梨舍那，頞濕縛羯拏，毗那怛迦山，尼民達羅山。於大洲等外，有鐵輪圍山，前七金所成。」論中更有詳釋。

〔九〕【合解】以上總明器界成立之相。一大化佛所王一三千界，同時成立也。「時經一增減」者，謂從人壽八萬四千歲時，百年減一歲，減至人十歲時，名曰減劫，復從十歲，百年增一歲，增至八萬四千歲，名曰增劫。器界成立，經爾許時。

【案】「器界」，指自然界，是由山河、大地、草木等無情物所構成的世界。「一增減」，指一個小劫的時間(一説一增一減分别是一小劫，合一增一減爲一中劫)。人的壽命每百年增一歲，一直增加到八萬四千歲，爲一個增劫；每一百年減一歲，從八萬四千歲一直減到十歲，爲一個減劫。如此一增一減共約一千六百八十萬年。這是器界形成所需的時間。

【本段提要】宗密在此揭示了小乘教的自然觀，闡述了自然界從空至有的變化。宇宙之初，是前一劫留下的空，稱空輪，空中因業而起風，稱業風，業風回旋，形成風輪，這是最初的混沌。風輪之上是水輪，風的運動形成雲氣，雲氣中包含雨水，雨水下落，形成水輪。由於風的作用，使雨水之上形成金輪。水輪與金輪構成金剛界。風吹水輪，水氣中輕清的部分上升爲天，粗重的部分凝爲地，形成器世間。這個天地的形成過程，歷時一個增減。這是佛教的宇宙生成論的體現。

乃至二禪福盡，下生人間〔一〕，初食地餅林藤，後粳米不銷〔二〕，大小便利，男女形别〔三〕，分田立主，求臣佐，種種差别〔四〕。經十九增減，兼前總二十增減，名爲成劫〔五〕。

校釋

〔一〕【解】「二禪」等者，謂光音天人受天福盡，當墮人中，此時下生，身有光明，飛行自在，喜樂爲食，意生化身。

【案】「二禪」，指二禪天。「人間」，指欲界。人從二禪光音天下降到欲界，有一個變化過程，剛下生時，還是身帶光明，以喜樂爲食，後來的食物結構變化，光音天人也就逐漸變爲有世俗欲望的人。俱舍論分别世品第三之五載：「劫初時人，有色意成，肢體圓滿，諸根無缺，形色端嚴，身帶光明，騰空自在，飲食喜樂，長壽久住。」

〔二〕「食」，北藏兹本、嘉興兹本、代藩本、解本作「有」。「後」，發微録本此下有「飡」字。

【發微録】「初食地餅」下，以二禪下生人間，初有身光，及餐地餅林藤，自然粳米。

【解】是時大海乍增乍減，開川原路，水所減處，有地肥出，如細蜂蜜，香色美味，復生地皮，亦名地餅。地味盡已，復生林藤，人皆食之。因貪食故，遂失神通，光明亦滅，世間黑暗，菩薩慈悲，現作日月星辰照耀。（中略）林藤滅已，後生秔稻，朝割暮生。

【案】「地餅」，亦稱地皮，指地衣等菌類。「林藤」，這裏指樹枝藤蔓等類。「粳米」，指野生的稻米之類。「不銷」，稻米比以前的地餅等食物更爲粗糙，不易被身體所全部吸收。俱舍論接着説：「地味漸生，其味甘美，其香鬱馥，時有一人，禀性耽味，嗅香起愛，取嘗便食，餘人隨學，競取食之，爾時方名初受段食。資段食故，身漸堅重，光明隱没，黑闇便生，日月衆星，從兹出現。由漸耽味，地味便隱，從斯復有地皮餅生，競耽食之，地餅復隱，爾時復有林藤出現，競耽食故，林藤復隱，有非耕種香稻自生，衆共取之，以充所食。」

〔三〕【合解】由食米故，遂有便利，分男女形，愛欲滋彰，人文乃具。

【案】「大小便利」，指消化食物後形成的大小便。「男女形别」，爲了使大小便得以排出，而有男女不同的生理器官，形成男女的差異。此段意思，俱舍論中接着載爲：「此食麤故，殘穢在身，爲欲蠲除，便生二道，因斯遂有男女根生。由二根殊，形相亦異，宿習力故，便相瞻視，因此遂生非理作意，欲貪鬼魅，惑亂身心，失意猖狂，行非梵行。」

〔四〕「求臣佐」，寬永抄本、發微録本此下有「等」字。

【發微録】後因漸惡，光及地餅等滅，即有日月及耕種等。彼云耕種，即此「分田」也。「立主」者，君主也，要言曰臣下指君之稱，在己之上，至尊之名也。「求臣佐」者，禮記曰：「仕公曰臣。」「臣」，伏也，字象人躬身之狀也。

【解】競割稻穀，畜積自供，强弱相凌，無能制者，集衆相議，立一智者爲土田主，衆共給之，主不能獨治，故「求臣佐」等。

言「種種差別」者，即宫室城郭、舟車服用之類。

【案】「分田立主」，男女差別出現後，人的罪惡的意念隨之産生，有了婬欲、貪欲等，因爲貪欲，人人争相搶割稻穀，畜積自用，並以强凌弱，爲了制止這種現象，大家推舉出一位君主來管理土地，由衆人供給君主，稱爲「立主」。「求臣佐」，君主一人不能單獨管理國家，於是確立一套官吏制度來幫助其進行管理。「種種差別」，於是有了君臣之别，官民之别，以及其他各種社會差别。俱舍論對此也有詳盡記載。

〔五〕【解】經十九劫，人理方全。「兼前」下，總結時數。

【案】「十九增減」，人、社會、國家的形成，共歷時十九個小劫。「二十增減」，整個成劫，包括器世間和有情世間的産生，共需二十個小劫。

【本段提要】宗密分析了小乘教關於人類的出現、社會的産生、國家的建立等一系列觀點，是佛教的社會歷史觀的體現。人從光音天墮入欲界後，其神秘性逐漸消失，飲食結構開始變化，從起初吃地上的地衣等低等菌類，發展到吃樹木藤枝上的果類，再吃野生的稻米之類，至此，人類男女未分的狀態演化爲男女性别的區分，有了世俗之人的各種生理功能。人類的出現，又導致社會秩序的形成，這起源於對土地的耕種，野生稻米吃盡後，出現了人工栽培技術，在此基礎上産生了對糧食等財富的占有的不均，社會出現了不平等，於是需要君主的管理，相應地建立了一整套標志身份秩序的社會制度，國家産生了。這一過程需要十九個小劫，加上前面一小劫的宇宙起源和天地分化的過程，共需要二十小劫，稱爲成劫。俱舍頌中記爲：「劫初如色天，後漸增貪味，由墮貯賊起，爲防雇守田。」

議曰〔一〕：空界劫中，是道教指云虚無之道〔二〕，然道體寂照靈通，不是虚無〔三〕，老氏或迷之，或權設，務絶人欲，故指空界爲道〔四〕。

校釋

〔一〕【解】「議曰」下，會釋外宗，所以會者，以佛教説從空劫次第有天地萬物，而儒老亦以從虚無太極等漸生天地人等，二宗所説，爲同爲異？故須會釋，以決疑情。

【案】「議」，指宗密把小乘教和儒道兩家的宇宙觀進行對比，加以評議，再次批評儒道兩家的原人論。

〔二〕「指」，北藏本、嘉興茲本、代藩本、寬永抄本、發微録本、解本此下有「之」字。

【解】亦牒外人疑辭也，恐人疑云：佛教空劫將非老氏所謂虚無之道乎？以虚無之言同空義故，亦先天地生，似同其時。今論意云：粗説似同。故云爾也。

【案】宗密首先指出，佛教的空和老子的道，看起來似乎有相似之處，其實有異。

〔三〕【發微録】「道體寂照」下，謂本覺真心，了了常知，故心要云：「至道本乎其心，心法本乎無住，無住心體，靈知不昧。」此乃自心靈明廓徹，豈是虚無耶？

【解】「然道體」下，明究實則異，謂佛教説空劫，對成、住、壞，一向是空，非真空妙有之空也。道之爲物，至妙虚通，不屬空有，若以空爲道，非真道也。

【案】「寂照靈通」，宗密認爲，作爲人的本原的道，應該是以寂知爲本體的，虚空並不是道的終極本質，虚空體上，本有靈靈知見，這種具有靈知的道，在宗密就稱爲真心，或本覺真心。「不是虚無」，寂知之道和空劫中的虚無是不同的。

〔四〕【解】詳老氏意，未必定指空劫爲虚無，但彼「先天地生」及「道生一」等語，似當其時，恐後人不了，便指空劫，遂成執著，故曰「迷之」。然空劫約時，虚無約道，體豈得同耶！「或權設」下，縱成顯同，其實道非空有，不妨在空同空，在有同有，今老氏約道在天地先，故曰虚無。又，欲救人之弊，以世人著有，故老氏云大道虚無，曷嘗有哉？故曰「務絶人欲」，「人欲」者，即著有之見。

【案】「老氏」，指道家始祖老子。「或」，要麽。「迷之」，老子執空無之道爲人的本原，不能以靈知論道，是爲迷而不知道。「權設」，權宜施設。「務絶人欲」，老子强調絶欲去知，也許是用人的本原的空無之性這一權宜之説來闡明人欲的空，以去除人欲。

【本段提要】宗密將小乘教的宇宙論和道家的宇宙論相比較，以顯佛之勝，儒道之劣，也是對儒道的批評。空劫中所講的空，相當於道家所説的道，但這裏的空，是絶對的空無，不包含着有，而作爲人的本原的道，却不能只是這種空無，應該具有寂知的本性，老子要麽是不懂得道必須具有的寂知本性，要麽只是權且以這樣的空無之道來根治人們的種種欲求。這是批評老子的大道生成論。

空界中大風，即彼混沌一氣〔一〕，故彼云「道生一」也〔二〕。「金藏雲」者，氣形之始，即太極也〔三〕。「雨下不流」，陰氣凝也，陰陽相合，方能生成矣〔四〕。

校　釋

〔一〕「混沌一氣」，北藏茲本、嘉興茲本、代藩本、解本、合解本此下有「故」字，再接下句「故彼云」等。

【解】「空界中大風，即一氣」者，此風即前持界風，是風輪也。「混沌」即陰陽未分，老氏謂之「沖氣」也。

【案】「大風」，即指風輪。「混沌一氣」，風輪中的大風，就相當於儒道的陰陽未分的元氣。

〔二〕【解】「故彼」下，引彼文證言，道動出沖和之氣，故曰「道生一」也。

【案】「道生一」，從空輪到風輪的演化，就相當於老子的道生一的過程。

〔三〕【發微録】「氣形之始」下，陽氣形兆也。易緯云：「質形已具，謂之太極。」

【解】「金藏雲」下，會儒門五運之説。

【案】「氣形之始」，把金藏雲和元氣相比附，則金藏雲是最初狀態的元氣，金藏雲本身屬陽氣，其中包含的雨水則屬陰氣。「太極」，指陰陽二儀未分化狀態下的本始之氣，和金藏雲相似。

〔四〕【解】「雨下不流」者，即前云：「雨如車軸下，風遏不聽流。」論以此爲陰氣，則以金藏雲爲陽氣也，即前一氣，至此轉爲陰陽，雖爲陰陽，而尚未分散，故曰「相合」，猶屬「一」也。

【案】「陰氣凝」，雨水從金藏雲中落下，由於風的保持作用，沒有流散，凝聚而成水輪。水輪屬陰氣，雨水中的清輕部分屬陽氣。「陰陽相合」，金藏雲和水輪，都是陰陽二氣合一而未分的狀態。另一含義，指陰陽二氣和合，由此而能生化萬物。

【本段提要】把小乘教的宇宙觀和儒道二教的元氣論的原人論相比較分析，揭示其相似之點。空界之上的風輪，類似於儒道所講的混沌未分的元氣，從空輪到風輪的演化，類似於老子關於「道生一」的過程。金藏雲是元氣分化的起點，類似於儒家所講的太極，金藏雲本身屬陽氣，其中含有的大雨，即是陰氣，大雨不停地下，構成水輪，水輪本身屬陰氣，但也包含着陽氣。陰陽二氣的結合，是萬物產生之始。

「梵王界」乃至「須彌」者，彼之天也〔一〕，「滓濁」者地〔二〕，即「一生二」矣〔三〕。「二禪福盡下生」，即人也，即「二生三」,三才備矣〔四〕。「地餅」已下,乃至「種種」,即「三生萬物」〔五〕。

校釋

〔一〕「乃至」,北藏兹本、嘉興兹本、代藩本、解本、合解本無。

【解】「梵王界」下,别配三才,尋前論文會釋可了,而論以天地爲二,三才爲三者,蓋論主高悟。

【案】「天」,小乘教中所講的色界二禪中三天、一禪中三天,欲界中他化自在天、樂變化天、兜率天、夜摩天,須彌山頂的帝釋天及七金山等,就相當於儒道所講的天。

〔二〕「地」,發微録本此下有「也」字。

【案】「地」,小乘教中所講的由風吹雨水中的重濁部分而形成的大地,如四大部洲之類,就相當於儒道所講的地。

〔三〕【發微録】「一生二」者,通指上文一氣生天地之二也。

【案】「一生二」,從合陰陽二氣於一體的金藏雲,經過水輪、金輪,進而形成梵王界、夜摩天等諸天,四大部洲等土地,就相當於道家所講的一生二。一是混沌元氣之一,二是陰陽二氣之二,或天地之二。

〔四〕「即二生三」之「即」,北藏兹本、嘉興兹本、代藩本、解本無。

【案】「人」，小乘教中所講的人從二禪光音天中降入欲界中，從具有神通的人變化爲具有世俗欲望的人，這就相當於儒道所講的人了。「二生三」，從光音天、夜摩天等天，四大部洲等大地的出現，到欲界中人的産生，就相當於道家所講的二生三，三是指天、地、人三才。

〔五〕「已下」，代藩本作「一下」。「三生萬物」，解本此下有「也」字。

【解】「地餅」云云，其義易了。若會儒宗者，「梵王」已下，即太極生兩儀，「地餅」已下，即四象生八卦等。

【案】「三生萬物」，小乘教中所講的人下降欲界後，飲食習慣改變，男女分化，私有觀念産生，作爲國家最高管理者的出現，官僚體系的形成，以及種種社會差别的出現，就相當於道家所講的三生萬物。

【本段提要】陰陽二氣的運動，使天地生成，清輕之氣飛升爲天，即色界梵王天等、欲界夜摩天等，重濁者凝爲地，即器界中四大部洲等，這與道家的一生二説相似。天地既成，人生其間，二禪福盡，下生欲界爲人，這與道家的二生三説相似。天地人三才具備，於是地餅、林藤、粳米等先後生成，男女分化，君臣確立，這和道家的三生萬物説相似。

此當三皇已前，穴居野食，未有火化等〔一〕，但以其時無文字記載，故後人傳聞不明，展轉錯謬，諸家著作，種種異説〔二〕。

校釋

〔一〕「野食」，北藏茲本、嘉興茲本、代藩本、解本、合解本作「野處」。

【發微録】「三皇穴居」，即古人穴處而巢居矣。「未有火化」等，此言燧人氏未攻木出火，率皆野食耳。

【解】「三皇已前」者，然依世典説，三皇有二，項公紀年緝事引古今説云：混沌初分，清氣上升，濁氣下沈，此時有盤古出，治一萬八千歲。盤古死後，形分爲物象，遂有山川草木、日月雲雷等，自此有天皇氏、地皇氏、人皇氏，此名前三皇，各治萬八千歲；次有巢氏、燧人氏，此後方有伏犧、神農、黄帝，爲後三皇。伏犧畫八卦，造書契；神農作耒耜以播種百穀，嘗藥草以愈衆疾；黄帝制宫室、衣服、舟車、器用，定婚嫁喪制之禮等。而上古之時，茹毛飲血，穴居野處，人畜無别，自有巢氏出，教民夏居橧㊀巢，冬居塋窟，方變穴居野處之風。燧人氏興，鑽燧出火，民始熟食，故曰「三皇已前」至「火化」等。

【案】「三皇」，傳説中的遠古帝王，有多種不同的説法，一説是伏羲、神農、黄帝。「火化」，傳説燧人氏鑽木取火，在此之前，都是生食。

〔二〕「不明」，寬永抄本作「不博」。「錯」，寬永抄本無。

【發微録】「種種異説」下，按説天象，有其四焉：一、天之名，劉熙釋名云：「天，坦也。」謂坦

㊀「橧」，原作「櫓」，據北藏茲四改。

然高而遠也。說文云：「天，顛也。」謂在人之顛頂也。二、天之形，鶡頊混法曰「天形圜也」，物理論云「水之氣升而爲天」。三、天之量，自天及地計二億一萬六千七百八十一里半。四、沿古測天，黄帝以天象蓋焉；蔡邕云「天無質狀」也。據說地儀，亦有四焉：一、地之名，春秋元命苞曰：「地，易也。」言養萬物，交易變化也。二、地之器用，白虎通曰：「地者，元氣所生，萬物之祖也。」河圖曰「天下有九區」，區别九州也。三、地之量，夏禹所理四海之内，地東西二萬八千里，南北二萬六千里。四、地之形勢，楊泉云：「夫土地皆有形名，而人莫察焉，有龜龍體，有麟鳳貌。」然上諸說，大抵得一理趣，則便呼之到極，故曰「後人傳聞不明，展轉錯謬」耳。

【解】「但以其時」下，遣疑。恐有疑云：孔老所說與佛教既同，何故此方不說四輪及光音天人下生，而說盤古等耶？故論釋云：此方上古之時，既無文字可考，所以不得其詳，今但據老氏「道生一」等語，及太極五運之說，有與佛教略相似理，故爲會之。

【案】「種種異說」，關於天地的本質及人類的早期歷史等，中國古代典籍中，充滿各種不同的說法，比如宇宙論，就有蓋天說、渾天說、宣夜說等。

【本段提要】宗密以佛教論早期人類史及社會史之詳盡，顯儒、道在這方面論述之略。這一段上古史，在中國史書中，只是記載了一些傳說，略記大概，只知穴居野處和生食之類，没有更詳細的說明，而佛教則載之甚詳。

佛教又緣通明三千世界，不局大唐，故内外教文，不全同也〔一〕。

校釋

〔一〕「佛教」，寬永抄本作「佛説」。「通明」，寬永抄本作「通論」。

【發微録】「大唐」，即高祖受隋之命，封唐國公，升帝，因號大唐也。

【解】「佛教」下，重釋二教不同所以，縱此方有説三〔一〕才肇興之事，不過但知四海、九州之内而已，而前俱舍等經論所説，乃通叙化佛所王之境。言「三千」者，俱舍頌云：「四大洲日月，須彌盧欲天，梵釋各一千，説名小千界。此小千千倍，説名一中千。此千倍大千，皆同一成壞。」言「不局大唐」者，論主且約當時云爾，即目震旦國也，如仁王等經論説，此閻浮提有十六大國、二千中國、十萬小國，而震旦不在十六之數。故知前會儒老，且欲接此方之機耳，其實内外不得全同。然莊子云「無極之外復有無極」，又云「六合外，聖人存而不論」。蓋以時機未達，故孔老存而不言，而大雄之化，普被三千，徧該五性，其教網恢張，不得不爾。然此三千尚約小教，方之華藏，不啻毫末之於太空爾。

【案】「三千世界」，具稱三千大千世界，以須彌山爲中心，以鐵圍山爲界，同一個日月所照耀的世界，是一個小世界；一千個這樣的小世界，是一個小千世界；一千個這樣的小千世界，是一中千世界；一千個這樣的中千世界，是大千世界。因爲大千世界中包括有小、中、大三種

〔一〕「三」，原無，據合解本補。

「千世界」，故稱三千大千世界，簡稱三千世界。「不局大唐」，不局限於唐代，意指不局限於唐朝一個國土。世界無限廣闊，大唐亦只是區區小地。

【本段提要】佛教和儒、道二教有相同之處，但並不是完全相同。佛教所講的宇宙觀，並不局限於現世一瞬、大唐一地，而廣至三千大千世界，這三千世界，其實也只是佛教所論世界的滄海一粟，儒、道二教則局於六合之間、現世之内，視野不同，教理也有别。

住者，住劫，亦經二十增減〔一〕。壞者，壞劫，亦二十增減，前十九增減壞有情，後一增減壞器界〔二〕，能壞是火、水、風等三災〔三〕。空者，空劫，亦二十增減，中空〔四〕，無世界及諸有情也。

校　釋

〔一〕【解】「住者」下，略辨餘三。住劫，可知。

【案】「住劫」，成劫之後，器世間和有情世間的存續期，也經歷二十個小劫的時間。到住劫中的最後一個小劫時，先後有饑饉、疾病和兵災的出現，爲小三災。

〔二〕【發微録】「壞有情」者，初，阿鼻獄等，次鬼、畜、四州、六欲，皆怖火災，不造欲界善惡等業，皆習二禪，死即上生，更不生鬼、獄、天、人等。「壞器界」者，初，日光四倍熱，次生三日，乃至四五，後七日並現，火洞然起，氣衝初禪，亦上生去。

【解】壞劫中言「前十九增減壞有情」者，謂於一滅劫末人壽三十歲時，饑饉劫起，七年七月七日，由漫風吹起其方所，令時節失度，五穀不成，故致饑饉。人壽二十歲時，疾疫劫起，由惡鬼神損害於人，七月七日而止。人壽十歲時，刀兵劫起，草木皆化刀杖，互相殺害，唯以刀杖而自莊嚴，七日七夜而止。當時世界應無有情。此據小教所説云爾。言「後一增減壞器界」者，初，火災起，壞及初禪，由七日輪起於空，時大地、須彌皆發火燄，俱時洞然，以其熱故，吸下水輪，水如酥油，一切皆盡。七度火災之後，有水災起，壞及二禪。七度水災之後，有風災起，壞及三禪。

【案】「壞劫」，器世間和有情世間的壞滅期，也歷二十個小劫，前十九個小劫中，從色界初禪天到欲界最底層的地獄，各有情衆生，或者生於二禪天之上，或者轉移到其他界，不留一人，這是有情世間的壞滅。最後一個小劫中，則是器世間的壞滅。

〔三〕「能壞」，北藏本、嘉興茲本、代藩本、寛永抄本、發微録本、解本此下有「者」字。「火水風」，合解本作「水水風」。「等」，北藏茲本、嘉興茲本、代藩本、解本、合解本無。

【發微録】「能壞」下，涅槃云：初禪内有覺觀，外有火災壞之；二禪内有歡喜，外有水災壞之；三禪内有喘息，外有風災壞之；四禪無此過患，諸災不及。

【案】「能壞」，指壞滅世界的主要方式。「三災」，相對於住劫中的小三災，這裏是指大三災，即火、水、風三災。先起火災，同時出現七個太陽，將下自地獄，上至初禪天中的一切燒毀。又起水災，將下自地獄，上至二禪天全部淹没。再起風災，將下自地獄，上至三禪天中的一切全部吹散。

〔四〕「中空」，北藏兹本、嘉興兹本、代藩本、解本作「空中」。

【解】「空劫」，可知。問：彼時既空，誰復知其劫數耶？答：以他界住劫較之可知。

【案】「空劫」，世界的虛空時期，經三大災破壞後，世界中只有虛空，也經歷二十個小劫。

【本段提要】前一成劫詳述宇宙的起源和人類的産生，這裏簡述住、壞、空三劫。四劫之中每劫均經二十小劫，其中的壞劫，前十九小劫中是因各種災害而導致有情世間的壞滅，後一個小劫是器世間在火、水、風的破壞下而壞滅，壞滅之後，成爲空劫。

劫劫生生，輪迴不絶，無終無始〔一〕，如汲井輪〔二〕。

校　釋

〔一〕「無終無始」，合解本作「無始無終」。

【發微録】「劫劫」者，謂從劫至劫，生死不絶。

【案】「劫劫生生」，從一個劫輪迴至下一個劫，永無盡期。

〔二〕【案】「汲井輪」，井臺上汲水用的轉輪，比喻成、住、壞、空四劫循環無窮。

【本段提要】小乘教以輪迴論世界，世界從成劫，經住劫、壞劫而至空劫，空劫之後，又有成劫的産生，輪迴不斷，循環無窮，這是小乘教循環論的宇宙觀。

道教只知今此世界未成時一度空劫，云虛無、混沌一氣等，名爲元始，不知空界已前，早經千千萬萬徧成住壞空，終而復始〔一〕。故知佛教法中〔二〕，小乘淺淺之教，已超外典深深之說〔三〕。

校　釋

〔一〕「元始」，寬永抄本、發微録本作「無始」。「千千萬萬徧」，寬永抄本作「千萬萬徧」。「終」，寬永抄本作「絶」。

〔二〕「佛教法」，合解本作「佛法」。

〔三〕【解】注中形對世教，以辨優劣，文相易了。「故知」下，結功超勝。言「淺淺之教」者，後四教相望，前前淺，後後深。此乃淺中之淺爾，若對人天，則亦次深，然不對彼，以人天教未出三界故。

【案】「淺淺之教」，宗密把人天教、小乘教、大乘法相教、大乘破相教都判爲偏淺之教，而小乘教則是淺中之淺。「深深之説」，指儒、道之説，儒、道對三教關係的看法也以本教爲深、爲本，餘教爲淺、爲末。

【本段提要】宗密通過對小乘教和儒道二教的宇宙觀和社會歷史觀的比較分析，認爲道教只知道人的本原是空，從空無中生有，却不知道在這個空無之前經過了無數次生滅的循環，由此説明小乘教的學説要比儒道深刻得多，這也是對儒道原人觀批評的補充。

都由不了此身本不是我〔一〕，不是我者，謂此身本因色、心和合爲相〔二〕。今推尋分析，色有地、水、火、風之四大，心有受、能領納好惡之事。想、能取像者。行、能造作者，念念遷流。識能了別者。之四蘊〔三〕，若皆是我，即成八我〔四〕。

校釋

〔一〕【合解】由不了非我，所以深著我見，起惑造業，生死輪迴。

【案】「不是我」，没有自性，不是實有的存在。

〔二〕【合解】此身云何「本不是我」？謂我無實體，本因色心和合成故。圓覺經云：「衆生無始，妄認四大爲自身相，六塵緣影爲自心相。」衆生不了，妄計爲我，離色心外，誰是我者？

【案】「色心」，我是由物質（色）和精神（心）兩大要素相結合而構成的。「和合爲相」，相互結合，相互作用而成。

〔三〕「四大」之「大」，北藏本、嘉興茲本、代藩本、寬永抄本、發微録本、解本、合解本無。「能了別者」，北藏茲本、嘉興茲本、代藩本、解本無。「四蘊」之「蘊」，北藏本、嘉興茲本、代藩本、寬永抄本、發微録本、解本、合解本無。

【解】承前起由，前云「不是我者」，「本因色心和合」成故。外人問云：色心和合，即是我身，那言不是？答：妄情執著，則似有之，觀智分析，則知本無。良以愚法聲聞不了即色明空，要須假想慧數析法，方知是空，故云「推尋分析」也。「色有」等者，色以質礙爲相，然色通形顯，長短方圓等謂之形色，青黄赤白等謂之顯色。地、水、火、風名爲四大，此之四法，周徧一切有爲法中，故名曰「大」，圓覺經云：「我今此身，四大和合，所謂髮毛爪齒，皮肉筋骨，髓腦垢色，皆歸於地；涶㊀涕膿血，津液涎沫，痰淚精氣，大小便利，皆歸於水；暖氣歸火；動轉歸風。」四分分之，色在何處？「心有」等者，前色蘊名「色」，此四蘊名「心」。「蘊」者，積聚爲義，積聚多法成一蘊故。「受」以領納爲相，别有三受，謂苦、樂、捨；「想」以想像爲相，攀緣前境，追憶往事等；「行」以遷流爲相，然有與心相應、不相應異，且相應者，小乘心所四十六法中，除受、想二法，餘皆是也，不相應者，有十四種，百法論詳明；「識」以了别爲義，小乘唯一意識。

【合解】（上與解本同）不相應者，有十四種，謂：一得，二非得，三衆同分，四無想異熟，五無

㊀「涶」，原作「涹」，據嘉興茲四改。

想定，六滅盡定，七命根，八生，九住，十異，十一滅，十二名，十三句，十四文。（下與解本同）

【案】「推尋分析」，小乘教在證明我空時，將構成人的各種要素作層層分析，分成各個具體的要素，人只是這些要素的組合，並無實體。此爲分析致空法或析色明空法。「四大」，構成人的四種物質要素，即地、水、火、風，四大具有持（保持）、攝（攝集）、熟（成熟）、長（生長）的作用，又各自具有不同的特點，地性堅，水性濕，火性暖，風性動。「四蘊」，「蘊」，是梵文 skandha 的意譯，有積聚、類別等意，佛教中有五蘊，除去其中的色蘊，即是受、想、行、識四蘊，指構成人的精神性要素。受蘊，受（vedanā）的作用是感受，指感覺或單純的感情，把這些感受集合起來，是受蘊。想蘊，想（saṃjñā）的作用是形成知覺、表象、概念等，是認識所直接反映的影像。把這些作用積聚起來，是想蘊。行蘊，行（saṃskāra）具有造作和遷流二種含義，它的作用是形成意志、意念等思維活動，也指受、想外的心的一般性活動，這些活動的積聚，就成行蘊。識蘊，識（vijñāna）的作用是緣慮、思量、了別、積累和保持經驗等，是精神作用的主體，也稱爲心王。把這些作用積聚起來，就構成識蘊。

〔四〕「是我」之「我」，北藏跡本無。「即」，北藏茲本、嘉興茲本、代藩本、解本、合解本作「則」。

【合解】「若皆」云云，總結，謂色有四大，心有四蘊，分析成八，若皆是我，豈非八我耶？

【案】「八我」，四大、四蘊合而成八。假如執著我爲實有的話，則一我就變成了八我。

【本段提要】小乘教以分析致空法來證明人無我，從而否定了人天教以人爲實有的我執，具體的方法，是將整體的我分爲各個部分的我，再將整體的我等同於部分的我，以一我成多我的荒謬性來否定我的實有性，而成我空。首先將一我分析成八我，如果執著於我，則應執八我中哪一個我呢？

況地大中復有衆多，謂三百六十段骨，一一各別，皮毛筋肉，肝心脾腎，各不相是〔一〕。諸心數〔二〕等亦各不同，見不是聞，喜不是怒，展轉乃至八萬四千塵勞〔三〕。既〔四〕有此衆多之物，不知定取何者爲我〔五〕？若皆是我，我即百千，一身之中，多主紛亂〔六〕，離此之外，復無別法〔七〕。

校釋

〔一〕【發微録】「各不相是」。皮不是毛等。

【解】論中舉「三百六十段骨」等，猶是麤説，若從麤至細析者，謂四支、五根，漸漸分析，一分析作四分，四分析作十六分，析至極微，名鄰虚塵，與空無別，方名曰空。「皮毛」下，論約相顯，易知，内外各舉其四。「各不相是」一句，總前多法。既不相是，誰爲我者？又，前水、火、風大，此應例準析之。水大，易知；火、風二大，雖各是同，依根説異，如呼吸、奔走、欠伸之類，亦各用別。然泛明色蘊，有十一法，謂五根、五境及無表色。今但説身，故不言境等，應例析之。

【案】「各不相是」，構成我的各個物質要素中，又可分析成更小的組成部分，每個部分各有特點，各不相同。比如地大中，還可以分析出骨肉皮毛等類，皮不是毛，毛不是肉，其餘水、火、風三大要素，也可照此分析。

〔二〕「心數」，北藏茲本、嘉興茲本、代藩本、解本、合解本作「心所」。

【解】心王所有差別業用，故曰「心所」。然小乘心所，都有四十六法，總成六位，有五十一種，行相廣長，具如別釋，但今論意欲顯此中無實我故，若欲細辨，恐致亡羊。

【合解】此析心以明無我也。心王所有差別業用，故曰「心所」。然小乘心所，都有四十六法，總成六位，謂：一、偏大地法。有十，所謂一受，二想，三思，四觸，五欲，六慧，七念，八作意，九勝解，十三摩地。此十偏一切心，故名「偏大地」。二、大善地法。有十，謂一信，二不放逸，三輕安，四捨，五慚，六愧，七無貪，八無嗔，九不害，十勤。此十唯屬善性，故名「大善地」。三、大煩惱。有六，謂一癡，二放逸，三懈怠，四不信，五昏沉，六掉舉。此六依五、六、七識而起，唯是惡法，通見、修斷，故名「大煩惱」。四、大不善。有二，謂無慚及無愧。此二無惡不造，故名「大不善」。五、小煩惱。有十，謂忿、覆、嫉、慳、惱、害、恨、諂、誑、憍。此十但依第六識而起，唯修所斷，故名「小煩惱」。六、不定法。有八：一悔，二眠，三尋，四伺，五貪，六嗔，七慢，八疑。此八通於善、不善、無記，故名「不定」。此上法數，行相廣長，具如別釋，但今論意，欲顯此中無實我故，若欲細辨，恐致亡羊。

【案】「心數」，亦作心所、心所法、心所有法，是心所具有的相應於心王而生起的各種心理活動和精神現象。具體的内容，俱舍論中分爲六大類，四十六種，即大地法十種、大善地法十種、大煩惱地法六種、大不善地法二種、小煩惱地法十種、不定法八種。

〔三〕「四千」，北藏本、嘉興茲本、代藩本、寬永抄本、發微録本、解本、合解本無。

【發微録】「八萬塵勞」者，圓覺疏云：「偏觀八萬塵勞之衆。」八萬，舉其大數，諸經説塵勞門，有八萬四千，故浄名經云：「八萬四千塵勞皆爲侍者。」謂貪、瞋、癡、等分，一中即有二萬一千，四中合有八萬四千耳。

【解】言「見聞喜怒」者，「見聞」易知，「喜怒」即儒宗所謂七情，亦不離前心所法等，論中別舉，令俗易知。言「八萬塵勞」者，即八萬四千煩惱，略舉大數云爾。謂依根本十惑：一貪，二瞋，三慢，四無明，五疑，六不正見，七身見，八邊見，九見取，十戒禁取。然一惑有力，復各成十，十惑成百。計分三品：上品重故，分上中下，即成三百；中、下不分，但各成百，總爲五百。於自五塵，總起五百，於他五塵，總起五百，名本一千。又，於自、他五塵一一別起五百，即成五千，依別迷四諦，苦集滅道各有五千，故成二萬。并本一千，爲二萬一千，依貪、瞋、癡及等分行各二萬一千故，成八萬四千。取坌污義故，擾動義故，名曰「塵勞」。

【案】「八萬四千塵勞」，「塵勞」，指煩惱。煩惱染污，名「塵」；能亂身心，名「勞」。

〔四〕「既」，發微録本此下有「此」字，疑衍。

〔五〕【合解】析色析心，既有衆多，定取何者爲我乎？

【案】宗密繼續以一我分析成多我，以整體和部分等同來設難。

〔六〕【合解】此約即蘊以明無我也。

【案】「多主紛亂」，比喻單一的我被分析成許多個我。

〔七〕【合解】此約離蘊以明無我也。

【案】離開這些五蘊要素來談我，更是没有其他所謂的我。

【本段提要】繼續對八我中的要素加以分析，它們又都是由各自的許多要素所構成，層層分析下去，將有無數的要素，由此，一個我就變成了無數個我。如果要執著我爲實有，究竟應該執著哪一個我？以此進一步證明我空。

翻覆推我，皆不可得〔一〕，便悟此身但是衆緣，似和合相，元無我人〔二〕，爲誰貪瞋，爲誰殺盜施戒〔三〕？知苦諦也〔四〕。遂不滯心於三界有漏善惡〔五〕，斷集諦也〔六〕。但修無我觀智〔七〕，道諦〔八〕。以斷貪等，止息諸業，證得我空真如〔九〕，滅諦〔一〇〕。乃至得阿羅漢果，灰身滅智，方斷諸苦〔一一〕。

校　釋

〔一〕【解】即、離相待，故曰「反覆」。

【案】從四大、五蘊角度推導，得不出有我的結論；即使反過來不從這個角度推論，其實也得不出有我的結論。

〔二〕【發微録】「但是衆緣」者，即四大、五蘊也。「假和合相」下，永嘉云：「四大、五陰，一一非我，和合亦無。」

【解】前假觀析法以爲方便，觀行成熟，實智發生，然小乘修行不出四諦，謂知苦、斷集、證滅、修道。於中苦是世間果，先舉令知。言「但是衆緣假和合」者，即前四大、五蘊等多法聚集，於中無有實主宰者，名「無我人」。

【案】「衆緣」，指組成人我的各種條件，麤説則色心二法，細説則四大、五蘊等。「似和合相」，人我由色心和合而成，而色中四大，心中四蘊，一一推究，都不是我，由這些非我因素的和合，乃是假合，故爾稱「似」。這一段内容，宗密在禪源諸詮集都序卷上之二中表述「斷惑滅苦樂教」時説：「便悟此身心等俱是衆緣，似和合相，元非一體，似我人相，元非我人。」

〔三〕【解】「爲誰貪瞋」等者，「爲」者，與也，反前「寳㊀此我故，起貪、瞋、癡」。今既知我本空，何用貪瞋、殺盜、施戒？如設筵宴以待賓親，嚴器械以禦寇盜，無賓則杯盤安設？無盜則器械何施？

【案】「爲誰貪瞋」，責問誰是貪瞋等業的造作主體，既已證明我是空，那麽造業的主體也就不存在了。「爲誰殺盜」下，宗密叙述「斷惑滅苦樂教」時説：「誰修戒施？誰生人天？」（禪源諸詮集都序卷上之二）

〔四〕【解】註云「知苦諦」者，「苦」以逼迫爲義，「諦」以審實彰名。佛説苦，定是苦，故名曰實，如實知苦，即是審義。苦諦之體，即五蘊身心，謂此身心是衆苦所依故，言「衆苦」者，即三苦、四苦、五苦、八苦等。言三苦者，謂苦受㊁苦苦、樂受壞苦、捨受行苦。言四苦者，謂生老病死。五苦者，前四苦上加五陰盛苦。言八苦者，前五之上加愛别離、怨憎會、求不得三，爲八苦也。

【案】「苦諦」，四諦説之第一諦，關於一切皆苦的真理，世俗生活中的一切，其本質都是痛苦的。悟得我空的道理，也就從另一個角度悟得了一切皆苦的真理。對於苦的種類，有多種分類，其中一類是八苦説。

〔五〕【解】「遂不滯心三界」等者，從喻得名，如世漏室，不堪居止；漏器，不堪舉用。然漏有四種，

㊀「寳」，原作「實」，據北藏兹四、原人論改。

㊁「受」，原作「愛」，據北藏兹四、合解本改。

謂欲漏、有漏、無明漏、見漏。言「有漏善惡」者，謂依能㊀造之思，同時王所，與漏相應，所修善等，皆有漏攝，揀無漏善，非集諦也。惡業，可知。

【案】「有漏」，梵文 sāsrava 的意譯，指具有煩惱，使衆生流轉生死的一切法。「漏」，原意爲漏洩，如漏室無法居住、漏器無法使用，轉義爲煩惱，有「流」和「住」兩種基本含義。所謂流，是指由於形成煩惱的業的作用，衆生不斷地從六瘡門（即眼、耳、鼻、舌、身、意六處）中流出不浄，造作新的業，流轉於生死之中。所謂住，是指衆生由於業因而留住三界中，不能擺脱生死輪迴。「有漏善」，指還没有脱離塵染的相對的善，是無漏智出現之前凡夫所具有的善法。

〔六〕【解】註云「斷集諦」者，集以增長生死爲事，集諦之體，通業、惑等。

【案】「集諦」，四諦中的第二諦，指造成痛苦的原因，人的痛苦是由各種原因積集而成的。

〔七〕【解】言「但修無我觀」者，即人無我，其實有無常、苦、空、不浄等觀及八正道等，今但以無我爲門攝無常等。反前執我，故偏説之。

【案】「無我觀」，小乘佛教的觀法，觀身由地、水、火、風、空、識假合而成，爲五停心觀之一。

〔八〕【解】註云「道諦」者，道以除患爲功，正取生空智爲體，即前無我等觀，兼攝餘行爲助伴也。

㊀「能」，原無，據合解本補。

【案】「道諦」，四諦之第四諦，指超脱人世間的因果關係而達到出世間的涅槃之境的修行實踐，具體而言，則有八正道，爲八種正確的方法。

〔九〕「如」，寬永抄本作「知」。

【解】言「以斷貪等」者，方躡前起，即以前道諦智爲能斷，貪等爲所斷，三界九地、分别俱生、煩惱障品，皆在「等」言之中。言「止息諸業」者，因惑起業，惑既不生，業自停寢。此「斷貪等」，猶屬道諦，相躡而起。「證我空真如」者，智有二用：一、能斷惑，二、能證理。「我空真如」者，即五藴等中無實主宰性，一分生空理也，即小乘三種無爲：一、擇滅無爲，二、非擇滅無爲，三、虚空無爲。

【案】「我空真如」，關於人我空的小乘佛教理論。「真如」，佛教各派對這一概念有着不同的解釋，從一般的意義上看，可以理解爲絶對不變的永恒真理或本體。宗密在描述「斷惑滅苦樂教」時，此下有「得須陀洹果」五字（見禪源諸詮集都序卷上之二）。

〔一〇〕【解】註中言「滅諦」者，滅以累盡爲名，即惑、苦皆亡，大患永滅。

【案】「滅諦」，四諦之第三諦，斷滅産生一切痛苦的原因。

〔一一〕【發微録】「乃至」者，謂不説前之三果，以三果皆是有餘。下句辨無餘，「灰身」，即指四大之形，「滅智」，即絶四藴之心。「方斷諸苦」，結歸無餘。

【合解】「乃至」云者，中含諸位也。小乘斷證位次，不出道前七賢，道後四果。言七賢者：一、伍停心觀：謂初作五種觀想，止息妄心也。一、多貪衆生作不浄觀；有五不浄：一、種子不浄，二、住處不浄，三、自體不浄，四、自相不浄，五、究竟不浄也。二、多瞋衆生作慈悲觀；三、多癡衆生作緣生觀；四、散亂衆生作數息觀；五、著我衆生作界分別觀。二、別相念觀，別別觀察，身受心法。謂觀身不浄，五種不浄，如前所説。觀受是苦，苦受苦苦等，亦如前所説。觀心無常，念念生滅。觀法無我。五蘊假合。四法次第，各別觀察，故曰「別相」。三、總相念觀。謂隨身等，即具苦、空、無常、無我，四觀一時，故名「總相念」也。此上三位，名三資糧。四、煖位。如世鑽火，煖相初生，火之前相，聖道將起，行相亦然，故爾。謂創觀欲界四諦，各有四相，共十六相。苦下四者，謂苦、無常、空、無我。集下四者，集、因、生、緣。滅下四者，滅、浄、妙、離。道下四者，道、如、行、出。上二界四諦合觀，亦有十六，共三十二。此位之中，初起智觀。五、頂位。可動法中，此最爲勝，如人首頂，最極尊故。亦觀於前三㊀十二行，心漸成熟故。六、忍位。忍可諦理，故名曰「忍」。此忍分三。下忍位者，印可於前三十二行。中忍，別作七周減緣，二十四周減行。如以無常觀欲界苦，乃至以行觀上界道，不用後出，名爲一周。如是逆減，唯留無常，合有三十一周減行，以集等七行與諦境名同故，但云二十四周減行也。上忍，

㊀「三」，原作「二」，今改。

唯一刹那，重觀欲苦。七、世第一位。有漏道中最第一故。亦一刹那，重觀欲苦一行，但智勝劣與上忍異。此上明道前七賢也。言道後四果者，於中有四向、四果，謂之八輩。初、預流向，言預入聖流故。修十六心，謂上下八諦，各有一忍一智，如緣欲界四諦，起苦法忍、苦法智，集、滅、道三例然。上界四諦，名苦類忍、謂與欲界苦同類故。苦類智等。於中八忍，名無間道；八智，名解脱道。前十五心，八無間，七解脱，名預流向；第十六心，第八解脱，名預流果。此位有二行相：一、正住果，未斷修惑，皆屬見道；二、進修果，即屬修道。斷欲界修惑六品，六無間、五解脱，名一來向；第六解脱名一來果。但有一度來欲界故。斷後三品，三無間、二解脱，名不還向；第三解脱名不還果。更不復來欲界生故。斷上二界七十二品上二界有八地，每地九品，故有七十二品也。修惑，七十二無間、七十一解脱，名阿羅漢向；自此已前，皆屬修道。第七十二解脱名阿羅漢果，證五分法身，名無學位，梵語阿羅漢，或阿羅訶，此云「應」。「應」有三義：一、應已永害煩惱賊故；二、應不受後有身故；三、應受人天妙供養故。言「灰身滅智」者，肇公云：「大患莫若於有身，故滅身以歸無；勞形莫先於有智，故絶智以淪虚。智以形患，形以智勞，輪轉修途，疲而不已。」所以小乘得四果已，化火焚身，身智俱滅，入無爲界，受寂滅樂。依三乘教，此處應列辟支佛一位，梵云辟支迦佛陀，此云獨覺，或云緣覺。獨覺者，出無佛世，觀因緣法，無師自悟，故名獨覺。若從佛所聞因緣法，作七十七智，觀十二有支，名曰緣覺。斷三界惑，分侵習氣，以根利故，超阿羅漢，得第五果，化火焚身，入無爲界，名辟支佛。論不明者，與前聲聞同觀生空理，同斷煩惱障，證灰斷果，故不别説。

【案】「乃至」，省略之語，得阿羅漢果之前，先將依次得預流果（通過思悟四諦之理而斷滅三界見惑所達到的最初果位，從此進入無漏的聖道之流）、一來果（通過思悟四諦之理而斷滅與生俱來的煩惱所達到的果位，得到這一果位，仍需一次生天上，一次生人間之後，才能最後解脱）和不還果（通過修行，完全斷除欲界的各種煩惱而達到的果位，達到這一果位後，不再還到欲界中去了）。「阿羅漢果」，小乘佛教修行所能達到的最高果位，有三層含義：一是殺賊，殺盡一切煩惱之賊；二是應供，應該受天、人的供養；三是不生，永遠進入涅槃，不再輪迴生死。「灰身滅智」，滅盡煩惱，使身心都歸於無的境界，這是小乘教的最終目的。這種利己的解脱觀後來遭到大乘佛教的猛烈批評，視之爲一種虚無主義。此一段，宗密在分析「斷惑滅苦樂教」時，表述爲：「乃至滅盡患累得阿羅漢果，灰身滅智，永離諸苦。」（禪源諸詮集都序卷上之二）而原人論上句注文「滅諦」二字，都序則在此段中。

【本段提要】由分析致空法反復證明我不是實有，只是空幻之相，因此，没有了實我，也就没有造業受報的主體，由此明四聖諦，修諸法無我觀及八正道等，斷滅痛苦煩惱，親證我空的真理，並依次得預流果、一來果、不還果，直至阿羅漢果位，進入灰身滅智的涅槃寂静境界。

據此宗中〔一〕，以色心二法及貪、瞋、癡爲根身器界之本也〔二〕，過去、未來，更無別法爲本〔三〕。

校釋

〔一〕「據」，合解本作「處」。「宗」，寬永抄本、發微録本作「教」。

〔二〕【解】大鈔云：然小乘計生死根本，雖有多義，略舉其三：一計色心，如正理論第八說，經部師計現在色心等法爲染淨因，意云，如大乘第八爲所熏故；二者，三毒爲因，義如大乘能熏故，阿含云「貪恚愚癡是世間根本」等；三者，合取上二義，同大乘有能所熏方流轉故。若爾焉異大乘，然似參經意而不同者，但六識爲所熏，非第八故，縱說賴耶，但有名字，能熏又非七識，故全不同。【案】「根身器界」，「根」，指人的各感覺器官，眼耳鼻舌身等。「身」，指色心相合的人。「器」，指物質世界或自然界。

〔三〕【解】「過去㊀、未來」等者，此以現在，例餘二世，同以色心、三毒爲本，不求別法。【案】不但現在世中，色心二法和三毒是人和世界的本原，過去世與未來世中也以此爲本原。

㊀「過去」，此下原衍「去」字，據北藏兹四、原人論刪。

【本段提要】總結小乘教的原人觀，是以色心二法和三毒爲人的本原，相對於人天教的業本論來説，這已有所深入了。

今詰之曰：夫經生累世爲身本者，自體須無閒斷〔一〕。今五識闕緣不起〔二〕，根境等爲緣〔三〕。意識有時不行〔四〕，悶絶、睡眠、滅盡定、無想定、無想天〔五〕。無色界天無此四大〔六〕，如何持得此身世世不絶？

校釋

〔一〕【發微録】「經生累世」下，「累」，猶越也。圓覺鈔云：「經生越世，永不斷絶。」即同此文「須無間斷」耳。

【解】此以大乘義破之。言「自體須無間斷」者，如大乘説第八識，故論云「恒轉如瀑流」。又，攝論云：「無始時來界，一切法等依。」既言「無始時來」，則知無間斷矣。

【案】「無間斷」，指永恒性、連續性。宗密以此作爲「本原」的基本條件。

〔二〕【合解】「五識闕緣不起」者，謂大乘説眼識九緣生：一空，二明，三根，四境，五作意，六分别，七染浄，八根本，九種子。耳識八緣生，前九中除「明」。鼻、舌、身三，各七緣生，謂前八中除

「空」。

【案】「五識」，指眼、耳、鼻、舌、身五根對色、聲、香、味、觸五境而生起的五種識。「闕緣不起」，五識中每一識的産生都需要一定的條件，如眼識需要九項條件才能産生。

〔三〕「根境」，北藏兹本、嘉興兹本、代藩本此下有「身」字。

【解】注中「根」即增上緣，「境」即所緣緣，略舉此二，等餘緣故，隨闕一緣，即不得起。

【案】「根境」，「根」，指人的感覺器官，「境」，指作爲認識對象的外部存在物。一切有爲法的産生都需要四種條件，即四緣，以此二者指代識生起時所需的各種條件。

〔四〕【解】言「意識」者，即獨頭意識。

【案】「意識」，八識中的第六識，對五識具有綜合的能力。

〔五〕「無想天」，寬永抄本無，其校記稱「此三字，一本在註分無想定下，恐謬歟」。

【發微録】「意識不行」，注文有五：一、悶絶，二、睡眠，三、滅盡定，即二乘無漏定。四、無想定，即外道有漏定。五、無想天。即色界中一天。

【解】注中舉五位「不行」，「悶絶」、「睡眠」二位約下地説，「無想」二定約上地説，謂無想定中，心想不生，此通外道所求之定。「滅盡定」者，前六、七識一向不生，故名「滅盡」，此定唯聖人得。二定次第，應先「無想」。言「無想天」者，即無想異熟，謂此天中是第六識心、心所等所不行處。此之五位，皆「意識不行」也。

【案】「悶絶」，指昏迷。「滅盡定」，又稱滅受想定，是滅除一切意識作用或精神作用的禪定，是小乘教中得不還果位以上者所修習的禪定。「無想定」，止息一切想象作用、意識作用的禪定。「無想天」，修無想定後所得的果報，一説在第四禪八天的廣果天中。

〔六〕【解】「無色界無四大」者，謂此四天都無麤色，但有四蘊心、心所故，得無色名。前五識等即是無心，此即無色。彼計色心爲本，今既皆無，本義何在？

【案】「無色界天」，又稱四空天，共有四處：空無邊處、識無邊處、無所有處、非想非非想處。此天中没有物質性的存在，居此者唯依命根（即因過去世中的業而引起的在今世維持壽命的根據）、衆同分（衆生所具有的共同性）而生存。

【本段提要】對小乘教的原人觀提出批評，作爲人的本原，應該具有「無間斷」，即連續性、整體性的性質，但小乘教所講的色和心，恰恰缺乏這樣的性質，在心這個本原中，其中的識蘊，眼、耳、鼻、舌、身五識的産生需要種種條件，意識在有的情況下也會中斷。在色這個本原中，無色界中就不存在色。據此，宗密認爲色心二法不能作爲人的本原。

是知專此教者，亦未原身〔一〕。

校　釋

〔一〕【發微録】「亦未原身」者，此教詮法，唯辨六識，未説賴耶爲身本也。

【合解】此結小乘教未了義也。

【案】「原身」，即原人，探究人的本原。

【本段提要】宗密作出總結，小乘教以色心等法作爲人的本原，也没有真正揭示出人的本原。

三、大乘法相教者〔一〕，説一切有情，無始以來，法爾有八種識〔二〕，於中第八阿賴耶識是其根本〔三〕，頓變根身、器界、種子〔四〕，轉生七識，皆能變現自分所緣，都無實法〔五〕。

校　釋

〔一〕【發微録】「大乘法相教」，即同禪詮序中第三將識破境教。彼序云：「生滅等法，不關真如，但各是衆生無始已來。」云云。

【解】以具修二利，具證二空，運載至於菩提涅槃究竟彼岸。揀異前小，故曰「大乘」。廣説諸法名數之相，名「法相教」。

【案】「大乘法相教」，指印度佛教中的大乘有宗和中國佛教中的法相宗，以分析法相的本質見長，主張萬法唯識，以阿賴耶識爲人的本原。大乘，梵文 mahāyāna 的意譯，字面意思爲能同時乘載多人的大車輛，喻指大的教法，能化度衆生得解脱。

〔二〕【發微録】「法爾」者，無始常然，名爲法爾。然此一教，即深密等經，唯識諸論，其間廣明八識二無我，能變之識所緣之境，具如慈恩法師章門。

【解】言「一切」者，通五性故。「無始」、「法爾」者，揀異外道八萬劫等。「八種識」者：一眼識，二耳識，三鼻識，四舌識，五身識，六意識，七末那識，八阿賴耶識。末那，此云「意」，恒審思量，勝餘識故。阿賴耶，此云「藏」，具能藏、所藏、我愛執藏三義故。

【案】「八種識」，即眼、耳、鼻、舌、身、意、末那、阿賴耶八識。

〔三〕【發微録】「阿賴耶」，此翻藏識，是一切衆生總報體，能含諸法種子，故以爲名。是則賴耶爲能變、能緣，三境爲所變、所緣。

【解】言「是根本」者，此識執持三性名言種子，與七能變、所變爲所依故，從因至果相續不斷，故别名曰「心」，梵語「質多」，集起爲義，集諸種子起現行故，緣種子、根身、器界三類爲境，總有三位：一、我愛執藏位。名義如前。二、善惡業果位。梵云「毗播迦」，此云異熟。有三義故，得異熟名。一異時而熟，過去造業，今世受報，今世造業，來世受等；二變異而熟，果生因滅故；三異類而熟，因通善惡，果唯無記故。三、相續執持位。梵語「阿陀那」，此翻執持，謂從凡位直至轉依，執持凡聖故，雖果中轉成圓鏡，亦但轉名不轉體故。具此多義，故能爲本。

【案】「阿賴耶識」，梵文 ālayavijñāna，八識中的第八識，根本識，也稱「藏識」，意爲能含藏諸法的種子。又稱「無没識」，意爲執持諸法種子而不喪失。此識的意義可歸納爲三種（三相）：一是因相，由於能執持種子而不喪失，因而是萬法的原因；二是果相，能使諸業成熟，引起果報；三是自相，具能藏（能執持諸法種子）、所藏（受熏而形成新的種子）和執藏（被第七識執爲自我）三義。

〔四〕【發微録】「根身」則眼等五色根，及根依處。「種子」即善、惡、無記等三性種子。「器界」即山河大地等。斯皆第八相分，然此相分皆爲第八執受，「執」謂攝義、持義，「受」謂領以爲境，領生覺受。於中種子具三義：一、攝爲自體，二、持令不散，三、領以爲境。根身具二，闕「攝爲自體」故。器界唯一，但「領以爲境」故。

【合解】言「頓變根身」等者，釋成爲本之義，能變即自證分，所變即見、相二分，故成唯識云：「變謂識體，轉似二分，相、見俱依自證起故，依斯二分，施設我法，彼二離此，無所依故。」

【案】「根身」，六根組合所成之身，六根即眼根、耳根、鼻根、舌根、身根和意根，「根」是感覺器官和能力。「器界」，有情衆生所依處的世界，又稱「國土世界」。「種子」，攝藏於阿賴耶識中的世界的終極原因，取植物種子的原理而稱其爲種子，具有剎那滅、果俱有、恒隨轉、性決定、待衆緣、引自果等六大特徵。「第八中，本無根身等種，但有識種，識現行時，帶彼根身器界，及所緣境影像而起。」（圓覺經大疏鈔卷六之上）

〔五〕【發微録】「自分所緣」者，謂眼緣色，耳緣聲，鼻緣香，舌緣味，身緣觸，意緣法，七緣見，八緣根種器界也。

【解】言「轉生七識」者，成唯識㊀引楞伽云：「譬如巨海浪，斯由猛風起，洪波鼓溟壑，無有斷絶時。藏識海亦然，境界風所動，種種諸識浪，騰躍而轉生。」故知七識皆是賴耶轉變所成。言「皆能變現自分所緣」者，謂七識各有見、相二分，各從自證起故。言「都無實法」者，遮離識外實我法故。

【案】「轉生七識」，前七識都是由第八阿賴耶識所變現而成的。「自分所緣」，每一識都能緣起各自的對象，如眼識緣起色等。「都無實法」，萬法依識而有，自性空寂，不是實有。

【本段提要】大乘法相教所講的八識種，只有第八阿賴耶識才是世界的終極原因，人的本原，阿賴耶識含藏有世界萬法的全部種子，這些種子變現萬法，萬法依種子而有，自性空無。

㊀ 窺基成唯識論述記。

如何變耶？謂我法分別熏習力故〔一〕，諸識生時，變似我法〔二〕，第六、七識無明覆故，緣此執爲實我實法〔三〕，如患、重病心昏，見異色人物也。夢夢想所見〔四〕可知。者，患夢力故，心似種種外境相現，夢時執爲實有外物，寤來方知唯夢所變〔五〕。我身亦爾，唯識所變，迷故，執有我及諸境，由此起惑造業，生死無窮〔六〕。廣如前説〔七〕。

校釋

〔一〕【發微録】「我法分別」者，若依起信，前四麁中第二相續相即法執分別，第四計名字相即我執分別，其第一智相即法執俱生，第三執取相即我執俱生。今但取二執分別，妄心熏習之力耳。

【解】言「我法分別」者，衆生無始，六、七二識横計我法，種種分別，熏在藏識而成種子。

【案】「我法分別」，即我執分別和法執分別，是對我和法的執著。「熏習」，七轉識（即前七識）現行對阿賴耶識進行熏染而施加影響，使阿賴耶識中的種子生長，生起現行。能熏者，即熏習的主體，是七轉識現行；所熏，即熏習的對象，是阿賴耶識中的種子。

〔二〕【發微録】「變似我法」者，謂我、法二執本無，無而似有。

【案】「變似我法」，阿賴耶識經由七轉識熏習而變現出來的我法等現象，只是本性空幻的似我似法，非真實之有。此一句及上「我法分別」一句，與成唯識論卷一中同。

〔三〕「緣此執爲實我實法」，發微録本講到有的本子的原人論作「執爲實有，即實有我法也」。

【發微録】「第六、七識無明覆」等，謂執我法者，是六、七心所，當起信中二執分别，無明所覆矣。「緣此執爲實我實法」者，二十唯識偈云：「唯識無境界，以無塵妄見。如人目有翳，見毛月等事。」

【解】藏識生七識之時，七識各有能變、所變，彼所變境，似實我法，六、七不了，執似爲真。所以不了者，由無明覆故。譬如匠者塑鬼廟門，他日經過，由迷醉故，悮爲實鬼而生驚怖，不知元是己所造作，凡夫愚迷，執實我法，不知元是自所熏習，自識變現，亦復如是。不言餘識者，前五、第八無此執故。「緣此執爲實我法」者，謂六、七識周徧計度，如執空華二月以爲實華月等。

【案】「第六七識」，即作爲第六識的意識和作爲第七識的末那識。「無明」，是梵文 avidyā 的意譯，泛指無知、愚昧，特指由於不懂佛教真理而持的世俗認識。「實我實法」，真實存在的主體之我和真實存在的客體之法。此一句的内容，成唯識論卷一表述爲：「此我法相雖在内識，而由分别，似外境現，諸有情類無始時來，緣此執爲實我實法。」

〔四〕「夢想所見」，寬永抄本作「夢所見想」。

〔五〕【發微録】「如患夢」下，若準唯識論，即使幻化字，文云：「如幻夢者，幻夢力故，心似種種外境相現，緣此執爲實有外境。」彼意釋云，幻夢所見之物雖無，其夢幻則不是〔一〕無，是故有力，變起妄境。若約病患之喻説者，如人浄眼被風熱等翳，即見空華種種相貌。成唯識論釋意云，空華雖無，其見華之翳眼非無。是則二喻雖異，約法皆同耳。

【合解】如患、夢人，能生妄見，所見根身、器界，全是心變，離心無別根身、器界，雖似外境相現，而實非外也。然夢時執實，寤始知非，以喻凡夫迷唯識而執實，諸聖了唯識而亡執也。

【案】「患夢」，患重病和做夢，在這兩種情形下所見的事法都是虚幻不實的。「如患夢者」至「外境相現」一段，與成唯識論卷一同。

〔六〕【發微録】「我身亦爾」者，按禪詮序云：「我此身相及外世界，亦復如是。」彼序將識破境，故雙明依正，此論原其身本，唯顯正報，故云「我身亦爾」。「諸境」，即我所。

【合解】合前喻「夢時執有」也。夢中執於夢境爲實有，故於夢中或悲或喜，受苦受樂，種種異相。迷唯識人，執有諸境，起惑造業，亦復如是。

【案】「惑」，煩惱的總稱，與無明同義，所以稱愚惑，它與業一起，被視爲輪迴的根本原因，所以又稱業惑。

〔一〕「是」，原作「見」，續藏經校記「見疑是」，今改。

〔七〕【發微録】注「廣如前説」者，前文云「實此我故」，乃至「三毒擊意，發動身口，造一切業，業成難逃，故受苦樂等身，劫劫生生，輪迴不絶」也。

【合解】注云「廣如前説」者，即指前人天、小乘中所説善惡因果等，大乘望之，皆識所變，前宗不了，謂爲實有耳。

【案】「廣如前説」，由我執而造業受報的情形，前文在分析小乘教和人天教的原人觀時已廣泛討論了。

【本段提要】法相宗以阿賴耶識變現萬法，是通過現行熏習而實現的，現行熏習種子，使種子産生種種法，萬法本性空幻，稱爲「似我」、「似法」。凡夫不懂諸法性空之理，執爲實我實法，這就如同病目見物，夢中見物。

悟解此理，方知我身唯識所變，識爲身本〔一〕。不了之義，如後〔二〕所破。

校　釋

〔一〕【合解】合前喻「寤時知無」也。「唯識所變」者，「唯」者，揀持義，揀離識外實有之法，持取識所變法，非全無也。又，「唯」者，決定義，決定唯有能變識故。又，「唯」者，顯勝義，非無心所等，但識勝故。舉王攝所，故但言識。「識」以了别爲義，八皆了别故，廣如彼論。「識爲身本」

一句，結成所本也。

【案】「識爲身本」，識爲人的本原。

〔三〕「後」，北藏茲本、嘉興茲本、代藩本作「前」。

【本段提要】由此説明，大乘法相教以識爲人的本原，準確地説，是以阿賴耶識爲人的本原。對這種原人觀的批評，宗密在叙述大乘破相教時進行。

四、大乘破相教者〔一〕，破前大、小乘法相之執，密顯後真性空寂之理〔二〕。

校　釋

〔一〕【發微録】「大乘破相教」，即同禪詮序中密意破相顯性教，若例彼三種佛教證三宗禪心，前大乘法相教證息妄修心宗，此大乘破相教證泯絶無寄宗，後一乘顯性教證直顯心性宗。

【案】「大乘破相教」，宗密此宗所指的，當包括印度佛教中的中觀學派和中國佛教中的三論宗，主張一切皆空，不但諸法是空，人我也空，以空爲人的本原。

〔二〕「執」，發微録本作「教」。

【發微録】「破前」下，小乘法相即色心、三毒爲身根器界之本，大乘法相即唯識頓變三境，以賴耶爲本。「密顯後」下，禪詮注云：「意在顯性，語乃破相，意不形於言中，故云密也。」

【合解】此雙舉破大小乘法執，而下文但有破大乘法相之文，曾無小乘者，以大乘既破，小豈復存？若別言者，與前不異，故不重說也。「破執」云者，佛於權教之中，就世俗諦，分別藴、處、界等差別之法，欲顯從緣假有，漸漸誘物，令知世、出世間諸法本空，悟無生理。衆生不了，執爲定實，故佛說空教，破彼諸法定相之執，名「破相教」，蓋但除其病，非除藥也。言「密顯」等者，揀非明說，故云「密顯」。「真性空寂之理」，即顯性教中所詮，是即妙有之真空，非但空也。二宗空義，要須審知。

【案】「密顯」，間接地顯示。大乘破相教是通過對大乘法相教之法執的破斥來顯示真性的意義，而不是直接顯示真性。「真性」，宗密對人的終極本原的描述，是人的真實之性，也稱爲佛性，是衆生成佛的可能性。

【本段提要】大乘破相教的基本傾向是破斥小乘佛教我空法有論中的法執和大乘法相教中對法相的執著，在具體的破斥中，則是以破大乘法相教爲主，通過這種破斥，體現我法皆空之理，並顯示出一乘顯性教中所持的真性的意義，但所顯真性又不是通過直接的方式，是以破相而顯性，所以稱爲密顯。

破相之談，不唯諸部般若，偏在大乘經〔一〕，前之三教依次先後，此教隨執即破，無定時節〔二〕。

校　釋

〔一〕「相」，寬永抄本作「想」。

【解】注中分二，初，雙指經時。「不唯般若，偏在大乘」，是指經也。泛常多云，阿含四有，般若八空。今不但指般若名破相，餘經亦有，如華嚴云：「法性本空寂，無取亦無見。性空即是佛，不可得思量。」法華云：「諸法從本來，常自寂滅相。」涅槃云：「乳無酪性，石無金性，衆生佛性，猶如虛空。」（中略）但諸經中有破情處，皆屬破相，良以此宗判教，不局部帙，故曰「偏在」。

【案】「諸部般若」，指各種般若類經典。禪源諸詮集都序卷上之二載：「諸部般若千餘卷經，及中、百、門等三論，廣百論等，皆説此也。」「般若」，是梵文prajñā的音譯，指佛教智慧，特别是關於空的智慧。

〔二〕「無定時節」，北藏跡本作「無是時節」。

【解】「前三教」下，即約時也。智論云：「從得道夜，乃至涅槃，常説般若。」故云「無定時節」。

【案】「無定時節」，隨時説般若，隨時破相。

【本段提要】大乘佛教中持我法皆空論以破相者很多，以諸大乘類經典而言，法華經、華嚴經、涅槃經等，都有破相之説，不只是般若類經典講空，不過般若類經所講之空，是徹底的空，而且遇情執就破。

故龍樹立二種般若：一共，二不共〔一〕。共者，二乘同聞信解，破二乘法執故〔二〕。不共者，唯菩薩解，密顯佛性故〔三〕。故天竺戒賢、智光二論師各立三時教〔四〕，指此空教〔五〕，或云在唯識法相之前，或云在後，今意取後〔六〕。

校釋

〔一〕「一共」，北藏茲本、嘉興茲本、代藩本、解本此下有「般若」二字。

【解】是知以空爲第二時者，就一類説，非盡理也，故「龍樹」下引義證成。

【案】「龍樹」（Nāgārjuna），約三世紀時人，印度大乘佛教中觀學派的創始人，寫下了大量闡述中觀思想的著作，有「千部論主」之稱，主要作品有中論、十二門論、大智度論、十住毗婆沙論、菩提資糧論等，弟子有提婆等人。「二種般若」，共般若和不共般若。共般若是通於二乘而與二乘人共同堅持的般若，不共般若是不與二乘人共，只是大乘菩薩具有的般若。

〔二〕【解】言「破二乘法執」者，然聲聞有二：一者愚法聲聞，一向不信大乘故；二者廣慧聲聞，分達法空故。大品云：欲得聲聞乘，當學般若波羅蜜等。肇公云：三乘同觀性空而得道也。

【案】「二乘」，聲聞乘和緣覺乘，都是指小乘佛法。聲聞，梵文 śrāvaka 的意譯，意爲通過聽聞佛陀的言教而覺悟，聲聞乘人是那些只能遵守佛的説教而修行，以達到自身解脱爲最高目標者，所能得到的最高果位是阿羅漢，最後的境界是灰身滅智的無餘涅槃。緣覺，梵文 pratyekabuddha 的意譯，亦稱獨覺，自己覺悟，不從他聞，通過觀十二因緣之理而覺悟。「信解」，堅定的信仰和深刻的理解。在進入菩薩十地之前的預備階段，有一個信解行地，在這一階位中，修行者還沒有直觀到人無自我、法無自性的真理，但對此理深信無疑，解證具足。

〔三〕【解】「不共者」下，菩薩聞空便知是即有之空，有遮表耳，故不著空見，不同二乘聞空便厭有爲，於嚴土利他，不生欣樂，但欲趣寂。又，如天台別教，以華嚴經，聲聞在座，如盲如聾，名不共教，亦依此論。則知不共有二義故：一屬通教，則有般若；二屬別教，則在華嚴。

【案】「菩薩」，具稱菩提薩埵，梵文 bodhisattva 的音譯，意譯爲覺有情，舊譯有開士、多士、大士、聖士等，是修持大乘六度法門，求無上菩提道，最終成就佛果的修行者。「佛性」，原意指佛陀的本性，後引申爲衆生成佛的可能性。小乘佛教不主張衆生都有佛性，到大乘佛教，對佛性提出種種觀點，總的看法是一切衆生都有佛性。

〔四〕「故天竺」之「故」，寬永抄本、合解本無。

【發微録】「各立三時」下，謂戒賢論師遠承彌勒、無著，近踵護法、難陀，立三種教：初，有教，即阿含等經；次，空教，即諸部般若；後，中道教，即深密等經。前二非了義，後一方爲了義。智光論師遠承文殊、龍樹，近稟清目、清辨，亦立三時教：初，鹿苑説小乘，心境俱有；次説法相大乘，境空心有；後説無相大乘，心境俱空。亦前二非了義，後一爲了義。

【解】言「戒賢、智光」等者，依華嚴大鈔，指賢首起信疏初顯教分齊中叙，今略引云：謂天竺那爛陀寺同時有二大德，一名戒賢，二名智光。戒賢依深密等經，瑜伽等論，立三時教，以法相大乘爲了義。謂佛初時説阿含等有教，第二時説般若等空教，第三時説深密等經，明唯識道理不空不有中道之教。智光依妙智等經，中觀等論，亦立三時教，以無相大乘爲真了義。謂佛初時説有，第二時説不空不有唯識之教，以根猶劣，未能全入平等真空故，第三時方就究竟而説緣生即空、平等一味真空之教。

【案】「戒賢」（Śīlabhadra），約六七世紀人，古印度大乘佛教瑜伽行派的論師，長期主持那爛陀寺，弘傳唯識教義。「智光」（Jñānaprabhā），一説是戒賢門下的上首弟子，瑜伽行派的高僧，一説是印度佛教中觀學派論師。宗密是采取後一説的。「三時教」，有兩種：一是戒賢依解深密經、瑜伽師地論等經典而立的判教，即第一有教，是阿含經所代表的教法，以一切存在都是因緣和合而成，在一定程度上承認這些構成要素的實在性；第二空教，是般若經等空宗經典所代表的教法，以一切存在都是因緣所成，没有實在的本性；第三中道教，是華嚴經、解深密經爲代表的教法，强調一切存在的亦空亦有、非空非有的中道性質。二是智光依大般若經、中論等經典而立的判教，即第一小乘教，講心境俱有；第二法相大乘，講境空心有；第三無相大乘，講心境俱空。

〔五〕「指」，寛永抄本、發微録本作「措」。

〔六〕【發微録】「在唯識法相前」，即戒賢論師。「或云在後」，即智光論師。

【案】「空教」，即指大乘破相教。

【解】「或云在唯識前」者，戒賢義也。「或云在後」，智光意也。「今意」下，辨取捨以約破相，意顯性，故取此爾。

【案】「在唯識法相之前」，指戒賢的判攝，空教在講萬法唯識的中道教之前。「唯識法相」，也作法相唯識，一切事相都依識爲本體。「或云在後」，指智光的判攝，講一切皆空的無相大乘在講境空心有的法相大乘之後。「今意取後」是宗密自己的取舍，采取智光的觀點，判大乘破相教在大乘法相教之後。

【本段提要】宗密的判教，將論空的大乘破相教判於論心識之有的大乘法相教之後，這種判攝的一個依據就是智光的三時教。

將欲破之，先詰之曰：所變之境既妄，能變之識豈真〔一〕？

校　釋

〔一〕【發微録】「所變之境既妄」者，即圓覺鈔喻云胡蝶之相即全空無也。「能變之識豈真」者，則胡蝶之想豈獨是有乎？

【解】大疏叙智光義云：次第二時也，漸破小乘緣生實有之執，故説依他似有，以彼畏怖此真空故，猶存假名，而接引之㈠。今則實有之執既亡，假名一將何立？故破之耳。彼宗意云，夢所見境雖非實有，能見夢想則不是無，故有力，能變於境。今用無相宗心境俱空義詰之，意云，心境二法，相待以立，境既不有，心何獨存？故云爾也。

【案】「所變」，心識所變現的對象。「能變」，能變現萬法的主體之識。

【本段提要】批評大乘法相教以識爲人的本原的原人觀。大乘法相教持境妄識真或境無識有論，宗密以空宗的心境皆無來破斥。從心識爲能變之主體的原則來講，境是識所變現，但爲什麼識能變現虚妄之境？或者説，爲什麼所變的外境是虚妄的而能變的心識却是真實的？心和境是互相依存的，境既是空，緣境之心也應是空。

若言一有一無者，此下卻將彼喻破之。則夢想與所見物應異㈡，異則夢不是物，物不是夢，寤來夢滅，其物應在㈢。

㈠ 圓覺經大疏卷上之一此段作：「次説法相大乘，境空心有。」下接注文：「漸破小乘故，由彼怖空，且存假名接引。」

校釋

〔一〕【發微録】如莊周睡時，夢見身爲胡蝶，在花園中。

【解】彼立心有境無，故註意由彼前來舉於夢喻，成立境空心有義。彼謂夢境是無，夢想且有，今就彼喻以難之云：若如所立，則心境成異，以一有一無故。雖難之，尚未顯過，故但云按定，後段躡此，方顯過也。

【案】「一有一無」，指識有境無，識是真實的存在，外境諸法都依識而有。「異」，指夢想和夢境中所見之物的乖反。從一有一無的原則來看，夢想爲有，是成夢的主體，爲能夢，夢境爲無，是成夢的客體，爲所夢。夢中所見的一切都是虚幻的。

〔二〕【發微録】「夢不是物，物不是夢」者，如夢非蝶，蝶亦非夢也。「寤來夢滅，其物應在」，應云：「寤來夢滅，胡蝶應在。」以二物真妄别故。

【解】彼云：設如心境異者，有何過耶？故復難云：異則心境相乖。何以故？以能夢非所夢故。既夢與物兩不相是，即應夢覺物只在也。如莊周夢蝶，蝶若非夢，夢亦非蝶，莊周睡覺，蝶應尚在，以周與蝶二物異故。法中可知，此則反彼境空心有，成心空境有也。

【案】「夢不是物，物不是夢」，能夢和所夢一有一無，那麽能夢不是所夢，所夢也不是能夢，如同莊子夢蝶，夢不是蝶，蝶不是夢。「其物應在」，如果能夢和所夢是相反的，那麽要是在夢中夢見一物的話，按理，夢中所見是無，夢醒之後，能夢爲無，所夢應是有了，此物應該實有，「寤來夢滅，胡蝶應在。以二物真妄别故」（圓覺經略疏鈔卷一）。而如果是實有的話，就和大乘法相宗的境無説相矛盾了。

【本段提要】宗密把大乘法相宗的識有境無論概括爲一有一無論，該宗曾以夢來比喻這一思想，夢境（所夢）無而夢想（能夢）爲有，宗密從這個夢的比喻出發來設難。既然能夢與所夢互相乖反，那麽在夢醒時，夢中所見之物應該存在，然而事實並非如此。而且，如果這種存在是可能的話，就成爲境有，與識有境無論相矛盾了。

又，物若非夢，應是真物，夢若非物，以何爲相〔一〕？故知夢時則夢想、夢物，似能見、所見之殊，據理則同一虚妄，都無所有〔二〕。諸識亦爾，以皆假託衆緣，無自性故〔三〕。

校釋

〔一〕【發微録】「又物」下四句，但以「物」字爲「蝶」字讀之，即帖喻明矣。

【解】言「應是真物」者，如周所夢蝶，應是真蝶。若是真蝶，還成境有，乖唯識故。問：此與前難何殊？答：前約有無，此約真假，前過尚輕，此過尤重。言「夢若非物，以何爲相」者，如夢不是蝶，應離蝶外别有夢相。若别有者，其相若何？彼應無答。

【案】「應是真物」，所夢之物如果不是夢的話，此物應是真實之物，應是真有，不是虚幻之物了。而如果是真有的話，也和大乘法相宗的識有境無説相乖反了。「以何爲相」，夢是有其所依的對象的，夢中所見，必有所據，能夢如果不是所夢，夢中之物如果不是真實存在，那麽成夢的依據又是什麽呢？以夢蝶爲例，「蝶若非夢，應是真蝶。夢若非蝶，以何爲相？」（圓覺經略疏鈔卷一）

〔二〕【發微録】「故知」下，應云：夢想與胡蝶相，似能見、所見之殊，其實一體也。

【解】初二句明隨情似有，後二句究實元空。圓覺鈔云：所言夢者，但是寤人睡時本有識心，由昧略故，忽然妄現能見之想，及所夢身，所見境界等相，即呼此相而爲夢也，於此虚妄一夢之上，似有内心、外境之異，内心即倒想，外境即夢所見身及所經由之地等。理實而言，心外無境，境外無心，所見之境既脱體全空，能見想心豈獨是有？故曰「同一虚妄，都無所有」。又，夢所見境，分明似有，豈便有耶？若謂能執之想寤來雖無，不妨未寤之時而是有者；所見之境寤來雖無，不妨未寤亦應是有。若爾，即是心境俱有，何言唯識？是知衆生本有性浄真心，由不了故，遂有三細六麤等現，即呼此等云「唯識」也。於此妄識之上，似有内心、外境之殊，其實境是識境，識是境識，佛於權教説唯識理者，良由未顯性浄真心，且含在第八識中，以接劣機，待其根熟，方顯心境俱空，至終教了義，方顯真心本覺也。

【案】「能見」，相當於認識的主體。「所見」，相當於認識的客體。宗密説：「以此而推，夢想與胡蝶，雖似能見、所見之殊，其實一體。」（圓覺經略疏鈔卷一）

〔三〕【解】由此八識託衆緣生，謂親因緣、增上緣、所緣緣、等無間緣，八識皆具此四緣，別而言之，眼識九緣生等。既託諸緣，即無實自性也。此以破相宗意結示正義云爾。

【案】「諸識亦爾」，大乘法相宗視作人的本原的識，其實也是空幻不實的。

【本段提要】宗密又從一真一假立論來破。大乘法相教的一有一無論，從真假的角度看，也就是一真一假論，識爲真，境爲假。如果所夢不是能夢，夢中所見應是真實的存在物，而非虛幻的假有，而這也是和識有境無的原則相矛盾的。進一步而言，能夢如果不是所夢，那麽夢又如何能成？因爲從成夢的一般原則來講，能夢依賴於所夢，有其物，才有其相應的夢。由此可知，能夢與所夢都是空，心境皆空。因此識也是空，識是由衆緣和合而成的，没有自性。

故中觀論〔一〕云：「未曾有一法，不從因緣生，是故一切法，無不是空者。」〔二〕又云：「因緣所生法，我説即是空。」〔三〕起信論〔四〕云：「一切諸法，唯依妄念而有差別，若離心念，即無一切境界之相。」〔五〕經〔六〕云：「凡所有相，皆是虛妄。」「離一切相，即名諸佛。」〔七〕如此〔八〕等文，徧大乘藏。

校釋

〔一〕「故」，寬永抄本無。

【案】「中觀論」，簡稱中論，印度佛教中觀學派的重要經典之一，中國佛教三論宗所依的主要經典之一，龍樹著，後秦鳩摩羅什譯，此譯本爲青目釋本，四卷，共二十七品，四百四十六頌，主要闡述「緣起性空」論和「八不中道」論等中觀學説的基本理論。

〔二〕【解】引中觀偈意，初二句出諸法空所以。法若實有，則不假因緣，既假因緣，即無自性。後二句正顯空也。

【案】此一段明緣起性空論，每一事法都是因緣和合而成，因此而稱其爲空，所言空，乃是自性空，本性空寂。

〔三〕【解】「又云」下，顯即色明空，揀於二乘析法空也。下半云：「亦爲是假名，亦是中道義。」今但用前半，成立空義耳。

【案】此一段偈有四句：「衆因緣生法，我説即是空，亦爲是假名，亦是中道義。」出自中論觀四諦品，完整表達了空宗的世界觀，對每一事法的分析都應從空、假、中三方面着眼。宗密爲了突出空的觀點，所以只引了前半偈。

〔四〕【案】「起信論」，是大乘起信論的簡稱，相傳爲古印度馬鳴著，有兩種漢文譯本：一是南朝真諦所譯本，一卷；二是唐代實叉難陀譯本，二卷。全論由因緣分、立義分、解釋分、修行信心分、勸修利益分五部分構成，勸人信奉大乘佛教，闡述了如來藏和世界的關係，指出了衆生走向解脱之境的基本方法。學術界有人認爲是「僞經」，在中國佛教史中具有極大的影響。

〔五〕【解】「起信論」下，即彼真如門之文，正屬頓教，意兼破相。言「一切諸法」者，即前教「我法」等。「唯依妄念」者，即前教八識等。謂前教我法等皆依八種妄識所變，有種種相，離識之外，無别我法，故云爾也。此約所對生滅門中，就世俗諦則有。「若離心念」下，以真奪俗，就真如門，能變之心尚不可得，況所變境？心境兩忘，離言絶相，即契真如門矣。後半正是頓宗絶待之義，故論不引。

【案】引大乘起信論以明染淨因緣，一切諸法，皆是因染而起，若離妄念，即趨真如。

〔六〕【案】經，從引文看，是指金剛經，全稱金剛般若波羅蜜經，後秦鳩摩羅什譯，一卷，異譯本有北魏菩提流支、南朝真諦分别譯出的同名譯本及唐代譯僧玄奘所譯的能斷金剛般若波羅蜜多經（大般若經第九會）、唐代義淨所譯的能斷金剛般若波羅蜜多經等。此經認爲世界上的一切事法都是空幻不實的，對一切事法都不應生執著心。

〔七〕「皆是虚妄」，解本此下有「又云」二字。

【解】「經云」下，金剛般若文也，因須菩提疑云：若菩薩修離相行，云何感得三十二相等有相之果？故佛呵云：須菩提，汝以三十二相爲真佛耶？故曰「凡所」云云。謂三十二相從緣假有，如幻如化，故曰「虚妄」。若取相者，非見佛也。下云：「若見諸相非相，即見如來。」意恐須菩提見呵有相爲妄，却執無相爲真，雖離有邊，還落斷見，故佛意云，若知諸相從緣本空，即不離幻相便見真佛，非離相外別有佛耶。今但用初二句，以相空妄，顯破相義。其下二句通顯性實教義，故不引之。「又云」下，亦是破相，經言「一切相」者，凡夫所執五塵色相等，皆情計妄有，若離情計，相本寂然，清淨法身於斯顯矣。皆破相義。

【案】此段引金剛經以破空。金剛經説，一切有爲法，如夢如幻，如泡如影，如露如電，不應執著。能無執，即與佛無異。

〔八〕「此」，寬永抄本作「是」。

【本段提要】宗密引大乘經論來説明一切皆空之理，中論講緣起性空，大乘起信論講離念而空，金剛經則講即相即空，都是論空。

是知心境皆空，方是大乘實理〔一〕，若約此原身，身元是空，空即是本〔二〕。

校　釋

〔一〕【發微録】「方是大乘實理」者，先縱之，乃是但空之實理也，不了之義，後文奪破。

【解】即躡前所引，結成正義，揀前法相一有一空，非盡理故。

【案】「心境皆空」，大乘法相教持心有境空論，大乘破相教則認爲不但境是空，心也是空，一切皆空。

〔二〕【解】用後顯性義以難破相。

【案】「空即是本」，空是世界的本質，人的本原。

【本段提要】宗密從對大乘法相教的破斥之中，正顯大乘破相教的空理，一切皆空，不只是境空，心本身也是空，從原人的角度而言，空就是人的本原。

今復詰此教曰：若心境皆無，知無者誰〔一〕？

校　釋

〔一〕【發微録】「知無者誰」，此一句出秦王答書，彼云：「諸家通第一義諦，皆云廓然空寂，無有聖人。若無聖人，知無者誰？」今論主借其語勢，破心境俱無矣。

【解】言「知無者誰」，由此教中但約遮詮説一切皆空，未顯不空真實之性，故肇公云：「若無聖人，誰與道遊？」

【案】「知無者誰」，這一句問話出自後秦姚興與安成侯嵩書：「諸家通第一義，廓然空寂，無有聖人，吾常以爲殊太遥遠，不近人情。若無聖人，知無者誰也？」把一切都視爲空，誰來認識這個空呢？没有人來認識這個空，那麼這種空的思想有什麼實際意義呢？僧肇贊嘆姚興此説：「實如明詔！實如明詔！」（肇論）

【本段提要】宗密對大乘破相教以空爲人的本原的觀點提出批評，如果心和外境都是空的話，誰能認識這個空理？誰來接受或傳播這種空的教義？這把知空的主體、設教的主體也空掉了。

又，若都無實法，依何現諸虚妄〔一〕？且現見世間虚妄之〔二〕物，未有不依實法而能起者〔三〕，如無溼性不變之水，何有虚妄假相之波？若無浄明不變之鏡，何有種種虚假之影〔四〕？

校　釋

〔一〕【解】如實教中，世、出世法皆依不空本覺心現，故起信云「二者因熏習鏡，謂如實不空，一切世間境界悉於中現，不出不入，不失不壞，常住一心。以一切法即真實性故」，圓覺云「一切諸衆生，無始幻無明，皆從諸如來，圓覺心建立」等，皆顯真心隨緣成事，不但寂寂而已。

【案】「實法」，真實存在而不是虛幻空寂之法，這種存在才是人的真正的本原，世界的終極原因。

〔二〕「之」，寬永抄本、發微録本無。

〔三〕【解】若望前立理之文，即指事別明，謂前言虛妄之物，必依實法起者，何者是耶？

【案】「依實法而能起」，按照一乘顯性教的觀點，應是依理而成事，依實理而現虛妄之相。

〔四〕「鏡」，原與嘉興跡本同作「境」，據北藏本、嘉興茲本、代藩本、寬永抄本等改。

【發微録】濕性之水，浄明之鏡，皆喻本有性浄真心。

【案】「濕性」，水的終極本質是濕，波浪等類都是在濕性基礎上而起的假相。以此濕性喻衆生本有的性浄真心。「浄明」，鏡子的終極本質是明，在此基礎上才能影現一切虛妄的影像。以此明性喻衆生本有的本覺真心。

【本段提要】在被宗密稱爲佛了義教的一乘顯性教中，一切空寂之法，都是依於一個不空的本體，以此爲一切現象的終極本質，萬法空寂的原因。如果連這個本體也空掉了，如何來説明萬法皆空之理呢？事實上，現世中的一切虛妄之相，都是依實理而起的，水的濕性爲實理，依此而有虛妄之波；鏡子的明性爲實理，依此而有虛妄之影像。

又，前説夢想、夢境同虚妄者〔一〕，誠如所言，然此虚妄之夢，必依睡眠之人〔二〕，今既心境皆空，未審依何妄現〔三〕？

校釋

〔一〕「夢想」，發微録本作「夢相」。「同虚妄者」，北藏兹本、嘉興兹本、代藩本、解本、合解本無。

〔二〕「必依」，北藏本、嘉興兹本、代藩本、寬永抄本、發微録本、解本、合解本作「必因」。

【發微録】「必因睡眠之人」，即性浄真心，亦合前莊周睡時本心耳。

【解】若望實教，則闕妙有義在。「睡眠之人」，喻所依實性。

【案】「睡眠之人」，喻指性浄真心。

〔三〕【解】但知夢想與夢境皆空，而不言睡人，則未盡理。

【案】由此而指出空教的理論困難。

【本段提要】再來看大乘破相教在破斥大乘法相教的夢之喻時所持的能夢、所夢都是空無的觀點，即使夢境是虚妄的，但總還是要依做夢的人才會産生，這個做夢的主體就如同真性，如果講一切皆空，那就不能解釋虚幻的夢是如何産生的。

故知此教但破執情，亦未明顯真靈之性〔一〕。故法鼓經〔二〕云：「一切空經，是有餘說。」有餘者，餘義未了也〔三〕。大品經〔四〕云：空是大乘之初門〔五〕。

校　釋

〔一〕【合解】結言空宗未了義也。

〔二〕【案】「真靈之性」，指人的本覺真心，「真」指其真實之有，「靈」指其靈明。

〔二〕【案】「法鼓經」，是大法鼓經的簡稱，二卷，南朝劉宋求那跋陀羅譯，主要講述如來常住一乘真實之理。

〔三〕「餘義未了」之「餘」，北藏茲本、嘉興茲本、代藩本、合解本無。

〔四〕【案】「大品經」，一般指「大品般若經」，是相對於小品般若而言的，一般稱東漢支婁迦讖所譯的道行般若經十卷、三國吴支謙所譯的大明度無極經六卷、後秦鳩摩羅什譯的小品般若經十卷等爲小品，而稱西晋無羅叉和竺叔蘭所譯的放光般若經三十卷、竺法護譯的光讚般若經十卷和後秦鳩摩羅什所譯的摩訶般若經二十七卷等爲大品。

〔五〕【解】可知既佛有明文，則非是論主强破之也。佛意説空，但爲破執，執爲究竟，豈盡佛心？然空、性二宗，若望法相，則顯大同，若空性㊀相望，則亦成異，大抵空約密意遮詮，性約顯了直說，圓覺疏五對，禪源詮十異，恐繁，不録。

【案】宗密又引經以證空宗未了之義，稱爲「初門」。「大乘初門者，簡非深極。言初門者，以空遣妄有，未彰妙㊁有中道義故。」（圓覺經大疏鈔卷三之上）

【本段提要】宗密得出結論，大乘破相教以空爲人的本原，此教重在破執，不是終極教門，因爲它未能直接顯示人的真性。又引經典説明此教不是究竟佛理。

上之四教，展轉相望，前淺後深〔一〕。若且習之，自知未了，名之爲淺；若執爲了，即名爲偏。故就習人，云偏淺也〔二〕。

校　釋

〔一〕【發微録】「前淺後深」者，以人天教唯齊業報，小乘教齊後四麁，法相教極於三細，破相教密

㊀「性」，原無，據合解本補。

㊁「妙」，原作「鈔」，續藏經校記「鈔疑妙」，今改。

顯真性，是則人天唯淺，破相唯深，中間二教互論淺深，謂望前則深，望後則淺也。

【解】先釋成淺，雖前云有淺有深，若望顯性，總名曰淺。

【案】「前淺後深」，對於至極之教的一乘顯性教來説，四教都是淺教，四教之中，後教望前爲深，前教望後爲淺。

〔二〕【解】後釋成偏，故知淺深就法，偏圓約人，執則成偏，法非偏也。又，清涼大師云：「圓機受教，無教不圓；偏機受教，圓亦偏矣。」若但執顯性，不融前教，未免亦偏，良以根有漸頓之殊，故教有淺深之異。若也博究圓解，方可會其淵源，如其受一非餘，安得窮乎圓妙？

【案】「偏淺」，四教相對於一乘顯性教來説，是淺教。雖然修習這些教法，但能知道它們並不是至極之教，稱爲「淺」。執著於這些教門而不知其淺，稱爲「偏」。説其偏淺，都是針對修教之人而言的。

【本段提要】前面所分析的四種教，雖層層深化，但都不是佛教至極之理，對後面的一乘顯性教來説，都是淺教，如果執著於這些教門而不知其淺，就是偏，因而稱此四教爲偏淺教。

直顯真源第三〔一〕佛了義實教〔二〕

五、一乘顯性教者，説一切有情，皆有本覺真心〔三〕，無始以來，常住清淨，昭昭不昧，了了常知〔四〕，亦名佛性，亦名如來藏〔五〕。從無始際，妄想翳之，不自覺知〔六〕，但認凡質，故耽著結業，受生死苦〔七〕。大覺愍之，説一切皆空〔八〕，又開示靈覺真心清淨，全同諸佛〔九〕。

校釋

〔一〕「直顯真源第三」，北藏茲本、嘉興茲本、代藩本、解本、合解本作「三直顯真源」。

【發微録】「源」之一字，喻一切衆生本覺真性也，在萬法爲依正之源，在衆生爲迷悟之源，在菩薩爲萬行之源，在諸佛爲萬德之源。

【解】「直顯真源」者，「真源」即此教所明覺性，揀非虛妄曰「真」，物之妙本曰「源」。對前四教，得「直顯」名。謂前四教中亦有真性，但隨機屈曲，未直顯了。此教隨佛自意究竟而説，非約隨機，方名「直顯」耳。

【案】「直顯真源」，「源」，指衆生的本原，即宗密所持的真心或真性。「真源」，真實之源，這個真性，才是人的真正的本原。一乘顯性教對人的真正本原的揭示是直接的，爲「直顯」，直接顯示，不像大乘破相教那樣是密顯。

〔二〕「佛了義實教」，北藏兹本、嘉興兹本、代藩本、解本、合解本作「習佛了義實教者」，寬永抄本、發微録本無。

【案】「了義」，指最深刻、徹底的教義。「決擇究竟顯了之説，非覆相密意含隱之談。」（圓覺經大疏卷上之二）「實教」，相對於權宜之教而言，是指根本性的教義。

〔三〕【發微録】「一乘顯性教」，即同禪詮序中「顯示真心即性教」，彼對禪宗直顯心性宗，故云「即性」。此超第三法相、第四破相，故云「顯性」。又異大乘偏淺，故標「一乘」。「説一切」下，此就真如性徧一切衆生，皆有本覺真心也。

【合解】「覺」以了悟爲義，謂真如一法，靈明鑒照，性出自古，故曰「本覺」，即對始覺得名也。異前妄識，故曰「真心」。言「有情皆有」者，揀木石無情等故。

【案】「一乘顯性教」，「一乘」，或稱一佛乘，一佛究竟乘。相對於二乘，即聲聞乘和緣覺乘來説，是究竟之乘。相對於偏淺佛教而言，是指佛教中的根本教義。「顯性」，顯示衆生自心中的真性或佛性，在宗密的禪源諸詮集都序卷上之二中，有顯示真心即性教，即同這裏的一乘顯性教。「本覺真心」，衆生的真心具有本覺的特徵。「本覺」，指本來覺，本來具有的，先天固有的覺悟之性。

〔四〕【發微録】「無始已來，常住清浄」者，起信云：「一切衆生本來常住。」又云：「不失不壞，常住一心。」從本已來，一切染法不相應故，故云「清浄」。然清浄有其二義，無上依經云：一者「自性清浄，是其通相」，二者「離垢清浄，是其別相」。寳性論中亦有二義：一、自性清浄，謂性浄解脱；二、離垢清浄，謂離障解脱。今云「常住清浄」，即通相、性浄解脱也。「昭昭不昧，了了常知」者，華嚴回向品云：真如照明爲性。故云「不昧」。此言「知」者，不是證知，意説真性不同虚空木石，故云「知」也。非如緣境分別之識，非如照體了達之智，直是真如之性，自然常知。

【合解】「無始」、「常住」，乃名爲本；「昭昭」、「了了」，乃名爲覺。

【案】「常住」，指永恒存在，永遠具有。「清浄」，真心具有的特徵之一，指不被種種煩惱所染，潔浄無污。「昭昭不昧」，對真心的清浄特徵的描述，指真心的清浄光明，没有昏暗。「昭昭」，有光明的意思。「昧」，指昏暗，隱覆不明。「了了常知」，對真心的本覺特徵的進一步描述。「了了」，指聰明的意思。「知」，在宗密的體系中是指真心的最本質的特徵，是心的自性體，以真心爲人的本原，其實也就是以知爲人的本原，因而他有「知之一字，衆妙之門」的提法。

〔五〕「如」，代藩本作「知」。

【發微録】「亦名佛性」下，是諸佛萬德之源，故名「佛性」。是衆生迷悟之源，故名「如來藏」。

【合解】「性」乃現因，「佛」約當果。謂此真心是成佛之正因，故曰「佛性」。泛言「性」者，通情、無情，今言佛性，則揀無情，蓋「覺」以照察爲義，局有情故。「如來藏」者，離倒曰「如」，出纏名「來」，「藏」以隱攝彰名。謂衆生在纏之因，含攝出纏之果，雖有煩惱隱覆，而性常不變也。

【案】「亦名佛性」，真心從不同的角度看，具有不同的意義，宗密在其禪源諸詮集都序卷上之一中説：「況此真性，非唯是禪門之源，亦是萬法之源，故名法性，亦是衆生迷悟之源，故名如來藏藏識，亦是諸佛萬德之源，故名佛性，亦是菩薩萬行之源，故名心地。」「如來藏」，梵文tathāgatagarbha 的意譯，指一切衆生心中所藏覆的清浄的如來本性，具有三義：一是所攝，世間一切衆生皆爲如來之性所攝；二是隱覆，如來之性，隱藏、覆蓋於煩惱之中而不能顯現；三是能攝，如來之性雖然隱覆不現，但仍然含有如來的一切功德。

〔六〕【發微録】「際」，時也。「翳」，障也。「妄想」，即無明。（中略）「不自覺知」者，十地論云：真樂本有，失而不知；妄苦本空，得而不覺㊀。

【解】「翳」者，障弊義。「妄想翳之」一句，出不覺所以。「不覺知」者，正顯迷真故。

㊀ 據宗密圓覺經大疏鈔卷一之上「賢首云：真樂本有，失而不知，妄苦本空，得而不覺。故十地論云」等等，知這句話不是十地論中的話。現有資料顯示出自澄觀的華嚴疏。

【案】「妄想」，虚妄之想，妄念。「翳」，遮蓋。「不自覺知」，不能體認到自心的真性。

〔七〕【發微録】「但認」下，向明妄想即法執所知障也。「但認凡質」，即我執煩惱障。「質」，身也。「耽著結業」，即業障。「受生死苦」，即報障。

【解】言「耽著」者，即愛染也。「結」，即是惑，即惑、業、苦三法具矣，謂此衆生由迷本覺真心法爾，便執虚妄身心爲我，由執我故，起惑造業，受生死苦。

【案】「但認凡質」，指我執。「凡質」，是指肉胎凡身的色心和合之我。

〔八〕【發微録】「大覺」，即世尊，故詮序云：「感而即通，名大覺尊。」「愍」，悲也。「説一切皆空」者，以世間生死，出世涅槃，一切皆空。此叙前破相也。

【解】「説一切皆空」者，破妄執也。

【案】「大覺」，特指世尊釋迦牟尼，也指一切覺悟者，得解脱者。「愍」，憐憫，同情。

〔九〕【發微録】「開示靈覺」下，正述顯性。問明品云：「其性本清浄，開示諸衆生。」「全同諸佛」者，清涼疏云：凡厥生靈，皆含佛智，圓滿普法，無不備矣。

【解】法華經云：如來爲「一大事因緣，故出現於世」。所謂「諸佛世尊欲令衆生開佛知見，使得清浄，故出現於世；欲示衆生佛之知見，故出現於世；欲令衆生悟佛知見，故出現於世；欲令衆生入佛之知見道，故出現於世」。嘉祥釋云「開、示約能化佛，悟、入約所化機。能化之佛，大開之與曲示，所化之機，始悟之與終入佛知見」者，即此論「靈覺真心」也。「全同諸佛」者，聖凡平等，無增減故。

【案】「靈覺」，指本覺真心。「靈」有靈明、靈靈不昧之意。

【本段提要】一乘顯性教的原人觀是以真心爲人的本原，真心具有清浄、本覺的特徵，衆生之所以不識自身真心，只是由於他們自心本來具有的妄念覆蓋真心，因而妄執自身爲實有，貪愛執著，造業受報，流浪生死，必須經覺悟者的開示才能最終悟得真心。

故華嚴經〔一〕云：「佛子，無一衆生而不具有如來智慧〔二〕，但以妄想執著而不證得〔三〕，若離妄想，一切智、自然智、無礙智即得現前〔四〕。」便舉一塵含大千經卷之喻，塵況衆生，經況佛智〔五〕。次後又云：「爾時如來，普觀法界一切〔六〕衆生而作是言：奇哉！奇哉！此諸衆生，云何具有如來智慧，迷惑不見？我當教以聖道，令其永離妄想，自於身中得見如來廣大智慧，與佛無異〔七〕。」

校　釋

〔一〕【發微録】「故華嚴」下，此皆出現品開物因性經文。

【案】「華嚴經」，全稱大方廣佛華嚴經，有三個漢譯本，即東晉佛陀跋陀譯的六十華嚴，唐代實叉難陀譯的八十華嚴，唐代般若譯的四十華嚴。此經認爲世界是毗盧遮那佛的顯現，一粒微塵映現整個世界，一瞬間包含永恒，宣説法界緣起論以及圓頓的悟修觀。

〔二〕「無一」，北藏茲本作「無二」。「具有」，發微録本作「具足」，華嚴經如來出現品爲「具有」。

【合解】一論大意，此爲宗極，所引華嚴，即出現品，清涼大疏釋此一文，總有三意：一明生等有因，二明因有果智，三明自他交徹。今初，「無一衆生而不具」，則知無性者非衆生數，謂草木等。已過五性之見。即涅槃云「除墻壁、瓦石，餘皆有佛性」。故無佛性則非衆生，凡是有心，定當作佛，以一切人皆有心故。此是涅槃一性之宗，故云「已過五性之見」也。二者衆生在纏之因，已具出纏果法，故云「有如來智慧」。明因有果智，揀勝初義但有佛性，所以有者，因果二性無二體故。若因無果性，果是新生，便有始終。既有始終，非常住故。非但有性，後方當成，亦非理先智後。初句揀因果不同。謂前義意如木有火性，鑽方火生，乳有酪性，緣具成酪。今此中意，果尚本有，況於因性？況當有耶？次句揀理智兩別。若唯理爲先有者，則第一義空不名智慧。以理智異故；無漏智性，本自有之，不應理故；大智光明，非本有故；智後生者，果無常故；能證所證，成二體故。是知涅槃對昔方便，且説有性，後學尚謂談有藏無。即大乘法師法華疏意：涅槃經言「一切衆生皆有佛性」，總談「皆有」，欲奬衆生，實而明之，亦有無者，藏在一切總有之中。況聞等有果智，誰當信者？「況聞」等者，即舉今宗，結成難信，勸物信耳。三、彼因中之果智，即他佛之果智，以圓教中自他因果無二體故，若不爾者，此説衆生有果，何名説佛智耶？斯則玄又玄矣，非華嚴宗，無有斯理。謂諸凡夫因中果智，即他諸佛已成果智，自身佛性，一身豎説，他佛在凡，自他横辨，故更玄也。

【案】此明衆生都有佛性，這是中國佛教的共識，只有少數宗派如唯識宗才分析出有性者和無性者。

〔三〕【合解】問曰：涅槃云：佛性者，名爲智慧。有智慧時，則無煩惱。今有佛智，那作衆生？答曰：妄想執著，故不證得，豈曰無耶？如壯士迷於額珠，豈謂膚中無寶？

【案】此明衆生的本有佛性被其先天具有的煩惱所覆蓋而不能顯現，衆生也因此不能發明自心佛性。這種被覆蓋的佛性，是如來藏。

〔四〕【合解】謂若本無，離倒寧有？今既離倒則現，故知本來不無也。是以涅槃恐不行修，故云「言定有者，則爲執著」。恐不信有，故云「言定無者，則爲妄語」。乍可執著，不可妄語。「自然智」者，自覺聖智也。「無礙智」者，始本無二，絶二礙也。「絶礙」有二意：一者衆生本有佛智，是則始覺不礙本覺；二者，斷障顯了，則無煩惱、所知二礙。

【案】「一切智」，「三智（一切智、道種智、一切種智）之一，指通達一切諸法之總相的智慧，此種總相就是空相。「自然智」，不需要人爲的作用，自然而然地就本來具有的佛智。在華嚴經中指能自在地演説佛法教化的辯才智慧之一，即説法迅速，没有障礙。「無礙智」，自在通達的智

慧，是佛智的體現。「如來不爾，悉知自地及以他地，是故如來名無礙智。」（曇無讖譯大般涅槃經卷八）

〔五〕【發微録】「便舉一塵」下，大經云：「譬如有大經卷，量等三千大千世界，書寫三千大千世界事一切皆盡，此大經卷雖復量等大千世界，而全住在一微塵中。如是一塵，一切微塵皆亦如是。」故云「塵況衆生」也。

【合解】經頌云：「如有大經卷，量等三千界，在於一塵内，一切塵悉然。有一聰慧人，浄眼悉明見，破塵出經卷，普饒益衆生。佛智亦如是，遍在衆生心，妄想之所纏，不覺亦不知。諸佛大慈悲，令其除妄想，如是乃出現，饒益諸菩薩。」大疏云：「大經卷」者，喻佛智無涯，性德圓滿也。「等三千界」者，喻智如理故。「一塵」喻衆生者，略有三義：一、妄覆真故；二、小含大故；三、一具多故。「一切塵」者，喻無一衆生而不具有佛智故。

【案】此喻每一衆生都具有無邊佛智，無邊佛智在每一衆生心中，從方法論上説，是一多相即、相入。

〔六〕「切」，寬永抄本無。

〔七〕「云何」之「云」，寬永抄本無。【發微録】「教以聖道」者，即教彼衆生修習聖道。「道」，因也，謂六波羅蜜、三十七道品也。

【合解】再談「奇哉」者，謂衆生煩惱垢染身中，而有圓明佛智，如貧女而懷輪王胎，弊衣而裹無價寶，可謂奇異。若后妃懷王，錦囊貯寶，則非異矣。但以妄想迷惑，久而不見，故我須教離妄想，自見智慧，如破微塵出大經卷也。

【案】此段明衆生不能自見心中佛性，而需佛開示，令其覺悟。

【本段提要】宗密引華嚴經如來出現品中的觀點説明衆生本有佛性，因妄想覆蓋而不自見，衆生要得解脱，就必須去除妄想，這一點，常常是需要佛來開示的。

評曰〔一〕：我等多劫未遇真宗，不解返自原身〔二〕，但執虚妄之相，甘認凡下，或畜或人〔三〕，今約至教原之，方覺本來是佛〔四〕。

校　釋

〔一〕【發微録】「評」，量也。【案】「評」，宗密對一乘顯性教的原人觀所作的讚頌性評價。

〔二〕【發微録】「真宗」，即佛教。【解】言「真宗」者，即華嚴一乘實教。「多劫未遇」者，闕勝緣故。「不解反自原身」者，闕親因故，即内無始覺了因之智。大抵佛法假藉因緣，既因緣俱闕，何由得悟？

【案】「真宗」，指一乘顯性教，或華嚴宗。「返自原身」，須從自心之内尋求人的本原。

〔三〕「虚妄之相」之「之」，寬永抄本無。

【發微録】「但執」下，圓覺云：「妄認四大爲自身相，六塵緣影爲自心相。」故結云「甘認凡夫下類」矣。

【解】既迷真性，所以執妄，由執妄故，永處下流。

【案】過去，人們由於不懂得從自心之内尋求人的本原，執著於各種虚妄之相，所以長期受生死輪迴之報。

〔四〕【發微録】「至教」者，佛教至極之談，即指華嚴也。「本來是佛」者，圓覺疏云：「心本是佛，由念起以漂沈。」出現品云：「如知衆生本來成佛。」㊀

【解】遇至教，爲勝緣；解心内發，爲因。了妄即真，反迷成悟，其猶大富長者，諸相具足，忽因惛睡，夢作貧賤醜陋之身，乞丐受苦，無所不至，忽人呼覺，方知元是福德之身，從前夢境，全成虚妄。故屏山云：「原人一論，即覺者之一呼也。」

㊀ 圓覺經有「始知衆生本來成佛」一句。

【案】「至教」，佛教中的至極之教，即指一乘顯性教。「本來是佛」，一切衆生心中本來就具有佛性，本來就具有認識自心佛性的智慧，衆生本來就與佛没有差别。

【本段提要】過去人們因爲不知道一乘顯性教的原人觀，因而不解真心，不能從自心來尋找人的本原，現在悟得一乘至極之理，才懂得自己本來就與佛無異。

故須行依佛行，心契佛心，返本還源，斷除凡習〔一〕，損之又損，以至無爲〔二〕，自然應用恒沙，名之曰佛〔三〕，當知迷悟同一真心〔四〕。大哉妙門！原人至此〔五〕。

校　釋

〔一〕【發微録】「故須」下，清涼心要云「若任運以寂知，則衆行爰起」，即「行依佛行」也；「若無心而忘照，則萬累都捐㊀」，即「心契佛心」也。「還本還源」者，大疏云：令諸衆生還本還源，窮未來際，無有休息。「凡習」，即凡夫習氣。

【合解】此言依悟修證也。「依佛行」者，稱性悟入故。前言「悟」者，即屬解悟，此言「悟」者，通

㊀「捐」，原作「損」，據景德傳燈録（崇寧藏本）卷三十五臺山鎮國大師澄觀答皇太子問心要改。

證、解故。「返本還源」者，與體相應也。「斷除凡習」者，達妄本空，無斷而斷也。言「凡習」者，即二執、二障也。然諸障品有三，謂種、現、習。於此三中，習氣最細。舉細況麤，且言習耳。（後略）

【案】這在宗密的體系中，是悟後修證，依悟而修，通過修證而達到究竟覺。

（二）【發微録】「損之」下，以「爲道日損」，惑也，「爲學日益」，智也。

【合解】此由斷習起證也。「損之」者，即能斷也。「又損」者，遣能斷心也。良以了妄本空，假名曰斷，執有實斷，安能造玄？故併斷心亦遣之耳，則能所雙亡，方契無爲矣。此言「無爲」，即真如性也。然此二句語借道經。彼云：「爲學日益，爲道日損。損之又損之，以至於無爲。」彼意謂爲俗學者，務求多聞，日有所益，修道之士，絶學棄智，反其樸素，故曰無爲。今但文同，義則各異。

【案】出自老子四十八章：「爲學日益，爲道日損，損之又損，以至於無爲。」宗密之意，是將煩惱滅損至盡，而達到「無爲」，即證真如、悟佛性、得解脱的境界。這種修行方法屬漸修，前論因佛開示之悟是頓悟，這構成宗密的頓悟漸修論。

（三）【發微録】損之又損之，則寂照現前，自然應接恒沙之機，非佛而何？

【合解】前心契佛心，即同佛體，今顯即體之用，塵塵出現，念念圓成，故「應用恒沙」。蓋迷時成恒沙塵勞，悟後成恒沙妙用，故清涼心要云：「心心作佛，無一心而非佛心；處處證真，無一塵而非佛土。」良以知一切法即心自性，故得成就慧身，不由他悟。

【案】「恒沙」，如恒河沙，其數無量。喻無限性。

〔四〕【發微録】「迷悟同一真心」者，迷即衆生，悟即諸佛。大經云：「心佛及衆生，是三無差別。」故云「同一」也。

【解】「迷悟同一真心」者，前文廣説迷悟之相，皆約於人，謂迷時號衆生，悟時名佛，而其所迷即同所悟，一真心體，本無異也。

【案】「同一真心」，佛與衆生，本無差别，迷則佛是衆生，悟則衆生即佛，或迷或悟，真心不異。

〔五〕「妙」，寬永抄本作「沙」。

【發微録】「大哉」，即仰歎之辭。「妙門」，即絶思之稱。

【解】「大哉」者，歎詞也，包括凡聖，徹究真源，故曰「大」也。教爲入理之門，從其所詮，得名曰「妙」。或能詮、所詮皆曰「妙門」。聖智悟入之所由故。「原人」一句，出其所以，亦對前顯勝，過此已往，更無妙門。

【案】「妙門」，出自老子第一章：「玄之又玄，衆妙之門。」意指一切變化的總門，宗密以此喻指真心。

【本段提要】悟後的修證，是漸修，漸漸去除長期以來形成的煩惱，一直至無煩惱可去的地步，這時候，就能顯示種種圓滿的作用，就是佛。衆生與佛，癡迷者與覺悟者，都是同一個真心。真心就是偉大的一切奥妙的總門徑，對人的本原的探求，就一直探索到這個真心爲止。

然佛説前五教，或漸或頓〔一〕，若有中下之機，則從淺至深，漸漸誘接〔二〕。先説初教，令離惡住善〔三〕。次説二、三，令離染住淨〔四〕。後説四、五，破相顯性，會權歸實，依實教修，乃至成佛〔五〕。若上上根智，則從本至末，謂初便依第五，頓指一真心體，心體既顯，自覺一切皆是虚妄，本來空寂〔六〕，但以迷故，託真而起，須以悟真之智，斷惡修善，息妄歸真，妄盡真圓，是名法身佛〔七〕。

校釋

〔一〕【發微録】「或漸或頓」者，詮序云：轉凡成聖即漸，從迷而悟即頓。

【解】「然佛」下注，釋殘疑，恐人疑云：前之五教皆是佛説，此既玄妙，即應前四皆①無用耶？答：機有勝劣，教設多方，若唯一門，逗機不足。又問：既有五教，未知所被之機皆要歷此五不？故此答云：機有頓漸，或歷不歷，不應一準。

【案】「或漸或頓」，漸和頓的意義比較複雜，宗密在禪源諸詮集都序卷下之一中講到，從教化的角度看，有化儀之頓漸，應機之頓漸；從人的角度看，有教授方便之頓漸，根性悟入之頓漸，

①「皆」，原作「智」，據北藏、兹五、合解本改。

發意修行之頓漸。

〔二〕【發微録】「中下之機」，通取漸修漸悟以明中下。

【解】言「中下之機」者，論文從略，中下合明。若別説者，應云：「若下機者，先從人天，次入小乘，漸漸經歷，乃至第五顯性；若中機者，不由人天，便從小乘，或從法相，乃至顯性。」論不言上機者，文影略故，前有中下，後有上上，上機必然。亦應具云：「若上根者，不歷前二，或從法相，或從破相，便入實教。中間更有不定之機，或從人天，不歷小乘，便入大乘；或從人天直入顯性；或從小乘直入顯性。」良以衆生根性有多差別，論不繁文，可以意得。

【案】「機」，指人的根性、根器，人在宗教覺悟方面的能力、潛質。佛教把人的這種根性大致區分爲上中下三個大類，除此之外，還有上上機、不定機等。

〔三〕【發微録】「離惡住善」，即人天教離十惡，修十善也。

【解】以修五戒、十善，離三途惡，住人天善故。

【案】「初教」，即人天教，此教以離惡從善爲教旨。

〔四〕【發微録】「離染住浄」者，小乘即離煩惱染，住我空之浄，法相即離所知之染，住法空之浄。

【解】「離染住浄」者，「染」謂二執、二障，「浄」即三乘聖果。

【案】「二三」，指第二小乘教和第三大乘法相教。

〔五〕「後説」，北藏本、嘉興茲本、代藩本、寬永抄本、發微録本、解本、合解本作「後談」。

【發微録】「會權歸實」，即會破相之權，歸顯性之實也。

【解】「會權歸實」，不唯華嚴、法華、涅槃亦此宗故。

【案】「四五」，即第四大乘破相教和第五一乘顯性教。「實教」，即終極之教，指一乘顯性教。

〔六〕「心體既顯」之「既」，代藩本無。「本來」，嘉興跡本作「令來」，寬永抄本作「本末」。

【發微録】「若上上根智」至「本來空寂」，即頓悟也。

【解】「若上上根」下，明頓機也。「上上根」者，即圓融機。「從本至末」者，此句總標，即以顯性爲本，漸次乃至人天爲末。「謂初」下，別釋從本至末之相。「頓指一心」，是顯性教。「本來空寂」，即破相教。

【案】「上上根」，是最高根機的人，此類人可以頓超直入，一悟而至永恒，並能由本教至末教，節節會通。

〔七〕「須以」，發微録本作「須似」，誤。「悟真之智」，北藏兹本、嘉興兹本、代藩本、解本、合解本作「悟心之智」。「是名法身佛」之「是」，發微録本無。

【發微録】從「但以迷故」已下之文，即漸修也，由迷無明，爲妄惑，悟妄惑，爲真智。「悟真之智」，爲能斷；妄惑之惡，爲所斷。

【合解】又悟「託真而起」，即法相教。然後「斷惡修善」，即通大小乘及人天戒善。但以悟真之智斷修，異於前漸不悟而修也。良以此宗先悟毗盧法界，後修普賢行海，雖人天戒善，亦靡有遺。是故不悟而修，如土作器，器器皆瓦；先悟而修，如金作器，器器皆金矣。「息妄歸真」者，應有問言：既悟一真心體，了知法法全真，何必〔一〕更須息妄？答曰：楞嚴云：理則頓悟，事須漸除。良由無始習深，云何頓去？其猶聖王登位，欲與萬國同休，苗頑不庭，必須用武，直得車書混一，方能坐拱無爲耳。

【案】「法身佛」，佛教所講的三身佛之一，法身是指以佛法成身，或者説身是一切佛法，佛以純精神性的法身的姿態出現，爲法身佛。

【本段提要】五種教法，有漸有頓，其實法無差别，人的根性有利鈍，五教都是佛的隨機設教。根性較淺的人，可以漸漸誘接，逐步深入至真心，爲漸修漸悟；根性慧利的人，可以直接體悟自心真性，頓悟而漸修。

會通本末第四〔一〕會前所斥，同歸一源，皆爲正義〔二〕。

真性雖爲身本，生起蓋有因由，不可無端忽成身相〔三〕，但緣前宗未了，所以節節斥之〔四〕，今將本末會通，乃至儒道亦是。初唯第五性教所説，從後段已去節級，方同諸教，各如注説〔五〕。

〔一〕「必」，原作「心」，據解本改。

校釋

〔一〕「會通本末第四」，北藏兹本、嘉興兹本、代藩本、解本、合解本作「四會通本末」。

【發微録】「會通本末」者，「末」即第一斥迷執、第二斥偏淺，「本」即第三直顯真源，故云：「會前所斥，同歸一源。」

【解】前儒道、人天、小乘、法相、破相、顯性，遞遞相望，前前爲末，後後爲本。若以顯性望前，前皆爲末，顯性獨本。今言「會通」，乃有二義：一、約五教相望，則以顯性爲能會，前四教及儒道皆爲所會，即是以本會末。注云「會前所斥，同歸真源」，皆了義故，真源既非所斥，故知但會前四，然約能所相合，故曰「會通本末」。二者，前顯性教亦是所會，即以此第四一論，以爲能會，論云：「真性雖爲身本，生起蓋有因由。」則知真性亦所會也，以但用真性，不成身故。

【案】「會通本末」，以作爲本教的一乘顯性教融合作爲末教的各偏淺之教，融合的基礎是一乘顯性教所明的真性。

〔二〕「同歸一源，皆爲正義」，北藏兹本、嘉興兹本、代藩本、解本作「同歸真源，皆是正義」，寛永抄本無，合解本作「同歸真源，皆爲正義」。

【解】前以執末迷本，故須斥之，今以本該末，則前所説皆是即本之末㈠，無非了義。又，依華嚴宗具全收全揀二門，前約別教一乘，揀則全揀，今約圓教，收則全收。

【案】「皆爲正義」，從以本融末的融合角度看，各末教也同一乘顯性教一樣，具有佛教的真理性。

〔三〕【發微録】「真性雖爲身本」者，即躡前顯性教云「一切有情，皆有本覺真心」也。「生起蓋有因由」者，言迷真生妄，心有所因，故起信云：「不如實知真如法一，不覺心起。」此則起妄之由也。「不可」下，推其身本，即現相中根身是忽成身相也。

【合解】問曰：前四教未顯真性，故非了義，今既直顯，已是盡理，何須更會前所説耶？答曰：真性爲本，固是盡理，然性起爲相，必具衆緣，則前八識惑業等，皆其緣也。「不可」下，反顯，如湛静水，要藉風緣，方成波浪，不可無風便成浪也。

【案】「生起蓋有因由」，真性雖爲人的終極本原，但從真性到人的産生，其間是有多種原因的，真性通過各種條件而緣起人身及世界。

〔四〕【發微録】「但緣前宗」下，始自迷執宗，終至破相宗，有五節矣。

㈠「即本之末」，此下原衍「迷」字，據合解本删。

【解】亦應先難云：真性成身，既假八識等緣，則應前説識等爲本亦有理在，何以斥之？故今釋云：前宗所説未明真性，但以識等便爲身本，如執風緣，便爲波浪，不言水者，豈盡理耶？

【案】「前宗未了」，前述四種教門中的原人觀，都没有真正探究到人的終極本原。

〔五〕「初」，寬永抄本無。「各如注説」之「説」，發微録本作「記」。

【合解】初總彰所本，即標性起以爲宗極，後依本會末，即次第會前諸教，大抵全用起信論意分判諸教淺深，如指諸掌。起信初説一心，即華嚴一法界心，故彼立義分云：摩訶衍者，總説有二種：一者法，二者義。所言法者，謂衆生心，是心即攝一切世間、出世間法。次依一心開真、生二門，云依一心法有二種門：一、心真如門；二、心生滅門，云云。三依生滅門開覺、不覺二義，文云：生滅門者，依如來藏故，有生滅心。乃至云此識有二種義：一者覺義，二者不覺義。四依不覺義生三細，文云：依不覺故，有三種相，與彼不覺，不相捨離。云何爲三？一者業相，二者能見相，三者境界相。五依三細生六麤，文云：以有境界緣故，復生六種相。一者智相；法執俱生。二者相續相；法執分别。三者執取相；我執俱生。四者計名字相；我執分别。五者起業相；六者業繫苦相。今顯性教詮至一心，若依賢首開頓教，即當真如門，今論不開，即以真如門合在顯性教中，破相齊生滅門覺、不覺義，法相齊三細，小乘齊後四麤，人天齊起業受報。即業繫苦。儒道所説，尚不知受報中六趣差别，但於人趣中以義攝之，庶盡内外原人之義耳。

【案】「性教」，指一乘顯性教。

【本段提要】前面三部分重在批評，由淺至深，節節破斥，層層揭示人的本質，而至真性，而後一部分則重在融合、會通，從真性本體出發融合偏淺各教，由此也顯示出宗密的三教合一思想。從體用關係看，這種融合也是依體起用，其中的方法論是基於大乘起信論。

謂初唯一真靈性，不生不滅，不增不減，不變不易〔一〕。衆生無始迷睡，不自覺知〔二〕，由隱覆故，名如來藏，依如來藏故，有生滅心相〔三〕。自此方是第四教，亦同破此已生滅諸相〔四〕。

校釋

〔一〕【發微録】「謂初」下，起信云：「所言法者，謂衆生心。」「衆」謂四聖，「生」謂六凡。詮序云：凡夫、聖賢根本，悉是靈明清淨一法界心。即同此文「一真靈性」。

【解】「謂初唯一真靈性」者，此句標宗，次「不生」下三句，顯相，即真如門意。彼云：「心真如者，即是一法界大總相法門體，所謂心性不生不滅。」與此大同也。乃至云：「畢竟平等，無有變易，不可破壞，唯是一心，故名真如。」

【案】「一真靈性」，相當於大乘起信論中的心真如門。「不生不滅」，用中道的方法從實體方面説明真性的特徵，指真心的恒常性，没有産生，也没有滅絶，超越生滅。此層意義，也是起信論中所明。「不增不減」，用中道的方法從空間的角度説明真性的特徵，超越具體事物的增加和減少的性質。此層意義，起信論中表述爲「畢竟平等」。「不變不易」，用中道的方法從運動的角度説明真性的特徵，指真心對具體事物運動特性的超越。此層意義，起信論中表述爲「無有變易」。上述三句，在起信論中均是對心真如之特性的描述。

〔二〕「知」，北藏跡本、寬永抄本、發微録本作「之」。

【發微録】「無始迷睡」，即法喻雙標。論云：「猶如迷人，依方故迷。」「迷」喻無明，「方」喻覺性。若準前文云：「然此虚妄之夢，必因睡眠之人。」則睡喻覺性，夢喻妄識。

【解】「衆生無始」下，派本從緣，此下即生滅門。初二句出生滅所以，由不悟故，全真如成生滅也。

【案】「不自覺知」，因迷而不覺自心本有真性，由此而起惑造業。這在起信論中是指的心生滅門。

〔三〕「隱」，寬永抄本作「陰」。

【解】「由隱覆故，名如來藏」者，即標生滅門所依法體。龍樹論於此，作兩重能、所依，初重以如來藏爲所依總相，生滅、不生滅二義爲能依別相；第二重以黎耶識爲所依總相，覺、不覺二義爲能依別相。今論云「依如來藏故，有生滅心相」者，正取如來藏，屬顯性教，「生滅心」者，屬後破相，相躡而起。

【案】「有生滅心相」，心生滅門的特徵就是有生有滅。此段意義，起信論表述爲「心生滅者，依如來藏故，有生滅心相」。

〔四〕「亦同破此已生滅諸相」，北藏茲本、嘉興茲本、代藩本、解本作「亦同破此已前生滅諸相也」，合解本作「亦同破此已前生滅諸相」。「滅」，寬永抄本作「減」。

【發微録】注「亦同」下，應云：「亦同破此已有生滅諸相。」「諸相」，即垢浄、增減，故心經云：「是諸法空相，不生不滅，不垢不浄，不增不減。」正同此也。

【合解】注「自此」下，依本會末，分之爲五，初會破相教。然破相教義通兩勢，若取空爲大乘初門，即合入始教，若取破相顯性，即同終教。圭峰以終、頓、圓合爲顯性，爲與法相躡迹相破，故開破相而以賢首終教義當之，故此所明，全同終教。

【案】「自此方是第四教」，即自此以下的内容會通第四大乘破相教的原人觀。

【本段提要】作爲會通之本體的真性，具有空寂的性質，相當於大乘起信論中所講的心真如門。衆生由於無明的作用，使真心隱覆不現，藏於煩惱之中，稱如來藏，依據如來藏，就産生具有生滅特徵的心相，相當於大乘起信論中的心生滅門。從心生滅門開始，融合大乘破相教的原人觀。

所謂不生滅真心，與生滅妄想和合，非一非異，名爲阿賴耶識〔一〕。此識有覺、不覺二義〔二〕。此下方是第三法相教中，亦同所説〔三〕。

校釋

〔一〕「不生滅」，北藏茲本、嘉興茲本、代藩本、發微録本、解本、合解本作「不生不滅」。【發微録】「所謂」下，起信云：「所謂不生不滅，與生滅和合。」今云真心即不生滅如來藏，妄想即生滅心相。故十地論云：唯真不生，單妄不成，真妄和合，方有所爲。【合解】此會破相教也。龍樹論不生滅即真如，生滅即根本無明。謂衆生迷時，根本無明起用，名獨力業相，能熏真如。真如被熏，起隨染用，名獨力隨相。真妄和合，名俱合動相，即黎耶細相，故曰「不生不滅，與生滅和合」等，良以單真不立，獨妄不成故。黎耶中通真及妄，方名真具分唯識也。「非一非異」者，即顯真妄不即離義。由真上隨緣，妄上體空，故真妄不異；由真上不變，妄上成事，故真妄不一。故勝鬘云：不染而染，難可了知；染而不染，難可了知。賢首用楞伽經意，以如來藏爲不生不滅，以七識爲生滅，此二和合，成黎耶識，故黎耶具生滅及不生滅。應知此中真妄和合，諸識緣起，總作四句：一、唯不生滅，謂如來藏，如水濕性；二、唯生滅，謂前七識，如波浪；三、亦生滅亦不生滅，謂黎耶識，如海含動静；四、非生滅非不生滅，謂無明，如起浪風緣。言「阿賴耶識」者，即標真妄和合識心名也，亦云「黎耶」，亦云「藏識」。

【案】「生滅妄想」，指心生滅門。「非一非異」，描述心真如門和心生滅門和合的狀態，既不是同一的，也不體現爲不同的差别。「阿賴耶識」，大乘起信論中的阿賴耶識與法相宗所講的阿賴耶識並不完全是一回事，在大乘起信論中，真心才是終極的本原，阿賴耶識只是真心緣生萬法次序中的第三個層次，是心真如門和心生滅門的非一非異的結合，它具有藏覆的特徵，但藏覆的是真心。法相宗中所講的阿賴耶識，直接就是萬法的終極本質，人的真正的本原，亦具藏覆的特徵，但藏覆的是生滅萬法的種子。

〔二〕【發微録】「此識」下，起信論云：此識有二種義：一者覺義，謂心體離念；二者不覺義，謂不如實知。詮序云：「覺是三乘賢聖之本，不覺是六道凡夫之本。」

【合解】「此識有覺、不覺二義」者，由前不生滅真心，故有覺義，由前生滅妄識，故立不覺義。龍樹論云：覺義者，是真如氣分故；不覺義者，是無明氣分故。

【案】「覺不覺二義」，依大乘起信論，阿賴耶識有覺和不覺兩重意義。所謂覺，是指心體離念，能離念就是佛法身。不覺就是有念。

〔三〕「亦同所説」，北藏茲本、嘉興茲本、解本、合解本作「亦同此説」，代藩本作「亦同此法」。

【解】「此下方是」，會法相教。言「亦同此説」者，良以此文正是起信終實教義，以深必該淺，派本成末，法相齊此，故曰「亦同」。前後「亦同」，皆例此釋。

【案】「此下方是第三」，自此以下的内容會通第三大乘法相教的原人觀。

【本段提要】心真如門和心生滅門相結合，而有阿賴耶識，由阿賴耶識直接緣生萬法。這個阿賴耶識是真妄和合的結果，本質上是空的，這就融合了大乘破相教，也開始和大乘法相教融合。

依不覺故，最初動念，名爲業相〔一〕。又，不覺此念本無故，轉成能見之識，及所見境界相現〔二〕。又，不覺此境從自心妄現，執爲定有，名爲法執〔三〕。此下方是第二小乘教中，亦同所説〔四〕。

校　釋

〔一〕【發微録】「依不」下，起信云：「一者無明業相，以依不覺故心動，説名爲業。」即此云「最初動念」也。

【解】言「依不覺故」者，然「覺」義中有本、始覺等義，自屬浄法上轉門中，非今所用，故略不明，但説不覺。言「最初動念，名爲業相」者，起信云：「一者業相，以依不覺故心動，説名爲業。」（中略）當知此約賴耶業相義説也。

【案】「業相」，這是從不覺而産生的第一種表現，大乘起信論中全稱其爲無明業相，意指從不覺産生的心動，這種心動稱爲業，覺則能使心不動。心動則會産生各種痛苦，各種痛苦是結果，心動是原因。這是三細相中的第一細相。

〔二〕「轉成」，北藏茲本、嘉興茲本、代藩本作「轉似」。「現」，寬永抄本無。

【發微録】「二者能見相，以依動故能見。」即此云「轉成能見之識」也。「三者境界相，以依能見故，境界妄現。」即此云「境界相現」也。

【解】言「又不覺此念」至「能見之識」者，起信云：「二者能見相，以依動故能見。」（中略）此當賴耶見分。言「及所見境界相現」者，起信云：「三者境界相，以依能見故，境界妄現。」（中略）即賴耶相分。此上三細屬賴耶識。

【案】「能見之識」，大乘起信論中指能見相，是從不覺而産生的第二種表現，指由心動而産生的主體的認識活動。心如果不動，則不會有這樣的認識活動。爲三細中的第二細。「境界相現」，指大乘起信論中所説的從不覺而産生的第三種表現「境界相」，所要説明的是，依據主體的認識，而有各種虚妄境界的顯現，如果能離開主體的認識，則没有境界出現。這是三細相中的第三細。

〔三〕「不覺此境」，北藏茲本、嘉興茲本、代藩本、解本、合解本此下有「但」字。「此」，北藏跡本作「比」。

【發微録】「又不」下，起信云：「智相，依於境界，心起分別。」即此云「從自心妄現」也。又云：「相續相，依於智故，生於苦樂。」即此云「執爲定有」也。

【解】言「又不覺」至「名爲法執」者，即六麤中前二相也。起信云：「以有境界緣故，復生六種相，云何爲六？一者智相，依前境界，心起分別，愛與不愛故。」（中略）即法執俱生也。「二者相續相，依於智故，生其苦樂，覺心起念，相應不斷故。」（中略）即法執分別。

【案】「不覺此境從自心妄現」，指大乘起信論中的智相。大乘起信論中說，由於有各種境界爲條件，又會産生六種表現（六麤相），即智相、相續相、執取相、計名字相、起業相、業繫苦相。智相是指六麤中的第一相，是依各種境界而産生的心的不同分別，分别出喜愛的和不喜愛的境界。「執爲定有」，執著於境界爲確定的實有，相當於六麤相中的第二相續相，即在智相的分別基礎上而相應地産生的快樂與痛苦的感受。「法執」即指執著於境界爲確定的實有，執著於事法爲實有。

〔四〕「第二」，代藩本作「有二」。

【解】「此下方是」下，會小乘教。

【案】「此下方是第二」，指自此以下的内容會通第二小乘教的原人觀。

【本段提要】阿賴耶識有覺和不覺兩種狀態，因爲不覺，而使阿賴耶識緣起萬法，按照大乘起信論，以不覺爲依據，而生起三種特徵（相），即無明業相、能見相、境界相。由於有各種境界相作條件，又産生六種表現，本段涉及前二種，即智相、相續相。這是對大乘法相教的原人觀的融合。

執此等故，遂見自他之殊，便成我執〔一〕。執我相故，貪愛順情諸境，欲以潤我〔二〕，瞋嫌違情諸境，恐相損惱，愚癡之情，展轉增長〔三〕。此下方是第一人天教中〔四〕，亦同所説。

校　釋

〔一〕【發微録】「執此」下，起信云：「執取相，依於相續，緣念境界。」即此云「遂見自他之殊」也。

【合解】此會小乘教也，即六麤中執取、計名二相也，躡前相續相起。起信云：「三者執取相，依於相續，緣念境界，住持苦樂，心起著故。」謂於前苦樂等，不了虚妄，深起取著，由取著故，「遂見自他之殊，便成我執」。此即我執俱生也。

【案】「便成我執」，指六麤相中的第三執取相，是在相續相基礎上，將相續相苦樂感受鞏固下來，內心生起虛妄的執著，稱爲我執。

〔二〕「潤我」，北藏茲本、嘉興茲本、代藩本、合解本作「潤之」。

〔三〕【發微録】「執我」下，起信云：「計名字相，依於妄執分別。」即此云「貪愛」、「瞋嫌」、「愚癡」之情也。

【合解】「貪」、「瞋」、「癡」，即當計名字相，躡前執取相起。起信云：「四者計名字相，依於妄執，分別假名言相故。」由不了順逆等境及與名言皆虛假故，計爲定實，遂於順情名相境上起貪，於違情名相上起嗔，不了二境，皆由癡故。

【案】「展轉增長」，所指的是六麤相中的第四計名字相，即依據於虛妄的執著，思慮分別假設的名言相狀，在此基礎上而有各種情執，有貪愛、瞋嫌、愚癡等情的生起。

〔四〕【合解】會人天中，標舉如注。

【案】「此下方是第一」，指自此以下的內容會通第一人天教的原人觀。

【本段提要】闡述阿賴耶識所產生的六麤相中的第三執取相和第四計名字相，是在法執基礎上所產生的我執，由我執而生貪、瞋、癡三毒。這是對小乘教的原人觀的融合。

故殺、盜等，心神乘此惡業，生於地獄、鬼、畜等中〔一〕。復有怖此苦者，或性善者，行施、戒等，心神乘此善業，運於中陰，入母胎中〔二〕。此下方是儒道二教，亦同所説〔三〕。

校釋

〔一〕「乘此」，北藏跡本、寬永抄本、發微録本此下有「之」字。「生於地獄」之「於」，北藏跡本、寬永抄本、發微録本無。

【發微録】「故殺」下，起信云：「起業相，依於名字，尋名取著，造種種業。」又云：「業繫苦相，以依業受報，不自在故。」釋云：惡業，即此殺、盜等等者，以十惡中但言殺盜之二，等取餘八也。心神，即妄心神識也。苦報，即此云「地獄、鬼、畜」也。

【解】依論會通，即起業、受報二相，由前三毒發動身口，造善惡業，業成招果，惡中殺、盜，善中施、戒，各等其餘，即十惡十善相翻，並屬起業相。三途、人、天，即受報相。

【案】「殺、盜等」，以此殺生、偷盜泛指十惡業，所指的是六麤相中的起業相，即依據假設的名言，追逐名言所指謂的事物，並執著於此，造種種業。「心神」，指阿賴耶識。「地獄、鬼、畜等」，指地獄、餓鬼和畜生三惡道，所指的是六麤相中的業繫苦相，即根據造作的業，而受相應的報應，這種報應不是人自身所能够自由選擇的，所以稱爲「苦」。

〔二〕【發微録】「復有」下，謂有怖三塗之苦者。「行施、戒等」，言「等」者，等取餘善也。「乘」者㊀，乘因感果也。「中陰」者，謂此陰既滅，彼陰未生，故於中陰。「入母胎中」，即人趣樂報也。

【解】言「復有怖此苦者」，謂遭苦發心，改惡修善故。「或性善者」，由慣熏習，成種性故，不因遭苦，自樂修善也。言「心神乘此，運於中陰」者，「心神」即賴耶識。「乘」者，憑託義。「運」者，轉也。心爲能乘，業爲能運，業如舟車，心神憑此轉入諸趣。言「中陰」者，亦名「中有」，謂死有之後，生有之前，中間所有五陰之身，名曰「中陰」，即以異熟五蘊爲體。五趣之中皆有中陰，除無色界但有四蘊，餘皆具有五根等。然其形量大小，各如本有之量。有云，人中有減半，如本有六尺，中有三尺。人天中有，其身潔白；三途中有，其身黑暗。一切中有以香爲食，隨其福力，香有差殊，隨趣勝劣，勝得見劣，劣不見勝，唯同類者得互相見。將往受生時，不見餘境，但見受生和合因緣，不揀遠近，刹那便至，勢力極速，金剛鐵石不能爲礙。言「入母胎中」者，俱舍頌云：「倒心趣欲境，濕化染香處。」謂卵、胎二生中有，由彼業力，遠見父母交會，起顛倒心。若男中有，於母起愛，於父起瞋，女者反此。由著樂故，而便迷悶，以迷悶故，中有麤重而便受生，故云「倒心趣欲境」。言「濕化染香處」者，謂濕生中有，染香受生，若受生緣會時，

㊀「乘者」，此下原衍「乘者」二字，今删。

不揀遠近，皆聞香氣，起染心已，彼便受生，隨業勝劣，香分好惡，故曰「染香」。若化生中有，染處受生，若受生緣會，不揀遠近，見受生處而起愛染，彼便受生，隨業善惡，處有浄穢也。然今論中正説人趣，故但言「入母胎中」也。

【合解】（上與解本同）有云，人中有減半，如本有六尺，中有三尺。有云，欲界中有，如五六歲小兒形量；色界中有，如本時形量。人、天中有，其身潔白；三途中有，其身黑暗。有云，當生地獄趣者，所有形狀，即如地獄，乃至當生天趣中者，所有形狀，即如彼天。中有、本有，一業引故。一切中有，以香爲食，隨其福力，香有差殊。有福中有，歆饗清浄華果食等，輕妙香氣，以自存活。若無福者，歆饗糞穢臭爛食等，輕細香氣，以自存活。又，彼所食香氣極少。中有雖多，而得周濟。隨趣勝劣，勝得見劣，劣不見勝，唯同類者，得互相見。所住時量，三説不同。一、世友尊者云極住七日。二、法救大德云住時不定，以受生緣有遲速故。若生緣未會，中有恒在故。三、設摩達多尊者云極遲不過七七日。若天中有，頭上足下；人、鬼、畜三中有，横行；地獄中有，頭下足上。有云天中有亦有横行者，當地受生故。有頭下者，上天生下天故。大抵從勝生劣，則頭下；從劣生勝㊀，則頭上；當趣生者，則横行。以此例推，五趣之中，皆應

㊀「生勝」，原作「勝生」，今乙。

爾也。將往受生時，不見餘境（下與解本同）。

【案】「性善」，在阿賴耶識中包含了善惡兩種因素，就其善的方面而言，借用儒家的説法，可以稱爲「性善」，真性則是無善無惡的。「施、戒等」，以布施、持戒泛指六度及一切善業。「中陰」，梵文 antarābhava 的意譯，亦稱中有，指人死後至轉生之前的一段中間狀態中的有情，是因果報應論中的基本概念。

〔三〕【解】「儒道二教，亦同所説」者，然儒道雖説稟氣，但溟涬而説，非如佛教本末詳悉。而佛教四大、五蘊中，則具含稟氣之氣，故今曲開以會之。屏山謂：西方有中國之書，中國無西方之説。此之謂也。又，彼溟涬所説之氣，得佛教發明，方能委曲詳盡。

【案】「此下方是儒道」，指自此以下的内容會通儒道二教的原人觀。

【本段提要】三毒又擊起身、口、意三業，三業有善有惡，所引的報應也不同，行惡業則入於三惡道中，行善行則可以生人道和天道中。這是對人天教的原人觀的融合。

稟氣受質〔一〕，會彼所説以氣爲本〔二〕。氣則頓具四大，漸成諸根〔三〕，心則頓具四蘊，漸成諸識〔四〕，十月滿足，生來名人，即我等今者身心是也〔五〕。故知身心各有其本，二類和合，方成一人〔六〕。天、修羅等，大同於此〔七〕。

校釋

〔一〕【發微録】「質」，身也。

【解】「稟氣受質」者，氣即父母赤白，中有攬之，以成形質，即周易所云「精氣爲物」也。

【案】「稟氣受質」，「氣」，即元氣，父母的赤白精血之氣，中陰依之，而使人形成。「質」，是人的肉體。

〔二〕【發微録】「以氣爲本」者，前文云：「萬物與人，皆氣爲本。」

【案】「彼」，指儒道二教。會通二教元氣論。

〔三〕【發微録】「漸成諸根」者，如佛爲難陀廣説胎相，在母胎中三十五箇七日，人相具足，即「漸成」也。「諸根」，即五根。

【解】言「氣則頓具四大」者，謂所稟氣中，便有地、水、火、風故。又，瑜伽云：爾時父母貪愛俱極，最後各出一滴濃厚精血，和合住母胎中，猶如熟乳。中有、賴耶依之而住，此即名爲羯羅藍位。言「漸成諸根」者，寶積經云：是諸衆生，託胎母腹，凡經三十八箇七日，有二十九種業風所吹，次第成就。第一七日，猶如酪漿；第二七日，狀如凝酥；乃至第三十七七日，念欲出生；三十八七日，滿足十月，向母産門倒卓而生。又云：從此已後，復經四日，方乃出生。凡經二百七十日，故云「漸成諸根」。

【合解】言「漸成諸根」者，寶積經云：是諸衆生，託胎母腹，凡經三十八箇七日，有二十九種業風所吹，次第成就。第一七日，猶如酪漿；第二七日，狀如凝酥；第三七日，狀如藥杵；第四七日，狀如鞋楥㈠；第五七日，分頭臂髀；第六七日，肘膝相現；第七七日，手足掌現；第八七日，二十指現；第九七日，九孔方現；第十七日，聲音具足；第十一七日，九孔開通；第十二七日，生腸節孔；十三七日，生饑渴想；十四七日，生九萬筋；十五七日，生八萬脉；十六七日，通出入息；十七七日，食道漸寬；十八、十九七日，六根具足；二十七日，遍生骨節；二十一至二十三七日，生血、肉、皮；二十四、二十五七日，長血、肉、皮；二十六七日，生髮、毛、爪；二十七七日，分善惡相；二十八七日，妄生八想；二十九、三十七日，黑白隨業；三十一至三十六七日，身相具足；三十七七日，念欲出生；三十八七日，足滿十月，向母産門，倒卓而生（下與解本同）。

【案】「頓具四大」，元氣又忽然具足構成人的肉體的地、水、風、火四大元素，由此四大可以進一步形成人的各種身體器官。「漸成諸根」，指胎兒各種身體器官的逐漸形成。

〔四〕【發微録】「諸識」，即五識。

㈠「鞋楥」，寶積經卷五十五作「温石」。

【解】以賴耶識是總報主，有王必有所故，而前五識要依根境方能發故，而處胎時，根境未具，故無前五，其六、七識，由無境故，亦無發用。出胎之後諸識方具，故曰「漸成」。由此，故說賴耶「來爲先鋒，去爲殿後」。

【案】「漸成諸識」，諸識是逐漸形成的，先有在胎中的第八阿賴耶識，其餘諸識須在出胎再形成。因爲前五識的形成，不但依賴於認識的器官，也依賴於外境，而在胎中是没有外境的，所以說胎中没有前五識。而没有前五識，六、七兩識也難以產生作用。

〔五〕【發微録】「十月滿足」者，或云，計日即唯九月。

【解】言「十月滿足」者，如前所說，通計在胎二百七十日，除小盡算，屬十月數。然約多分，故說十月，亦有五、七、八月，或一年生者，如羅雲㊀六年而誕，脅尊者六十年，老聃八十年，故知十月，多人如是。

【合解】（上與解本同）故知十月，多人如是。「業風吹」者，至三十七七日，其母腹中若干風起，開兒目耳鼻口，或有風起，染其髮毛，又有風起，成體顏色，或赤白黑，有好有醜，皆由宿行。在此七日中，生風寒熱，大小便通。至三十八七日，在母腹中，隨其本行，自然風起。宿行善

㊀「雲」，原作「去」，據北藏茲五、合解本改。

者，便有香風，可其身意，骨節端正，莫不愛敬。本行惡者，則起臭風，不可心意，吹其骨節，令瘻斜曲，使不端正，人所不喜。

【案】「十月滿足」，經十月懷胎，一朝分娩後，才真正算是人了。

〔六〕【發微録】「二類㊀」下，「身」即四大，「心」即四蘊，此二和合，方成人耳。

【解】「各有本」者，身以血氣爲本，心以業惑爲本。言「二類和合」下，結成，可知。

【合解】身以血氣爲本，心以業惑爲本，身心二類，合乃成人，儒道禀氣，於斯會矣。

【案】「身心各有其本」，構成人的身心兩部分各有不同的本原，色身以元氣爲本原，而心則以業惑爲本原。

〔七〕【發微録】「大同於此」者，人道既以身心和合，餘之五趣亦皆大同。又，若鬼趣色蘊，人見不及，非非天唯有細色，是亦小異。

【解】言「天、修羅等，大同此」者，同前「氣則頓具四大，漸成諸根，心則頓具四蘊，漸成諸識」。故起世經云：復有一種，以身善行，口、意善行，身壞命終，生於上天，彼天上識，初相續生，即共名色一時俱生。有名色故，即生六入。彼於天中，若是天男，即於天子坐膝邊生；若是天

㊀「類」，原作「頭」，據原人論改。

女，即於其母兩股内生。初出之時，狀如人間十二歲兒，彼天即稱是我兒女，云云。然且約欲界，若上二界，但由定力引生，而無色界但有四藴，無四大麤色，應説上二界但以心爲本。言「脩羅」者，梵語阿脩羅，古翻無酒，亦云不飲酒神，謂海水醎苦，釀酒不成，因茲不飲，新云阿素羅，此云非天，謂受福如天，無天實德，故曰非天。前人天中而不别説阿脩羅者，由此脩羅通四生故，四趣攝之。「等」者，等諸僊也，如楞嚴開十種僊，諸教之中不别説者，合人中故，既屬人中，與前人同。

【合解】（上與解本同）前人天中而不别説阿修羅者，由此修羅通四生故，四趣攝之。謂卵生修羅，鬼趣所攝；胎生修羅，人趣所攝；化生修羅，天趣所攝；濕生修羅，畜趣所攝，故不别開。又，此「等」者，等諸仙也，楞嚴經云：「復有從人不依正覺修三摩地，别修妄念，存想固形，遊於山林人不及處，有十種仙。所謂堅固服餌而不休息，食道圓成，名地行仙；堅固草木而不休息，藥道圓成，名飛行仙；堅固金石而不休息，化道圓成，名遊行仙；堅固動止而不休息，氣精圓成，名空行仙；堅固津液而不休息，潤德圓成，名天行仙；堅固精色而不休息，吸粹圓成，名通行仙；堅固呪禁而不休息，術法圓成，名道行仙；堅固思念而不休息，思憶圓成，名照行仙；堅固交遘而不休息，感應圓成，名精行仙；堅固變化而不休息，覺悟圓成，名絶行仙。此等皆於人中鍊心，不修正覺。斯亦輪迴，妄想流轉，報盡還來，散入諸趣。」諸教之中不别説者，合人中故。既屬人中，與前人同。

【案】「天、修羅等，大同於此」，天、阿修羅等其餘五趣的稟氣受生情形，也和人大致相似，也是色心的和合。

【本段提要】這一段會通儒道二教的元氣論的原人觀。元氣論以夫婦合氣，而人生其中。佛教認爲，夫婦合氣，精血結合受胎之時，中陰便進入母胎中依附之，逐漸發育生長，成具人形。胎兒的肉體方面是稟受父母的元氣而成的，形成各種器官，精神方面則由中陰而發展成各種感知的能力，經十月懷胎，出生爲人。其他五趣的形成途徑，也和人的産生大致相似。

然雖因引業受得此身，復由滿業，故貴賤貧富，壽夭病健，盛衰苦樂〔一〕。謂前生敬慢爲因，今感貴賤之果，乃至仁壽殺夭，施富慳貧，種種別報，不可具述〔二〕。是以此身，或有無惡自禍、無善自福，不仁而壽、不殺而夭等者，皆是前生滿業已定，故今世不同所作，自然如然〔三〕。外學者不知前世，但據目覩，唯執自然〔四〕。會彼所說自然爲本〔五〕。

校　釋

〔一〕【發微録】「然雖」下，俱舍云：「引業引一生，多業能圓滿。」猶如績像，先圖形狀，後填衆彩。

「受得此身」，即先圖形狀也。「貴賤貧富」，即後填衆彩也。然其引業能造之思，要是第六意識所起，若其滿業能造之思，從五識起。又，此引、滿二業，亦名總、別二報，總別交絡，有其四句：一、總報善，別報不善，謂人受貧窮、疾病等；二、總報不善，別報善，謂畜生有肥好等；三、總、別俱善，謂人受富貴等；四、俱不善，謂畜生有盲、跛者。今此既原人身，唯取第一句「人受貧㈠窮、疾病」，即同此文貧賤病苦也。第三句「人受富貴」等，即同此文富貴盛樂也。其第二、第四兩句，既是畜生總別二報，故不引配耳。

【解】從此已下二段，先舉論文，後以注指，不同前文注先標舉，隨作者意，不拘一軌耳。此文承前「心神乘此，運於中陰」處來，前文大意，由持五戒，今得人身。外人難云：既由善業感得人身，人身既同，則應貴則同貴，賤則同賤，何故不同？故今答云：引業招總報，滿業招別報。總報同者，引業同故；別報異者，滿業不同故。言「引業」者，唯識云：「勝業名引，引餘業生故，報亦名引，引餘果故。」言「滿業」者，謂能成滿總報果事故。因果皆㈡有「滿」義，如人修五戒時，或敬或慢，或施或慳等，由此二業，引、滿不純，故於果中總、別報異。總、別善惡，應作四句分別：一者，總善別不善，謂人中貧病等；二者，別善總不善，如畜有肥好莊嚴等；三、總別

㈠「貧」，原作「貪」，今改。
㈡「皆」，原作「發」，據北藏茲五、合解本改。

俱善，如人中壽福等；四、總别俱不善，如畜中盲、跛等。故俱舍云「一業引一生，多業能圓滿」是也。

【案】「引業」，與滿業相對，指能引起果報的業，特别是感得果報的主要部分的業，所引起的報應稱總報。「滿業」，與引業相對，指能引起差别果報的業，所引起的報應爲别報。比如衆生能生入人道中，這是由於引業的作用，但在人道中的更細微的差别，是貧是富等，則是由於滿業的作用。

〔二〕「慳貧」，發微録本作「慳貪」。

【發微録】「謂前」下，前生敬人爲因，今感尊貴爲果；前生慢人爲因，今感卑賤爲果。乃至前生行仁爲因，今感長壽爲果。餘皆例之。

【解】此則於前三報之中生報果也，文中因果一一相合，意云：前生恭敬於人，今感尊貴之果；前生輕慢於人，今感卑賤。文舉「敬慢」，以例其餘，故云「乃至」。「仁壽」已下，即所例也，仁、殺、施、慳爲因，壽、夭、富、貧爲果。言「種種别報」者，即姸醜智愚之類，各以因果相屬明之，在五果中即等流果也。

【案】「仁壽殺夭」等，這是報應的一般狀況，行善得善報，行惡得惡報，也是儒道所能理解的報應形式。

〔三〕「不同所作，自然如然」，北藏兹本、嘉興兹本、解本、合解本作「不因所作，自然而然」，代藩本作「不因而作，自然而然」。

【發微録】「自然如然」者，言非使之然也。

【解】此中「無惡自禍」等，與前「無行而貴，守行而賤」等大意全同，但前舉之意在反彼所執，今所明者，正顯宿業差殊，而前事迹可引用爾。今且略舉其一，如云「不殺而夭」者，「不殺」，仁也。孔聖嘗曰：「仁者壽。」又嘗歎顔子曰：「回也，其心三月不違仁。」若責仁壽於一世，則顔子宜其壽矣，何不幸而短命乎？蓋自顔子宿世或曾殺生所致，而現世之仁不能排遣於定業也。故云「皆是前生滿業已定」云云。舉此一端，餘悉可較。然因果之説，孔老亦嘗言之矣。老子云：「天道好還。」夫子云：「積善之家必有餘慶。」曾子云：「出乎爾，反乎爾。」孟子云：「愛人者，人恒愛之；敬人者，人恒敬之。」皆因果也，而但言乎一世，不説過去、未來，故求其實，或時不驗。唯佛具宿住智通，及過、現、未來業報智故，視無量劫本生本事猶如目㊀擊，故高談因果以警悟世人，使雖居暗室，尚知畏懼，縱能欺人於現世，將知不免於當來？此其助世教於冥冥之中者，功不淺矣！彼闡提之輩尚謂吾佛以因果之説誑惑愚俗者，斯亦不仁之甚哉！

㊀「目」，原作「月」，據北藏兹五、合解本改。

【案】「無惡自禍」等，這是衆生現世的行爲與其在現世的生存狀況不相符合的表現。這類情形，其現世的生存狀況其實是與其前世所造的業相應的，是其前世造業在現世的報應，這類社會現象是儒道所不能解釋的。「不同所作」，衆生現世所造作的業和其現世所得的報應不相符合，如「無惡自禍」等情形。

〔四〕「執」，代藩本作「知」。

【合解】「外學不知」下，結會迷執。

【案】「外學者」，指習儒道者。

〔五〕【發微録】「自然爲本」者，前文云「萬物皆是自然生化」。

【案】此明本段的内容會通了儒道二教的自然論的原人觀。

【本段提要】這一段以業報論會通儒道二教的自然生成論的原人觀。衆生今生的善惡苦樂之報，都由自己所造的業所引起的，只要造業，自然會有報應，自然如此。業報分爲三種，即現報、生報和後報。現世造業，自然會引起現報，也會引起生報和後報。前世造業，自然也能引起在現世的報應。從這種報應論的角度來看，衆生在現世的苦樂狀況，有與其現世所造的業不相應之處，如行善而禍，行惡而福等類，乃是由其前世所造之業在現世的報應。這在自然論者看來難以解釋的難題，在業報論中是十分簡單的。自然論者只知道執著於自然爲本，而不知業是自然之本的更深層的原因，不知道人的前世存在。

復有前生少者修善，老而造惡，或少惡老善，故今世少小富貴而樂，老大貧賤而苦，或少貧苦，老富貴等故〔一〕。外學者不知〔二〕，唯執否泰，由於時運〔三〕。會彼所説皆由天命〔四〕。

校釋

〔一〕「少者」，北藏茲本、嘉興茲本、代藩本、解本、合解本作「少時」。

【發微録】「復有」下，文有四句，皆隔句以示因果。「前生」下，初句爲因，「故今」下，第三句爲果，第二句或前生「少惡老善」爲因，第四句或今世「少貧苦，老富貴」爲果。

【合解】前會道宗自然，此會儒宗天命也。

【案】此明衆生一生中前後生活狀況的不同，也是與其前生中前後所造不同的業相應。

〔二〕「外學者不知」，北藏跡本、寬永抄本、發微録本無「不知」二字，北藏茲本、嘉興茲本、代藩本、解本、合解本則無「者不知」三字。

〔三〕【發微録】「否泰」者，周易二卦之名也。「否」者，天地不交而萬物不通也。「泰」者，天地交而萬物通也。故雜卦[一]云：「否泰反其類也。」「由於時運」者，時塞即止，否也；時行即通，泰也。

【解】言「否泰」者，即周易二卦名，乾上坤下曰「否」，坤上乾下曰「泰」。「泰」者，通也，天地交接，萬物通生。「否」者，塞也，天地不交，陰陽閉塞也。故人之時運窮通，象彼二卦，故曰「否泰」。言「由於時命」者，世俗謂達與不達，是命，遇與不遇，是時。如此，術數推占能知人之休咎，云某年當有災，某年當有喜，故曰陰陽注定，禍福莫逃，而不知是宿業所致。如前所説，時定報不定等四句所明，或能追悔曩愆，尚可迴轉。故世有積功累德能延年却禍者，此由不定業，可轉重令輕、轉輕令不受也，孰謂否泰由天命而不可損益乎？而外學者尚曰天也，是不違哉？

【案】「否泰」，周易中有否卦和泰卦，「否」指天地不相交，「泰」爲天地相交，「否」則失利，「泰」則亨通，表達了否極泰來的思想，指事情發展到一定程度，就會走向其對立面。宗密在這裏以否泰比喻人的命運。「時運」指命運。

〔四〕【案】此明這一部分的内容會通了儒道二教天命論的原人觀。

[一]「雜卦」，原作「離卦」，今改。

【本段提要】這一段又用業報説會通儒道二教天命論的原人觀。天命論者以一切都由於天，定於命，不可改變，但從佛教業報論的角度來看，衆生在今生的苦樂善惡之報，都是由他們前世所造的業而決定的，天命論者只知天命，却不知業，不知業是天命的更深層的本質。

然所稟之氣，展轉推本，即混一之元氣也；所起之心，展轉窮源，即真一之靈心也〔一〕。究實言之，心外的無別法，元氣亦從心之所變〔二〕，屬前轉識所現之境，是阿賴耶相分所攝〔三〕。

校釋

〔一〕【發微録】「所稟之氣」，即稟二氣受身也。「展轉推本」者，推於萬物，本乎天地，推於天地，本乎元氣也。「所起之心」，即六識之心也。「展轉窮源」者，窮前六識，本乎末那，窮第七末那，本乎賴耶，窮第八賴耶，本乎一心源也。

【解】於中先推氣本。此所稟氣，即前所會以氣爲本。言「展轉推本」者，謂此血氣之身，本乎父母陰陽之氣所成，父復從祖，祖從曾祖，迤邐推至最初天地未分，則自混元一氣也。此順世俗，且作是説，以收前稟氣之義，下當會之，令同内教。言「所起之心」下，推心本，即前「心則頓具四藴，漸成諸識」。此推心本，外教所無。周易但云「游魂爲變」，而不備明游魂之相，復何爲本。言「展轉窮源，即一真靈心」者，謂此心本從前世善惡業招，業又從惑，惑從執起，執由三細，三細由不覺，不覺由迷真，所迷之真，即靈心也，故云爾耳，非佛教了義，安能臻此？

【案】「混一之元氣」，指儒道對作爲本原之元氣的規範，混沌一體，陰陽未分。這是構成人身的本原。「真一之靈心」，宗密對人的終極本原的規範，真實唯一的靈知之性。這是構成人心的本原。

〔二〕「心外」之「心」，寬永抄本無。

【發微録】「心外」下，即真心外的無别法，以總該萬有，即是一心矣。「從心」下，即真心隨緣也。

【解】前約身心别分，似各有本，此以身心相望，則身又從心所變，心外無法，則知元氣亦自心生。然外教乍聞此説，定生驚駭，然此尚約妄識，猶能如是，況真心乎？大經云：「心如工畫師，能畫諸世間。五藴悉從生，無法而不造。」

【案】此明身之本最終也依心之本，原無身心二本，爲方便説，而示兩者，窮實而言，混一元氣也是以真一靈心爲基礎的。這一觀點，是陸王心學的理論淵源，朱熹哲學中「理—氣—物」的模式，也受此啓發。

〔三〕【發微録】「相分所攝」，謂元氣屬相分攝耳。

【解】言「屬前轉識所現之境」者，即九相中第三相也。「是阿賴耶相攝」者，即以轉識見分爲能現故，此相分爲所現也。

【案】「轉識」，在法相宗中，轉識指八識中的前七識，這七識都是由阿賴耶識中的種子轉變而來，成爲現行的、正在發生變現與了别作用的心識，從而對阿賴耶識具有能熏的作用。在大乘起信論中，轉識指阿賴耶識因不覺而産生的三相中的第二能見相，即依據無明業相而産生的心動。在這裏宗密指的是法相宗中的説法。「相分」，法相宗中八識的二分（見分和相分）之一，相當於認識的客體。

【本段提要】宗密提出了真心一元論的宇宙觀和原人觀。人由色心或形神相合而成，元氣構成色的部分，真心構成心神的部分，但元氣就其本質而言，也是從真心而有的，是真心通過阿賴耶識變現出來的。唯一存在的只是真心，真心之外没有一法。

從初一念業相，分爲心境之二〔一〕。心既從細至麤，展轉妄計，乃至造業〔二〕，如前叙列〔三〕。境亦從微至著，展轉變起，乃至天地〔四〕。

校釋

〔一〕【發微録】「初一念」即三細中第一業相，「心」即第二轉相，「境」即第三現相。

【解】由根本無明熏真如，真妄和合，成俱合動相，即賴耶證自證分，從此漸成枝末無明。最初心動，名爲業相，即自證分。依此業相，轉成能見，故名轉相，即是見分。依能見心，境界妄現，名爲現識，即屬相分。前云元氣，即此相分現相攝也。

【案】「一念業相」，指因阿賴耶識的不覺的特徵而生起的心的三種細微變化（三相）中的第一細，無明業相或業識。「分爲心境之二」，即三細中的後二種，「心」指第二能見相，或轉識，「境」指第三境界相，或現識。

〔二〕【發微録】「心既從細至麤」者，謂轉相從業相起也，以業相是細中之細，轉相是細中之麤耳。「展轉妄計」，即六麤中智相、相續、執取、計名四麤也。「乃至造業」，即第五麤起業相也。其第六麤業計苦相，即下文「業成即身成」也。

【合解】此辨心境始末也。上文從末逆推至本，此文從本順推至末，以結成身相也。賴耶見分，從細至麤。

【案】「從細至麤」，心的變化是從細微之相向麤濁之相發展。三細中，業識爲細中之細，現識爲細中之麤。轉識對業識爲麤，對現識爲細。「展轉妄計」，指心的六麤相中前四麤相即智相、相續相、執取相、計名字相的先後生起。「乃至造業」，指六麤中的第五起業相。

〔三〕「如前叙列」，合解本無。「叙列」，寬永抄本作「例」。

〔四〕【發微録】「境亦從微至著」者，謂現相亦從轉相起也。「微」、「著」，即麤細，變其文耳。「展轉變起」，即根身、種子。「乃至天地」，即器世間。

【解】言「從微至著」者，三細相分曰「微」，以未離本識故。「乃至天地」者，由二執展轉熏習，不了唯識所變，一向執爲外物，是麤著也。「著」謂顯著。

【合解】賴耶相分，從微至著。

【案】「從微至著」，三細中的細中之麤的境界相也是從更細微的二相中産生起來的。「展轉變起」，指境界從根身、種子到天地萬物的先後産生。

【本段提要】真心緣起人和天地萬法的過程，是由不生不滅的心真如門與有生滅變化的心生滅門相結合，形成阿賴耶識，依阿賴耶識的不覺的特徵，而有三細六麤的心和境的生起，這是阿賴耶識相分的變化過程。

即彼始自太易，五重運轉，乃至太極，太極生兩儀〔一〕。彼説自然、大道，如此説真性，其實但是一念能變見分〔二〕。彼云元氣，如此一念初動，其實但是境界之相〔三〕。

校釋

〔一〕「乃至太極」之「太極」，寬永抄本無。

【發微録】注「即彼」者，指儒教也。易緯曰：「氣象未分，謂之太易；元氣始萌，謂之太初；氣形之端，謂之太始；形變有質，謂之太素；形質已具，謂之太極。」彼「五重運轉」，例此「從微至著」也。

【解】注中會通外教之説。言「即彼始自太易」，乃至「兩儀」者，即指前「從微至著」，同五運也。言「五重運轉」者，即周易鉤命訣云：「一曰太易，二曰太初，三曰太始，四曰太素，五曰太極。」如前已釋，「太極生兩儀」，即前「乃至天地」是也。

【案】「太易」，指中國古代關於世界形成的最初階段的概念，爲形象未分時期，未見元氣時期。「五重運轉」，中國古代宇宙學説中關於世界形成時天地未分之前最初變化的五個階段的理論，即太易、太初、太始、太素、太極。太初指在太易之後的元氣清濁未分時期，爲元氣的最初形態。太始指在太初之後，元氣開始顯現出形象。太素是指具有不同性質的各種事物的形成時期。太極是指已經形成的具體事物。「太極生兩儀」，這裏的太極和五重運轉中的太極並不是一回事，五重運轉中的太極是天地未分時期各個演變過程中的最後一個階段，而這裏的太極是指最初的本原，由太極而分化出陰陽兩種不同性質的要素。

〔二〕【發微録】「彼説」下，指道教也。「能變見分」，即第二轉相。

【解】「彼説自然」下，揀濫。因前會外教之説，恐人便謂孔老所説大道、元氣應與此中法性義同，恐成相濫，故須揀之。謂老氏云：「杳兮，冥兮，其中有精。」又云：「視之不見曰微，摶之不得曰夷，聽之不聞曰希。」又云「寂兮，寥兮，獨立而不改」等，似佛教中説真如法性之義。「其實」下，正揀。「能變見分」，雖是内教，然是妄識，異於真心。問：何以得知是能變見分耶？答：此識初轉，未有所緣，是「獨立而不改」義；有能見用，是彼「其中有精」；從此展轉，方有境界，是「爲天下母」義，故知是也。然約一分義同，未必全是，且勿認著，蓋離識外無別萬法，縱説大道，豈離識耶？

【案】「能變見分」，指三細中第二能見相。「見分」，法相宗八識具有的二分之一，相當於認識的主體。

〔三〕「如此」，寬永抄本、發微録本此下有「説」字。

【發微録】「元氣」，儒道二教皆宗之。「一念初動」，即第一業相。「境界之相」，即第三現相耳。

【解】「彼云」下，前約能變收彼大道，此約所變收彼元氣。彼説元氣在物之先，似黎耶識初動之義。「其實」下，揀，如前已明，亦以離識無別氣故。雖是揀濫，亦兼收之。

【案】「一念初動」，指三細中第一無明業相。「境界之相」，指三細中第三境界相。

【本段提要】宗密用阿賴耶識的理論，再次會通佛教和儒道二教的原人觀。儒家的太易説，道家自然爲本論中所講的自然、道本論中所講的大道，都相當於阿賴耶識的見分。儒道所説的元氣，則相當於佛教所説的阿賴耶識的相分。

業既成熟，即從父母禀受二氣，與業識和合，成就人身〔一〕。據此，則心識所變之境乃成二分，一分即與心識和合成人，一分不與心識和合，即成天地、山河、國邑〔二〕。三才中唯人靈者，由與心神合也〔三〕。佛説内四大與外四大不同，正是此也〔四〕。

校釋

〔一〕「與業識和合」，北藏茲本、嘉興茲本、代藩本、解本此上有「氣」字。

【發微録】「業既」下，謂過去已熟之業爲因，此世父母赤白二氣爲緣，與初念業識和合，漸成人耳。

【解】以業爲内，業屬心故，以氣爲外，氣成身故。識如弄獅子人，父母二氣如獅子皮，氣與業識和合，如人在皮中，成就人身，如獅子跳躍，似有作用，故人出則獅子不能運動，識去則形骸之身死矣。又，攝論㊀云：「譬如幻化人，復作幻化人。如初幻化人，是則名爲業。幻化人所作，是名爲業果。」此論六句，初二句舉喻，後四句法合。且喻意者，如昔壺公善幻術，一日，於鄽肆困卧，有一婦人自壺中出，婦亦懸壺行立，良久，見壺公困卧不覺，於自壺中化出肴酒及一男子，與共勸飲。少時，壺公將覺，婦以肴酒及幻男子内自壺中，既而婦人亦入壺公之壺中，所

㊀ 據澄觀華嚴疏鈔卷十二引此偈，指爲中論偈。偈見中論觀業品，但有差異。

謂「幻化人復作幻化人」也。法合中，初幻化人，如彼婦人，喻能感業；幻人所作，如彼男子，喻業所成身。應以壺公喻賴耶也。故知此身外暨天地萬物皆幻中幻也。如夢中說夢，未知是夢，斯之謂也。業所成識，名「業識」也。

【案】「業既成熟」，指六麤相中第六業繫苦相。

〔二〕「一分即與」之「即」，北藏兹本、嘉興兹本、代藩本、解本、合解本無。「不與心識和合」之「識和」，北藏跡本、寬永抄本、發微録本無。「即成天地」，北藏本、嘉興兹本、代藩本、寬永抄本、發微録本、解本、合解本作「即是天地」。

【發微録】「心識」，即業識也。「與識和合」，即心有知覺。「不與心合」，即想枯澄凝。故楞嚴云：「想澄成國土，知覺乃衆生。」若對三境，「和合成人」，即根身、種子；「天地國邑」，即器世間。

【解】前文從「初唯一真靈性」下，次第派本成末，至前「十月滿足，生來名爲人」，則内教源人之義備矣。又以宿業差别會儒道所説自然、天命，至於業熟稟氣，成就人身，已盡内外之説，無所遺矣。今此一段，則就内教，心能變境，境有内外，故成情器之異，然後知會萬化而唯心者，唯佛教有之矣。外學不知，妄謂以小緣大者，自其坐井而謂天小耳，烏足與語道哉？言「所變之境成二分」者，謂諸識生時，雖有多緣，要略唯二：一者根身，識所依故；二者器界，識所緣故。所依之中，有總有別，總謂一身，別即五根，謂眼耳鼻舌身，諸識依此，方能發故。能依、所依，不相捨離，故云「與識和合成人」。所緣之中，總名曰境，別則有六，謂色聲香味觸法。論中爲對外教執天地生萬物，故特言之，而前六境並在天地之中，故舉天地以總收之。然天地等皆色法攝，廣如百法等説。

【案】「二分」，心識變現世界的二個部分：一是變現有情根身，二是變現無情萬法。

〔三〕【解】外教云：「天生萬物，唯人最靈。」彼宗則以人及萬物皆稟天地之氣，故曰「天生萬物」，而於所稟之中，得天地之正氣者爲人，故以人爲最靈。今内教説則不如是，謂此血肉之身，由與心神合故，蓋由心識宿世熏習所成，故能思慮等。雖禽畜等亦有心神，而無明深厚，諸識昧劣，故異於人，非干氣也。所稟之氣，但成血肉之身，此血肉身，但心神之屋宅耳，如傀儡之屈伸語笑，豈木偶之能然哉？

【案】「三才」，即指天、地、人三者。「唯人靈」，人的殊勝之處。

〔四〕【發微録】「内外四大」者，「内」謂自他身内所有堅者，即毛髮等；「外」謂自他身外所有堅者，即土石等。地大既爾，餘之三大亦然。「不同」者，和合與不和合也。

【解】此通指諸經論説。「内」則皮肉等爲地，精血等爲水，暖氣爲火，動轉爲風，如前小乘教説。「外四大」可知。若内四大則又以因受大種，謂藏識持種故，則有執受者爲内，無執受者爲外。言「正是此」者，由前心識所變成二分故，及人捨壽無執受故，内亦成外。故懺云「死者，盡也。氣絶神逝，人物一統」者，謂内四大同外四大，故曰「一統」。然世俗執禀氣者，見人死氣消，謂之氣散爲死，殊不知四大之中，火風二大性輕舉故，死則先散，地水後之，正意以賴耶去體，非干氣也。

【案】「内四大」，人身之内的地、水、火、風四大元素，皮肉爲地，精血爲水，暖氣爲火，呼吸爲風，因爲對藏識中的種子有執受，所以稱爲「内」。「外四大」，指身外的地、水、火、風四種元素，因爲對藏識中的種子没有執受，所以稱爲「外」。

【本段提要】由於六麤中第五起業相的作用，而引起相應的報應，心識乘善業而進入中陰，受父母之氣，形成人。真心不只是人的本原，也是天地萬物的本原。

哀哉寡學，異執紛然〔一〕。寄語道流，欲成佛者，必須洞明麤細本末，方能棄末歸本，返照心源〔二〕。麤盡細除，靈性顯現，無法不達，名法、報身，應現無窮，名化身佛〔三〕。

校釋

〔一〕「紛」，寬永抄本無。

【發微録】「哀哉」，悲歎之辭。「寡」者，許慎曰「少」也；「學」者，楊雄曰「覺」也。「紛然」，亂貌。通而言之，少學之人，異端妄執，紛然而亂，故肇公云：「異端之論，紛然久矣。」

【解】異執之義，廣如前説。「紛然」者，絲亂之狀也。

【案】「異執」，指不能以真心爲人的終極本原的各種外道及偏淺之教。

〔二〕「棄」，寬永抄本作「乘」。

【發微録】「寄語道流」，即學道之流無外，亦云「寄言後哲」，宜乎介懷。「麤細」約惑，次文辨之。「本末」約教，謂棄前二篇之末，歸直顯真源之本，故云「返㈠照心源」也。

【解】論主愍前寡聞異執，不達身本，故此勸之。學道之流本求成佛，不達其本，徒事勤勞。言「必須」者，謂決定經由此道，離此别無成佛要門故。「洞」者，通也，見解通徹無偏滯也。「麤細本末」者，「麤細」即九相等惑，「本末」即真妄等法。但不隨妄念，即是「棄末」。了性圓明，即是「歸本」。譬如有人迷失家鄉，淹留外郡，忽逢親友，示以家山，便當捨他國之艱辛，返故鄉而快樂矣。「返照心源」者，謂以了因之始覺，還照正因之本覺，知真本有，達妄元空。大經云：「不能了自心，云何知正道？彼由顛倒慧，增長一切惡。」是知若不先了本心，設使多劫勤

㈠「返」，原作「變」，據原人論改。

修，非真修故，如磨瓠作鏡之説也。

【案】「道流」，學道者流，即修學佛法的人們。「麤細本末」，「麤細」，指心的妄念，三細六麤；「本末」，指諸教的了與不了，了義教爲本，不了義教爲末。

〔三〕「應現」，北藏本、嘉興兹本、代藩本、寛永抄本、發微録本、解本、合解本此上有「自然」二字。
「化身佛」後另起一行的卷末文字，底本、北藏跡本、嘉興跡本、寛永抄本爲「原人論」，北藏兹本、嘉興兹本、代藩本爲「華嚴原人論」。

【發微録】「麤盡細除」，即起信隨分、究竟二覺，論云：「念無住相，以離分別麤念相故，名隨分覺。」又云：「覺心初起，心無初相，以遠離微細念故，名究竟覺。」「靈性」，即法身，故論云：法身顯現，「自然而有不思議業種種之用」。故云「無法不達」也。法身是理，報身是智，理智冥合，如珠與光，即發化用，故曰「應現無窮」矣。

【解】即如磨鏡，「靈性顯現」，如彼鏡明；「無法不達」，類觸處以光輝；「應現無窮」，若隨形而示影。言「名法、報身」及「化身佛」者，然三身之義諸教皆談，今就大乘略明梗概。一、依法相宗。一法身者，以出纏真如爲體，但是凝然不變之性，在纏名如來藏。出纏與無爲功德爲所依故，名曰「法身」。二報身者，酧因名「報」。謂諸菩薩藏識具有四智菩提種子，在因中時，障覆不現，由聖道力，斷彼二障，令從種起，直至等覺位後解脱道中，轉賴耶識成圓鏡智，於色究竟天坐華王座，十方諸佛流光灌頂，根塵相好徹周法界，受用法樂，不對機宜，名「自報身」。即以真無漏五蘊爲體，復由依定起用，應十地機，令他受法樂，名「他報身」。二報開合，隨時説異。三化身者，變現爲義。依前報身後得智中起大悲心，依大悲心現三類化身：一者千丈大化身，應地前類，説大乘法；二、丈六小化身，應二乘機及諸凡夫，説三乘法；三、隨類化身，謂猿中現猿，鹿中現鹿等。此他報身及三類化，皆以似無漏五蘊爲體。二、依法性宗。所説三身依體、相、用三大而立。起信云：「一者體大，謂一切法真如平等，不增減故。」釋曰：性體當相，即法身也。「二者相大，謂如來藏具足無量性功德故。」釋曰：依不空藏，性德本具，修行出障，與此相應，名真報也。「三者用大，能生世間、出世間善因果故。」釋曰：謂佛隨染業，幻自然大用，應地前類及諸凡夫，令始成世善，名化身。若他報身，隨登地機説大乘法，令終成出世善也。今論言「法、報身」者，謂以性德合於性體，理智不二，法報一源也。故金光明經云：「唯如如及如如智獨存。」斯亦二身義也。若華嚴宗説，遮那佛具兩種十身。一約融三世間爲十身：一衆生身，二國土身，乃至十虚空身。二就佛身上自具十身：一菩提身，二願身，乃至十智身。此二種十身，若與三身相攝者，如前十身中法身、虚空身，即三身中法身，如來身、智身即報身，攝餘六，通法化，謂法身體故，應物示現國土等故。二約内十身中者，法身全同，菩提、願、化、力持、意生五身，即同化身，相好、威勢、福德三身，通報、化，智通三身，局唯法、報。

今論所明，即法性宗及圓教也，以本統末，亦攝諸宗矣。

【合解】（上與解本同）若華嚴宗説，遮那佛具兩種十身：一約融三世間㊀爲十身：一衆生身，二國土身，三業報身，四聲聞身，五緣覺身，六菩薩身，七如來身，八智身，九法身，十虛空身。二就佛身上自具十身：一菩提身，二願身，三化身，四力持身，五相好莊嚴身，六威勢身，七意生身，八福德身，九法身，十智身。此二種十身，若與三身相攝者，如前十身中法身、虛空身，即三身中法身。（下與解本同）

【案】「法報身」，即佛的法身和報身，或稱法身佛和報身佛，與化身佛合爲三身佛。「法身」是佛以法成身，一身具足一切佛法，指法性和功德。「報身」指以佛的法身爲因，通過修習而獲得的佛果之身。「化身佛」，佛的變化之身，指佛爲了適應不同的需要而顯現的佛身。

【本段提要】由上述從末至本的節節破斥，又由從本至末的節節會通，顯現真性的本原作用，揭示了修學的一般原則，即棄末歸本，返照心源，從自心入手，發明本性，去除一切麤細等妄念，自然就是法身佛、報身佛、化身佛。

㊀「間」，原作「開」，據解本、澄觀華嚴經疏卷一改。

附録

一、宗密生平自述

宗密髫專魯誥，冠討竺墳，俱溺筌罤，唯味糟粕。幸於涪上，針芥相投，禪遇南宗，教逢斯典。一言之下，心地開通，一軸之中，義天朗耀。頃以道非常道，諸行無常，今知心是佛心，定當作佛。然佛稱種智，修假多聞，故復行詣百城，坐探群籍。講雖濫泰，學且師安，叨沐猶吾之納，謬當真子之印。再逢親友，彌感佛恩，久慨孤貧，將陳法施。採集般若，綸貫華嚴，提挈毗尼，發明唯識。然醫方萬品，宜選對治，海寶千般，先求如意。觀夫文富義博，誠讓雜華，指體投機，無偕圓覺。故參詳諸論，反復百家，以利其器，方爲疏解。

録自圓覺經大疏本序，續藏經本

疏「宗密髫專魯誥」下，二述造疏因緣也。文五：一、雙迷道德；二、頓悟教理；三、雙結迷悟；四、漸脩行解；五、宗師忍可。

今初也。「髫」者，陸韻云「小兒髮」也，髫齔之年，謂十歲之間矣。「魯誥」即儒教也，教主姓孔，名丘，字仲尼，魯國人也，爲魯大夫，故云夫子，今目其國，故云「魯」也。「誥」即典誥，故尚書有大誥、康誥、酒誥、洛誥、仲虺之誥、梓材之誥等篇名矣。

疏「冠討竺墳」者，「冠」謂束髮戴冠，即年二十，當冠帶之歲也，謂古人准禮，皆二十冠帶，三十婚娶，四十而仕，故呼年二十爲弱冠之年。「竺墳」者，即釋教也，「竺」謂天竺國，「墳」亦典籍，謂三皇五帝之書謂之墳典，説「大道」、「常道」也。今用此方之語，以目佛教中經論也。言「髫」、「冠」者，初習之間歲數，非的指十歲及二十歲也，實而言之，即七歲乃至十六七爲儒學，十八九、二十一二之間，素服莊居，聽習經論，二十三又却全功，專於儒學，乃至二十五歲過禪門，方出家矣。

疏「俱溺筌蹄，唯味糟粕」者，意言俱專文言，不得其意。且儒教宗意在道德仁義、禮樂智信，不在於馳騁名利。所令揚名後代者，以道德孝義爲名，不以官榮才藝爲名。釋教宗意，通達自心，脩習定慧，具於悲智，不在立身事業。當時雖㊀習之而迷之，故云爾也。「筌」者，南人捕魚之器。「蹄」者，兔跡，或作「罤」字，即網兔之器，罝㊁之類也。周易略例云：言生於象，故可尋言以觀象。象生於意，故可尋象以觀意。意以象盡，象以言著，故得象忘言，得意忘象。猶蹄者所以在兔，得兔而忘蹄；筌者所

㊀「雖」，原作「難」，據圓覺經略疏鈔卷二改。

㊁「罝」，原作「置」，續藏經校記「置疑罝」，今改。

以在魚，得魚而忘筌。然則言者象之蹄也，象者意之筌也，存言者非得象，存象者非得意。象生於意而存象焉，則所存者乃非其象也。言生於象而存言焉，則所存者乃非其言也。解曰：以蹄喻言，以筌喻象，筌入水不可見，蹄在陸而可觀，詳之可知矣。又，象通能所，兔筌二事，總喻於象，望能望所，其義異故。又云：然則忘象者，乃得意也，忘言者，乃得象也，得意在忘象，得象在忘言。故立象以盡意，而象可忘也。彼次此更有馬牛等象，亦要可以窮此一門深義，具引在別卷。

疏「唯味糟粕」者，酒糟麻粕也。莊子外篇云：「世之所貴道者，書也。書不過語，語有貴也。語之所貴者，意也。意有所隨，意之所隨者，不可以言傳也。而世人因貴言傳書，世雖貴之哉，猶不足貴也，爲其貴非其貴也。故視而可見者，形與色也；聽而可聞者，名與聲也。悲夫！世人以形色、名聲爲足以得彼之情。夫形色、名聲，果不足以得彼之情，則知者不言，言者不知，而世豈識之哉？桓公讀書於堂上，輪扁斵輪於堂下，釋椎鑿而上，問桓公曰：『敢問公之所讀者何言耶？』公曰：『聖人之言也。』曰：『聖人在乎？』公曰：『已死矣。』『然則君之所讀者，古人之糟粕乎夫！』桓公曰：『寡人讀書，輪人安得議乎？有説則可，無説則死。』輪扁曰：『臣也以臣之事觀之。臣常斵輪，徐則甘而不固，疾則苦而不入，不徐不疾，得於手而應於心，口不能言，有數存焉於其間。臣不能以喻臣之子，臣之子亦不能受之於臣，是以行年七十而老斵輪。古之人與其不可傳也死矣，然則君之所讀者，古人之糟粕已矣。』」

疏「幸於涪上，針芥相投」下，二、頓悟教理也。涪是東川江名，山南梁洋是漢江，果閬州嘉陵江，東川涪江，西川導江，且之陀江、錦江。遂州在涪江南西岸。宗密家貫果州，因遂州有義學院，大闡儒宗，遂投詣進業。經二年後，和尚從西川遊化至此州，遂得相遇，問法契心，如針芥相投也。經説：「佛問迦葉：『從兜率天輥一芥子，於閻浮提豎一針鋒，使芥子投於針鋒，此事難易？』迦葉答言：『甚爲難也。』佛言：『正因正緣，得相值遇，更難於此。』」

疏「禪遇南宗」者，和尚所傳，是嶺南曹溪能和尚宗旨也。「教逢斯典」者，宗密爲沙彌時，於彼州因赴齋請，到府吏任灌家，行經之次，把著此圓覺之卷，讀之兩三紙已來，不覺身心喜躍，無可比喻。自此耽翫，乃至如今，不知前世曾習，不知有何因緣，但覺耽樂徹於心髓。訪尋章疏及諸講説匠伯，數年不倦。前後遇上都報國寺惟慤法師疏一卷，先天寺悟實禪師疏兩卷，薦福寺堅志法師疏四卷，北都藏海寺道詮法師疏三卷，皆反復研味，雖〔一〕互有得失，皆未盡經之宗趣分齊。雖逢講者數人，亦無異螢燒妙高矣。下經之以思惟心測度如來圓覺境界，如取螢火燒須彌山，終不能著。良由此經具法性、法相、破相三宗經論，南北頓漸兩宗禪門，又分同華嚴圓教，具足悟脩門户，故難得其人也。宗密遂研精覃思，竟無疲厭。後因攻華嚴大部，清涼廣疏，窮本究末，又遍閱藏經，凡所聽習、諮詢、討論、披讀，一一對詳圓覺，以求旨

〔一〕「雖」，原作「難」，續藏經校記「難疑雖」，今改。下「雖逢」同。

趣。至元和十一年正月中，方在終南山智炬寺出科文科之，以爲綱領。因轉藏經，兼對諸疏，搜採其義，抄略相當，纂爲兩卷。後却入京都，每私撿之，以評㊀經文，亦未敢條流綸緒。因爲同志同徒評量數遍，漸覺通徹，不見疑滯之處。後自覺化緣勞慮，至長慶元年正月，又退在南山草堂寺，絕跡息緣，養神鍊智。至二年春，遂取先所製科文及兩卷纂要，兼集數十部經論，數部諸家章疏，課虛扣寂，率愚爲疏，至三年夏終，方遂終畢。（後略）

疏「故復行詣」下，正明漸脩也。言「故復」者，前次心地開通，義天朗曜，然由成佛之因，假多聞之故，復須「行詣」等也。「行詣百城」者，是巡國邑參善知識求學法門也。「行詣」之言，是淨名經中佛遣使問疾之語，一一云「汝行詣維摩詰問疾」。今務在用經典正文，兼圖對下「坐探」之言也。「百城」者，即華嚴經善財童子展轉南行求善知識，經一百一十城，今但取大數矣。言「坐探籍」者，問道求法即「行」，披覽典教，理然是「坐」，亦意在以「行」、「坐」爲對也。宗密比所遇釋門中典籍，未有不探討披覽，且終南智炬寺，誓不下山，遍轉藏經三年。願畢方下山，或京城，或城外，雲居、草堂、豐德等寺，皆是尋討聖教，餘隨處隨時，不可具記，自年十七八，乃至今垂半百，未曾斷絕，故云「探群籍」也。

㊀「評」，原作「詳」，據圓覺經略疏鈔卷二改。下「評量」同。

疏「講雖」下，五、宗師忍可也。「講濫泰」者，古來相傳，有「蒲州不聽泰，淄州㊀半遍沼」。彼是聰慧上德，不聽而講，餘是遇末之流㊁，宿生有小緣種，披尋華嚴章疏，薄見端倪。未見疏主承稟之時，在襄州、東都，先已輒講兩遍，事迹似於古德，而賢愚不齊，故云「濫」也。而云「雖」者，明在稟承復，非不聽而已，故次云「學且師安」也，謂元和五年於襄州初講一遍，六年，於東都再講，事迹具在上疏主狀中所述，可依敘之。然後入上都，親事疏主，數年請益。初二年間，晝夜不離，後雖於諸寺講傳，每月長兩上聽受菩提心戒，乃至無量法門，有疑則往來諮問不絶。言「師安」者，即道安法師，當代之日，天下所宗，自後時人，皆云「學不師安，義不堪難」。

疏「叨沐猶吾之納」者，在東都日，因講次，有門人泰恭㊂，斷臂慶法，留守鄭餘慶相公申上中書取裁，緣文狀中云是華嚴門下，盧宰相尋問疏主虚實。疏主既未委識，恐不招承，遂修狀，具述所領解二十卷疏中關節、大部經文品會血脉七八紙來，差小師玄珪、智輝申上疏主，以明講非孟浪。疏主連牋批示，云：「得書，領大教旨趣，悽然心納矣。吾自傳揚，或面言心受，親聽。或展轉分照，於門下諸學士處聽得。

㊀「淄州」，原作「溜州」，據圓覺經略疏鈔卷二改。

㊁「餘是遇末之流」，圓覺經略疏鈔卷二作「余是愚末之流」。

㊂「泰恭」，原作「太泰」，據遥稟清涼國師書改。

盈乎異域㈠，新羅、渤海二國，皆有此疏行。然仲尼傾蓋，伯牙絶絃，皆古之賢人兩心相見知音之故事也。此意在後，故以「然」字隔。亦籍形聲矣。意云事難懸通㈡道合，亦籍形聲，汝未見吾形，未聞説法之聲，便領吾意，超於古也。不面而傳，得旨繫表，意云得大教深旨，出於繫象之外。意猶吾心，「猶」者，似。汝見解不異吾也。未之有也。即此是明「超古」之詞。」

釋曰：今言「叨沐」等者，是此書中語意，以書中云「意猶吾心」，及云「悽然心納」，故今云爾。（後略）

疏「再逢親友」下，三、造疏之意也。於中三：一、發心弘法；二、且製諸疏；三、正述本意。今初也。「再逢親友」者，有其二意：一者，初已遇遂州和尚，稟受禪門，今又逢疏主和尚，即是「再」也；二者，二師皆是再逢，以一聞便悟，決知宿世已逢，故云「再」也。（後略）

疏「彌感佛恩」者，「彌」是轉深之義，謂未悟禪門，未講華嚴已前，或因轉讀，或因聽聞，每見經文説諸佛恩深，又自慶聞法，已感佛恩。今因了悟自心，講華嚴宗部，深見諸佛菩薩多劫苦行弘護大法、哀愍衆生之迹，又悟大教義味無邊。若非釋迦降迹出現，演説此門，而我由何得至此地？故所感恩，彌㈢深彌厚。（後略）

疏「採集」等者，二明且造諸疏，即顯前法施之事也，著述名教，以訓後來，令佛種不斷故。「採集般

㈠「異域」，原作「畢城」，據清涼國師誨答、圓覺經略疏鈔卷二改。

㈡「事難懸通」，圓覺經略疏鈔卷二作「雖玄通」。

㈢「彌」，此下原衍「勒」字，續藏經校記「勒疑剩字」，今刪。

若」者，由見般若破相是諸佛母，祖師深讚，遂以元和十四年於興福寺採集無著、天親二論，大雲等疏，肇公等注，纂其要妙，以釋金剛般若經也，勒成疏一卷，鈔一卷。

「綸貫華嚴」者，由見華嚴稱性之法，恢廓宏遠，實可宗承，但以文富義博，後學者難見涯畔。疏、鈔浩大，迷於經意，致令後輩輕於大經。云「講華嚴、涅槃」者，但是轉經之流，或云卷經之輩。故長慶二年，於南山豐德寺以疏中關節綸次貫於一部經文，令講者剋意記持經文，以將釋於此疏，勒成五卷，題云華嚴綸貫。

「提挈毗尼」者，因遍討大毗尼藏五部律等，又聽四分新章，見律文繁廣，事數重疊，或是天竺風俗之事，不關此方，傳者騁於重重句數，致令脩持者不知剋實要用之處。遂以長慶三年夏，於豐德寺因聽次，採集律文、疏文行人要行用者，提舉纂出，接引道流，勒成三卷。

「發明唯識」者，然唯識宗旨，釋教之綱，諸論浩瀚，諸師差別，致使學者但於部帙句偈熟尋唯識之名言，不就自心尋伺諸法唯是我心識之行相。遂以元和十四年冬至十五年春，於上都興福、保壽等寺，採掇大論、大疏精純正義，以釋三十本頌，勒成兩卷，顯發彰明唯識宗趣，令人易見諸法唯是自心之義理，故云「發明唯識」也。（後略）

疏「故參詳諸論，反復百家，以利其器，方爲疏解」者，第四正製此經疏也。根本始自元和十一年春，於南山智炬寺下筆科判，及搜檢四家疏義，集爲兩卷，私記撿之，以評經文，被於學禪之輩。中間至長慶二年，於草堂寺再修爲疏，并開數十段章門，至三年秋冬方得終畢。言「諸論」者，起信、唯識、寶性、佛性、中觀、諸攝、攝大乘論自有數本。智度、瑜伽也。

録自圓覺經大疏鈔卷一之下，續藏經本

余先於大小乘、法相教中發心習學數年，無量疑情求決不得，後遇南宗禪門真善知識，於始終根本、迷悟昇沉之道，已絶其疑。至於諸差别門，心境本末，修證行位，無量義門，及權實教，猶未通決。每因思惟觀照，或因披尋諸經、律、論，至相違之文，屈曲之意，迷疑之處，智則結滯，如水流之吹風凍結冰，則不能通流，心情鬱快，亦如此也。自習此教，一一泮釋，如冰在日中，亦如湯沃霜雪。

録自圓覺經大疏鈔卷十三之下，續藏經本

此懺悔、勸請、隨喜、迴向、發願等五門，並是宗密大和元年從九月終一冬，獨自初入圭峰，結方丈草屋，自述己心迹，從始至今迷錯之念，而懺、願等文已。後覺此文亦通一切修行人心，諸便删減偏屬己之事，潤飾之，以通諸人用之。

録自圓覺經道場修證儀卷八，續藏經本

二、宗密和澄觀的來往書信三封

（一）圭峰定慧禪師遥稟清涼國師書

宗密慶以天幸竊稟：

和尚華嚴疏文，雖乖禮足，且解生焉。宗密根以累有事故，不獲早赴起居，下情伏增惶懼。既未繫目，敢自陳心？若不粗述本緣，寧表誠素？欲書實語，恐塵瀆視聽。進退無已，伏惟照恕，幸甚。

宗密本巴江一賤士，志好道而不好藝，縱游藝，而必欲根乎道。自齠年洎弱冠，雖則詩書是業，每覺無歸，而復傍求釋宗，薄似有寄。決知業緣之報，如影響應乎形聲，遂止葷茹，考經論，親禪德，狎名僧，莊居，屢置法筵；素服，濫嘗覆講。但以學虧極教，悟匪圓宗，不造心源，惑情宛在。

後遇遂州大雲寺圓和尚法門，即荷澤之裔也，言下相契，師資道合，一心皎如，萬德斯備。既知世業事藝，本不相關，方始落髮披緇，服勤敬事，習氣損之又損，覺智百鍊百精。然於身心因果，猶懷漠漠，色空之理，未即於心。遂屢咨參，方蒙授與終南大師華嚴法界觀門，佛法寶藏，從此頓彰。同志四人，琢磨數載，一句中理論，則通宵未休；一事中義旨，則塵沙莫算。達水常濕，寧疑波湛之殊？悟鏡恒明，不驚影像之變。淨刹穢土，非壞非成；諸佛衆生，何起何滅？由是念包三世，同時互促互延；塵與十方，全體相即相入。多生謬計，反覆枉受於沈淪；今日正觀，始覺元同于大用。然後所顯境界，離情則隨照分明；能詮大經，配文則難爲通會。章句浩博，因果重疊，理雖一味，勢變多端，差別義門，囟㊀盡血脈，不知科段，意莫連環。縱使歷諸講場，不添己悟，名相繁雜，難契自心。

宗密謂言章疏例只如斯，遂休心傳教，適志遊方，但以終南觀門爲助緣，以離情順智爲自力。照融通法界而棲托，指事理懸説爲利他。以夢幻身心游影像世界，神冥妙境，智歷義門。跋涉江山，至于襄漢。於恢覺寺遇靈峰闍梨，即和尚門下一哲人也。寢疾數月，漸至羸極，相見三日，纔通其情，願以同聲之分，經及疏鈔，悉蒙授與，議論未周，奄然遷逝。斯則夙緣法會，忍死待來，若見若聞，無不歎訝。

宗密渴逢甘露，貧遇摩尼，騰躍之心，手捧而舞。遂於此山返關絶迹，忘飡輟寢，夙夜披尋。以疏通經，以鈔釋疏，尋文而性離，照理而情忘。偶之于心，會之于教，窮本究末，宗途皎如，一生餘疑，蕩如瑕翳，曾所習義，於此大通，外境内心，豁然無隔。誠所謂太陽升而六合朗耀，巨海湛而萬象昭彰，妙德妙智而頓開，普賢普行而齊現。五周四分，一部之網在綱；六相十玄，三乘之流會海。義則色空同於中道，教則權實融於圓宗。理則體用即寂而性相宛然，智則凡聖混同而因果不壞。顯隨緣而不變，弘經則理趣周圓；指幻而識真，修觀則禪心使曠。蕩㊁九會經文無不契心，由斯可謂契經矣！使一真心地

㊀「囟」，龍藏本作「罔」。

㊁「使曠蕩」，續藏經本作「曠蕩使」。

無不印經，由斯可謂心印矣！是知執三藏文者，誠爲失道；局一性義者，猶未圓通。想夫斯流，固宜絶分，聲聞聾瞽，諒不虚哉！

宗密未遇疏前，每覽古今著述，在理或當，所恨不知和會。禪宗、天台，多約止觀，美則美矣，且義勢展轉滋蔓，不直示衆生自心行相，雖分明入處，猶歷漸次。豈如問明釋文殊偈，印靈知而心識頓袪；懸談開分齊章，顯真空而相用繁起。起不異性故，事事融通；通而互收故，重重無盡。悟此則全同佛果，方是圓因，隨緣造修，無非稱體。開頓漸禪要，可以此爲楷模；傳權實教門，可以此爲軌範。藥得雪山善見，群疾俱消；寶獲滄海摩尼，千珍隨念。況懸文卷半，諸義盡包，備覈源流，遍窮名體，然後融成本部，全揀全收。苟能精之，已領百家之文義，少功多獲，要在茲焉！凡曰釋流，孰不可習？

宗密夙生多幸，同種善根，遇如是經，逢如是疏，頃於王饍，未敢即飡，今得明文印決，心意泰然，誓願生生盡命弘闡。當時便被僧尼徒衆因請贊揚，務自温習，課虚順命，但依文配讀而已，詎足以發明於人？爲顯圓宗，多驚撫掌，爰有宿機堅種聞即稟承？從始洎終，可數十人，誓願修學。蓋茲疏文玄妙，傳之不虚，豈以微才能感如是？

襄陽講罷，暫往㈠東都，禮祖師塔，便擬馳赴拜覲。蓋緣夏逼，且止永穆寺，襄陽徒衆迤邐訪尋，再邀

㈠「往」，續藏經本作「住」。

第二遍講，復聞茲經，遂允衆請，許終懸疏，却赴上都，今月七日纔畢。聽徒泰恭遂斷一臂，云：「自慶所逢之法，玄妙難思，用表懇誠，厥願修學。」此迺和尚道威德洽，教令將行，門下宗枝有斯精苦。伊且割截支體，傷斷筋骨，都無痛惱，神色宛然，自初至今，身心仍舊，若道若俗，無不異之。觀智之功，感應昭著。時臺省詢驗，事迹分明，留守崇敬大經，已申中書門下。據伊本意，豈盡顯揚？然發起門，亦藉旌表。沿伊手瘡未愈，官司牒寺，委令將養，未便遊行，以此禮覲轉見遲違，下情無任，伏增惶懼，謹差聽徒僧玄珪、智輝先具申述。宗密才微語拙，領悟難陳，伏乞慈悲，特賜攝受，幸甚！不備。學徒宗密惶恐百拜上

華嚴疏主清涼國師大和尚。

唐元和六年辛卯歲九月十三日在東都上

（二）清涼國師誨答

十月十二日玄珪、智輝至，得汝書，遥伸師敬，備述行迹，領大教之玄趣，説傳贊事，誠感悽然心納矣。吾自傳揚，或面言心授，或展轉分照，盈于異域。然仲尼傾蓋，伯牙輟絃，亦藉形聲矣。不面而傳，得旨繫表，意猶吾心，未知有也，非憑聖力，必藉夙因，當自慰爾。轉輪真子，可以喻也！泰恭斷臂，重法情至，加其懇禱，然半偈忘軀，一句投火，教有文矣。意存身外，有重法之寶爾，宜誡之！後學勿使傚之。當斷其情慮，勿斷其形骸，當斷其妄心，無斬其肢分。則淺識異學，安其所不驚視？苟俗無髮膚之

誡，則玄化不廣而自博矣。汝當篤志幽趣，儻得一面，印所懸解，復何嘉焉！如忽緣阻，但當心契玄極，豈山河形聲所能隔哉？勉之，不多云。老僧澄觀付宗密法子收。

（三）十月二十三日學徒宗密裁書再拜

本講華嚴疏主：

玄珪、智輝迴，伏奉誨示，納所微悟，許厠法席，頂戴奉持，不任忻懼。多慚陋質，未效勤勞，空呈寸心，坐蒙收采，自驚僥倖，喜極成悲。伏蒙慈願弘深，降斯過分，一經印決，頓覺光輝，學流進功，時輩增仰，幸甚！宗密便欲奔赴給侍，緣泰恭臂瘡未愈，慎風，不敢冒路，再三涕泣，願侍隨行。念伊迹苦，不忍棄遺，伏惟照察。不備。學徒宗密再拜上

本講華嚴疏主。

錄自圓覺經略疏註所附，大正藏本

三、唐故圭峰定慧禪師傳法碑并序

裴休　撰

圭峰禪師，号宗密，姓何氏，果州西充縣人，釋迦如來三十九代法孫也。釋迦如來在世八十年，爲無量人、天、聲聞、菩薩説五戒、八戒、大小乘戒、四諦、十二緣起、六波羅蜜、四無量心、三明、六通、三十七品、十力、四無畏、十八不共法、世諦、第一義諦，無量諸解脱三昧揔持門，菩提涅槃，常住法性，莊嚴佛土，成就衆生，度天人，教菩薩，一切妙道，可謂廣大周密。廓法界於無疆，徹性海於無際，權實、頓漸，無遺事矣。寂後獨以法眼付大迦葉，令祖祖相傳，别行於世，非私於迦葉而外人、天、聲聞、菩薩也。顧此法，衆生之本源，諸佛之所證，超一切理，離一切相，不可以言語、智識、有無、隱顯推求而得，但心心相印，印印相契，使自證知，光明受用而已。自迦葉至達摩，凡二十八世，達摩傳可，可傳璨，璨傳信，信傳忍，爲五祖。又傳融，爲牛頭宗。忍傳能，爲六祖。又傳秀，爲北宗。能傳會，爲荷澤宗，荷澤於宗爲七祖。又傳讓，讓傳馬，馬於其法爲江西宗。荷澤傳磁州如，如傳荆南張，張傳遂州圓，又傳東京照。圓傳大師，大師於荷澤爲五世，於達摩爲十一世，於迦葉爲三十八世，其法宗之系也如此。

大師本豪家，少通儒書，欲干世以活生靈。偶謁遂州，遂州未與語，退遊徒中，見其儼然若思而無念，朗然若照而無覺，欣然慕之，遂削染受教。道成，乃謁荆南，荆南曰：「傳教人也，當盛於帝都。」復謁東京照，照曰：「菩薩人也，誰能識之？」後謁上都花嚴觀，觀曰：「毗盧花藏，能隨我遊者，其汝乎！」

初在蜀，因齋次受經，得圓覺十二章，深達義趣，遂傳圓覺。在漢上，因病僧付花嚴句義，未嘗聽受，遂講花嚴。自後乃著圓覺、花嚴及涅槃、金剛、起信、唯識、盂蘭、法界觀、行願經等疏抄及法義類例、禮懺、脩證、圖、傳、纂略，又集諸宗禪言爲禪藏，捻而叙之，并酬荅、書、偈、議論等，凡九十餘卷，皆本一心而貫諸法，顯真體而融事理，超群有於對待，冥物我而獨運矣。

議者以大師不守禪行而廣講經論，遊名邑大都，以興建爲務，乃爲多聞之所役乎，豈聲利之所未忘乎？

嘻！議者焉知大道之所趣哉？夫一心者，萬法之捻也，分而爲戒、定、慧，開而爲六度，散而爲萬行。萬行未嘗非一心，一心未嘗違萬行。禪者，六度之一耳，何能摠諸法哉？且如來以法眼付迦葉，不以法行，故自心而證者爲法，隨願而起者爲行，未必常同也。然則一心者，萬法之所生而不屬於萬法，得之者則於法自在矣，見之者則於教無礙矣。本非法，不可以法說，本非教，不可以教傳，豈可以軌跡而尋哉？自迦葉至富那奢凡十祖皆羅漢，所度亦羅漢。馬鳴、龍樹、提婆、天親，始開摩訶衍，著論釋經，摧滅外道，爲菩薩唱首。而尊者闍夜獨以戒力爲威神，尊者摩羅獨以苦行爲道跡，其他諸祖，或廣行法教，或專心禪寂，或蟬蛻而去，或火化而滅，或攀樹以示終，或受害而償債。是乃法必同而行不必同也。且循轍跡者非善行，守規墨者非善巧。不迅疾無以爲大牛，不超過無以爲大士。

故大師之爲道也，以知見爲妙門，寂浄爲正味，慈忍爲甲盾，慧斷爲劍矛，破内魔之高壘，陷外賊之堅陣，鎮撫邪雜，解釋縲籠。遇窮子，則叱而使歸其家，見貧女，則訶而使照其室。窮子不歸，貧女不富，吾師恥之。三乘不興，四分不振，吾師恥之。忠孝不並化，荷擔不勝任，吾師恥之。避名滯相，匿我增慢，吾師恥之。故遑遑於濟拔，汲汲於開誘。不以一行自高，不以一德自聳。人有依歸者，不俟請則往矣；有求益者，不俟憤則啓矣。雖童幼，不簡於敬接；雖鶩佷，不怠於叩勵。其以闡教度生、助國家之化也如此。故親大師之法者，貪則施，暴則斂，剛則隨，戾則順，昏則開，墮則奮，自榮者慊，自堅者化，徇私者公，溺情者義。凡士俗，有捨其家，與妻子同入其法，分寺而居者；有變活業，絕血食，持戒法，起家爲近住者；有出而脩政理，以救疾苦爲道者；有退而奉父母，以豐供養爲行者。其餘憧憧而來，欣欣而去；揚袂而至，實腹而歸，所在甚衆，不可以紀。真如來付囑之菩薩，衆生不請之良友。其四依之人乎？其十地之人乎？吾不識其境界、庭宇之廣狹深淺矣！議者又焉知大道之所趣哉？

大師以建中元年生於世，元和二年印心於圓和尚，又受具於拯律師。大和二年慶成節，徵入内殿問法要，賜紫方袍，爲「大德」。尋請歸山，會昌元年正月六日坐滅於興福塔院，儼然如生，容貌益悦，七日而後遷於函，其自證之力可知矣。其月二十二日，道俗等奉全身于圭峰，二月十三日荼毗，初得舍利數十粒，明白潤大，後門人泣而求諸煨中，必得而歸，今悉斂而藏于石室，其無緣之慈可知矣。俗歲六十二，僧臘三十四，遺戒深明形質不可以久駐，而真靈永劫以長存，乃知化者無常，存者是我，死後舁施蟲犬，焚其骨而散之，勿墓，勿塔，勿悲慕以亂禪觀。每清明上山，必講道七日而後去，其餘住持法行，皆有儀則，違者非我弟子。今皇帝再闡真宗，追謚「定慧禪師」、「青蓮」之塔，則塔不可以不建，石不可以不斲，且使其教自爲一宗而學者有所標仰也。門人達者甚衆，皆明如來知見而善説法要，或巖穴而息念，或都會而傳教，或斷臂以酬德，或白衣以淪跡，其餘一禮而悟道，終身而守護者，僧尼四衆數千百人，得其氏族，道行可傳於後者，紀於别傳。

休與大師於法爲昆仲，於義爲交友，於恩爲善知識，於教爲内外護，故得詳而叙之，他人則不詳。銘曰：

如來知見，大事因緣。祖祖相承，燈燈相燃。分光並照，顯説密傳。
摧邪破魔，證聖登賢。漸之者入，頓之者全。孰紹孰興？圭峰在焉。
甚大慈悲，不捨周旋。以引以翼，恐迷恐顛。直示心宗，傍羅義筌。
廣收遠取，無棄無捐。金湯魔城，株杌情田。銷竭芟伐，大道坦然。
功高覺塲，會盛法筵。不染而住，淤泥青蓮。性無去來，運有推遷。

順世而歎，衆生可憐。風號晚野，鐘摧夜川㈠。舍筏㈡而去，溺者誰前？巖崖荆榛，阻絶危懸。輕錫而過，踣者誰肩？不有極慈，孰能後先？吾師何處？復建橋舩。法指一靈，徒餘三千。無負法恩，永以乾乾。

録自裴休定慧禪師碑（影印拓本）及全唐文卷七四三、金石萃編卷一一四

四、草堂和尚

静、筠 撰

磁州如禪師嗣荷澤，益州惟忠和尚嗣磁州如，遂州圓禪師嗣惟忠，草堂和尚嗣圓禪師。師諱宗密，未覩行録，不叙終始。師内外諺瞻，朝野欽敬，制數本大乘經論疏鈔、禪詮百卷、禮懺等，見傳域内。臣相裴休深加禮重，爲制碑文，詢奂射人，頗彰時譽。勑謚定慧禪師、青蓮之塔。

有時史山人十問草堂和尚。

㈠「鐘摧夜川」，原碑文殘缺，據全唐文補。
㈡「舍筏」，原碑文殘缺，據全唐文補。

第一問曰：「云何是道？何以修之？爲復必須修成，爲復不假功用？」

禪師荅曰：「無礙是道，覺妄是修，道雖本圓，妄起爲累。妄念都盡，即是修成。」

第二問曰：「道若因修而成，即是造作，便同世間法，虛僞不實，成而復壞，何名出世？」

師荅曰：「造作唯是結業，名虛僞世間，無作是修行，即真實出世。」

第三問曰：「其所修者，爲頓爲漸？漸則忘前失後，何以集合而成；頓即萬行多方，豈得一時圓滿？」

師荅曰：「真理即悟而頓圓，妄情息之而漸盡。頓圓如初生孩子，一日而肢體已全；漸修如長養成人，多年而志氣方立。」

第四問曰：「凡修心地之法，爲當悟心即了，爲當別有行門？若別有行門，何名南宗頓旨？若悟即同諸佛，何不發神通光明？」

師荅曰：「識冰池而全水，藉陽氣而鎔融；悟凡夫而即真，資法力而修習。冰消則水流潤，方呈溉滌之功；妄盡即心靈通，始發通光之應。修心之外，無別行門。」

第五問曰：「若但修心而得佛者，何故諸經復說必須莊嚴佛土、教化衆生，方名成道？」

師荅曰：「鏡明而影像千差，心浄而神通萬應，影像類莊嚴佛國，神通即教化衆生，莊嚴而即非莊嚴，影像亦色而非色。」

第六問曰：「諸經皆說度脱衆生。且衆生即非衆生，何故更勞度脱？」

師荅曰：「衆生若是實，度之即爲勞。既自云『即非衆生』，何不例度而無度？」

第七問曰：「諸經説佛常住，或即説佛滅度。常即不滅，滅即非常，豈不相違？」

師荅曰：「離一切相即名諸佛，何有出世、入滅之實乎？見出没者在乎機緣，機緣應即菩提樹下而出現，機緣盡即娑羅林間而涅槃。其猶浄水無心，無像不現。像非我有，蓋外質之去來；相非佛身，豈如來之出没？」

第八問曰：「云何佛化所生吾如彼生？佛既無生，生是何義？若言心生法生，心滅法滅，何以得無生法忍耶？」

師荅曰：「既云如化，化即是空，空即無生，何詰生義？生滅滅已，寂滅爲真，忍可此法無生，名曰無生法忍。」

第九問曰：「諸佛成道説法，只爲度脱衆生，衆生既有六道，佛何但住在人中現化？又，佛滅後付法於迦葉，以心傳心，乃至此方七祖，每代只傳一人，既云於一切衆生皆得一子之地，何以傳授不普？」

師荅：「日月麗天，六合俱照，而盲者不見，盆下不知，非日月不普，是障隔之咎也。度與不度，義類如斯，非局人天，揀於鬼畜，但人道能結集傳授不絶，故只知佛現人中也，滅度後委付迦葉，展轉相承一人者，此亦蓋論當代爲宗教主，如土無二王，非得度者唯爾數也。」

第十問曰：「和尚因何發心？慕何法而出家？今如何修行？得何法味？所行得至何處地位？今

住心耶？修心耶？若住心，妨修心。若修心，即動念不安，云何名爲學道？若安心一定，即何異定性之徒？伏願大德運大慈悲，如理如如，次第爲説。長慶四年五月日史制誠謹問。」

師荅曰：「覺四大如壞幻，達六塵如空花，悟自心爲佛心，見本性爲法性，是發心也；知心無住，即是修行；無住而知，即爲法味。住著於法，斯爲動念，故如人入闇即無所見。今無所住，不染不著，故如人有目及日光明，見種種法，豈爲定性之徒？既無所住著，何論處所階位？同年同月二日，沙門宗密謹對。」

史山人自後頻討論心地，乃至出家爲道。

録自祖堂集卷六，高麗藏影印本

五、宗密傳

贊寧　撰

釋宗密，姓何氏，果州西充人也。家本豪盛，少通儒書，欲干世以活生靈，負俊才而隨計吏。元和二年，偶謁遂州圓禪師，圓未與語，密欣然而慕之，乃從其削染受教。此年，進具于拯律師，尋謁荆南張，張曰：「汝傳教人也，當宣導於帝都。」復見洛陽照禪師，照曰：「菩薩人也，誰能識之？」末見上都華嚴觀，觀曰：「毗盧華藏，能隨我遊者，其唯汝乎！」

初在蜀，因齋次受經，得圓覺十二章，深達義趣，誓傳是經。在漢上，因病僧付華嚴句義，未嘗隸習，即爾講之。由是乃著圓覺、華嚴及涅槃、金剛、起信、唯識、盂蘭盆、法界觀、行願經等疏鈔，及法義類例、禮懺、修證、圖、傳、纂略，又集諸宗禪言爲禪藏，揔而序之，并酬荅、書、偈、議論等，又四分律疏五卷，鈔、懸談二卷，凡二百許卷，圖六面，皆本一心而貫諸法，顯真體而融事理，超群有於對待，冥物我而獨運矣。

密累入内殿，問其法要。大和二年慶成節，徵賜紫方袍，爲大德，尋請歸山。會昌元年正月六日坐滅於興福塔院，儼若平日，容貌益悦。七日，遷于函，其自證之力可知矣。其月二十二日，道俗等奉全身于圭峰，二月十三日荼毗，得舍利數十粒，明白而潤大，後門人泣而求諸煨中，必得而歸，悉斂藏于石室，其無緣之慈可知矣。俗齡六十二，僧臘三十四。遺誡令舁屍施鳥獸，焚其骨而散之，勿塔，勿得悲慕以亂禪觀，每清明上山，必講道七日而後去，其餘住持儀則，當合律科。違者非吾弟子。

初，密道既芬馨，名惟烜赫，内衆慕羶既如彼，朝貴荅響又如此。當長慶、元和已來，中官立功執政者孔熾，内外猜疑，人主危殆。時宰臣李訓酷重于密，及開成中，僞甘露發，中官率禁兵五百人出閤，所遇者一皆屠戮。時王涯、賈餗、舒元輿方在中書會食，聞難作，奔入終南投密。唯李訓欲求剪髮匿之，從者止之，訓改圖趨鳳翔。時仇士良知之，遣人捕密入左軍，面數其不告之罪，將害之。密怡然曰：「貧道識訓年深，亦知其反叛，然本師教法，遇苦即救，不愛身命，死固甘心。」中尉魚恒志嘉之，奏釋其罪，朝士聞之，扼腕出涕焉。

或曰：「密師爲禪耶，律耶，經論耶？」則對曰：「夫密者，四戰之國也，人無得而名焉。都可謂大智圓明、自證利他大菩薩也。」是故裴休論譔云：

議者以師不守禪行而廣講經論，遊名邑大都，以興建爲務，乃爲多聞之所役乎，豈聲利之所未忘乎？

噫！議者焉知大道之所趣哉？夫一心者，萬法之揔也，分而爲戒、定、慧，開而爲六度，散而爲萬行。萬行未嘗非一心，一心未嘗違萬行。禪者，六度之一耳，何能揔諸法哉？且如來以法眼付迦葉，不以法行，故自心而證者爲法，隨願而起者爲行，未必常同也。然則一心者，萬法之所生而不屬於萬法，得之者則於法自在矣，見之者則於教無礙矣。本非法，不可以法説，本非教，不可以教傳，豈可以軌迹而尋哉？自迦葉至富那奢凡十祖皆羅漢，所度亦羅漢。馬鳴、龍樹、提婆、天親，始開摩訶衍，著論釋經，摧滅外道，爲菩薩唱首。而尊者闍夜獨以戒力爲威神，尊者摩羅獨以苦行爲道跡，其他諸祖，或廣行法教，或專心禪寂，或蟬蜕而去，或火化而滅，或攀樹以示終，或受害而償債。是乃法必同而行不必同也。且循轍跡者非善行，守規墨者非善巧。不迅疾無以爲大牛，不超過無以爲大士。

故師之道也，以知見爲妙門，寂浄爲正味，慈忍爲甲盾，慧斷爲劒矛，破内魔之高壘，陷外賊之堅陣，鎮撫邪雜，解釋縲籠。遇窮子，則叱而使歸其家，見貧女，則呵而使照其室。窮子不歸，貧女不富，吾師恥之。三乘不興，四分不振，吾師恥之。忠孝不並化，荷擔不勝任，吾師恥之。避名滯相，匿我增慢，吾師恥之。故遑遑於濟拔，汲汲於開誘。不以一行自高，不以一德自聳。人有依歸者，不俟請則往矣；有求益者，不俟憤則啓矣。雖童幼，不簡於應接；雖驁佷，不怠於叩勵。其以闡教度生、助國家之化也如此。

故親師之法者，貧則施，暴則斂，剛則隨，戾則順，昏則開，墮則奮，自榮者慊，自堅者化，徇私者公，溺情者義。凡士俗，有捨其家，與妻子同入其法，分寺而居者；有變活業，絶血食，持戒法，起家爲近住者；有出而修政理，以救疾苦爲道者；有退而奉父母，以豐供養爲行者。其餘憧憧而來，欣欣而去；揚袂而至，實腹而歸，所在甚衆，不可以紀。真如來付囑之菩薩，衆生不請之良友。其四依之人乎？其十地之人乎？吾不識其境界、庭宇之廣狹深淺矣！議者又焉知大道之所趣哉？其爲識達大人之所知心爲若此也。密知心者多矣，無如昇平相國之深者，蓋同氣相求耳。宣宗再闡真乘，萬善咸秩，追謚曰「定慧禪師」，塔號「青蓮」，持服執弟子禮四衆，數千百人矣。

系曰：河東相國之論譔，所謂極其筆矣。然非夫人之爲極筆，於他人豈極其筆乎？觀夫影響相隨，未始有異也。影待形起，響隨聲來。有宗密公，公則有裴相國，非相國曷能知密公？相續如環，未嘗告盡，其二公之道如然。則知諦觀法王法，則密公之行甚圓；應以宰官身，則裴相之言可度。今禪宗有不達，而譏密不宜講諸教典者，則吾對曰：達磨可不云乎？吾法合了義教，而寡學少知，自既不能，且與煩惑相應，可不嫉之乎？或有誚密不宜接公卿而屢謁君王者，則吾對曰：教法委在王臣，苟與王臣不接，還能興顯宗教以不？佛言力輪，王臣是歟！今之人情，見近王臣者則非之，曾不知近王臣人之心，苟合利名，則謝君之誚也，或止爲宗教親近，豈不爲大乎！寧免小嫌，嫌之者，亦嫉之耳。若了如是義，無可無不可。吁哉！

録自大宋高僧傳卷六，磧砂藏影印本

六、五祖圭峰大師傳

續法　輯

五祖諱宗密，號圭峰，師居是山，因得斯稱。德宗建中元年生也，果州西充縣人，俗姓何氏，家世業儒。師髫齔時精通儒學，洎弱冠，聽習經論，止葷茹，親禪德。憲宗元和二年，將赴貢舉，偶值遂州大雲寺道圓禪師法席，問法契心，如針芥相投，遂求披剃，時年二十七也。

爲沙彌時，一日隨衆僧齋於府吏任灌家，師居末座，以次授經，得圓覺十二章，讀一二章，豁然大悟，身心喜躍。歸，白於圓，圓曰：「此經諸佛授汝耳，汝當大弘圓頓之教。汝行矣，無滯一隅。」遂當年受具戒，奉命辭去。謁荆南忠禪師，忠曰：「傳教人也。」復參洛陽照禪師，照曰：「菩薩中人也。」

元和五年，抵襄漢，遇恢覺寺靈峰闍黎，病中授與清涼國師所撰華嚴大疏二十卷、大鈔四十卷。覽之，欣然曰：「吾禪遇南宗，教逢圓覺，一言之下，心地開通，一軸之中，義天朗耀。今復得此大法，吾其幸哉！」即爲衆講一徧。元和六年，往東都禮祖塔，駐錫永穆寺。四衆再請，講第二徧。聽徒中有泰恭者，不勝慶遇，斷臂酬恩。

師因未見清涼，遂修書一緘，并述領解新疏、鈔中關節血脈一篇，遥叙門人之禮，差徒玄珪、智輝馳奉疏主，疏主即批答云：「不面不傳，得旨繫表，意猶吾心，未之有也。非憑聖力，必藉宿因，輪王真子，可以爲喻。儻得一面，印所懸解，復何加焉？」講畢，詣上都，禮覲清涼國師，印曰：「毗盧華藏，能從我游者，舍汝其誰歟？」初二年間，晝夜隨侍，次後雖於諸寺講論，有疑則往來咨決不絶。

數年請益後，至元和十一年春，在終南山智炬寺出圓覺科文、纂要二卷，誓不下山，徧閱藏經三年。願畢，十四年，於興福寺出金剛纂要疏一卷、鈔一卷。十五年春，於上都興福、保壽二寺集唯識疏二卷。長慶元年，退居鄠縣草堂寺。二年春，重治圓覺經解，又於南山豐德寺製華嚴綸貫五卷。三年夏，於豐德寺纂四分律疏三卷，至冬初，圓覺著述功就，大疏三卷，大鈔十三卷，隨後又註略疏兩卷，小鈔六卷，道場修證儀十八卷。

大和二年慶成節，文宗詔入内殿，問諸法要，賜紫袍，敕號「大德」，朝臣士庶，咸皆歸仰，唯相國裴休深入堂奥而爲外護。

山南温造尚書問：「悟理息妄之人，不復結業，一期壽終之後，靈性何依？」

師曰：「一切衆生莫不具有覺性，靈明空寂，與佛無殊，但以無始劫來未曾了悟，妄執身爲我相，故生愛惡等情，隨情造業，隨業受報，生老病死，長劫輪迴。然身中覺性未曾生死，如夢被驅役，而身本安閑；如池水作冰，而濕性不易。若能悟此性，即是法身，本自無生，何有依托？真理雖然頓達，妄情難以卒除，須常覺察，損之又損。但可以空寂爲自體，勿認色身；以靈知爲自心，勿認妄念。妄念若起，都不隨之，即臨命終時，業自不能繫，雖有中陰，所向自由，天上人間，隨意寄托。若愛惡之念已泯，即不受分段之身。若微細流注寂滅，則圓覺大智朗然。隨機現化，名之爲佛。偈曰：『作有義事，是惺悟心；作無義事，是狂亂心。狂亂隨情念，臨終被業牽；惺悟不由情，臨終能轉業。』」

前後著涅槃、起信、蘭盆、行願、法界觀等經論疏鈔，并集諸宗禪言爲禪源詮，及酬答、書、偈、議論等，總九十餘卷。

武宗會昌元年正月六日，於興福院誡門人，令舁屍施鳥獸，其骨焚而散之，言訖坐滅。其月二十二日，道俗奉全身於圭峰荼毗，得舍利數十粒，皆白潤，及火後，門人泣而求之，並得於煨燼内，乃藏之石室。閲世六十二，僧臘三十四，門弟子僧尼四衆得度脱者，凡數千人。

相國裴休撰碑文，略曰：「一心者，萬法之總也，分而爲定慧，開而爲六度，散而爲萬行。萬行未曾非一心，一心未嘗違萬行。」「故禪師之爲道也，以知見爲法門，以寂静爲正味，慈忍爲甲胄，慧斷爲劍矛。」「鎮撫邪雜，解釋縲籠。」「窮子不歸，貧女不富，吾師耻之。三乘不興，四分不振，吾師耻之。忠孝不並化，荷擔不勝任，吾師耻之。」「故皇皇於濟拔，汲汲於開誘。不以一行自高，不以一德自聳。人有皈依者，不俟請而往也；有求益者，不俟憤則啓矣。雖童幼，不簡於應接；雖傲狠，不怠於扣勵。真如來付囑之菩薩，衆生不請之良友。其四依之一乎？其十地之人乎？」

至宣宗，追謚定慧禪師，塔曰青蓮，詳載他集。

録自法界宗五祖略記，清光緒二十二年金陵刻經處刻本

七、華嚴原人論序㊀

裴休　撰

經云：文字性空。又曰：無離文字而説解脱，必曰捨文字然後見法，非見法者也。圭峰禪師，誕

㊀ 浄源在華嚴原人論發微録卷上中認爲裴休此序爲法集之序，云「彼序法集，非序原人」，後人不知，「或冠於斯論之首」。録此觀點以供參考。此篇序文中提到：「門弟子集而編之，成十卷。」編成的即法集十卷，是宗密書信等的彙編。據冉雲華教授研究，是道俗酬答文集，也稱酬答書。冉雲華推測，原人論是酬答書中的一篇（見冉雲華：宗密著道俗酬答文集的研究，載於華崗佛學學報第04期）。

形於西充，通儒於遂寧，業就，將隨貢詣有司，會有大德僧道圓，得法於洛都荷澤大師嫡孫南印，開法於遂州大雲寺，師遊座下，未及語，深有所忻慕，盡取平生所習捐之，染削爲弟子，受心法。他日，隨衆僧齋于州民任灌家，居下位，以次受經，遇圓覺了義，卷未終軸，感悟流涕，歸以所悟告其師，師撫之曰：「汝當大弘圓頓之教，此經諸佛授汝耳，行矣，無自滯於一隅也。」師稽首泣，奉命北去。抵襄漢，會初有自京師負雲花觀大師華嚴疏鈔至者，師一覽，陞座而講，聽者數千百人，遠近大驚。然後至京師，詣雲花寺，修門人之禮。北遊清涼山，回住於鄠縣草堂寺，未幾，復入寺南圭山。所至道俗歸依者如市，得法者數百人。註圓覺大、小二疏，華嚴、金剛、起信、唯識、四分律、法界觀，皆有章句。自是圓頓之教大行於世。其他，原人道之根本，會禪教之異同，皆隨扣而應，待問而荅。或徒衆遠地，因教誡而成書；或門人告終，爲安心而演偈。或熙怡於所證之境，告示初心；或偃仰於所住之山，歌詠道趣。其文廣者，其理彌一；其語簡者，其義彌圓。門弟子集而編之，成十卷，昭昭然，定慧之明鏡也。禪師以法界爲堂奥，教典爲庭宇，慈悲爲冠蓋，衆生爲園林，終日贊述，未嘗以文字爲念，今所傳者，蓋荊山之人以玉抵鵲，而爲行路之所寳也。余高枕於吾師户牖之間久矣，知者不言，則後代何以仰吾師之道乎？於是粗舉其大節，以冠于首。裴休序。

録自中華大藏經第九八册

八、華嚴原人論後序

屏山居士　李純甫　撰

草堂禪師佩曹溪心印，註花嚴法界觀，疏圓覺經，又恐其理甚深，世俗未辨，著原人論，而學者猶苦其難入。蓋唯心之旨，非自悟者不能信受也。後三百歲白衣弟子李純甫又作睡語，題其端云：

如人初夢，一刹那頃，根身器界、異類衆生，一時頓現，種種各别，一念力頓成就，具足無量境界，覺人呼覺，始知夢中元無我、人、衆生、壽者諸相，亦無地、水、火、風等物，畢竟虚空，唯依第六意識，以爲根本。然則覺人所見山河大地，十二類生，并自身相，唯依第八業識，其理曉然，無可疑焉。有大覺者，開説真空始故，長夜宛如大夢，等無有異，儒者、道家，夢中説夢，未知是夢。復有既知是夢，戀着夢境，不知覺寤，佛爲世人開説人天乘。復有既知是夢，厭惡夢境，不知睡眠，佛爲是人開説聲聞、緣覺二乘。復有既知是夢，故無戀着，亦無厭惡，寤寐自如，佛爲是人開説菩薩最上大乘。於大乘中，復有未知夢囮妄念而有境界，佛爲是人説法相教。復有未知本無妄念，夢境亦空，佛爲是人説破相教。復有未知夢中之人即世覺者，佛爲是人説顯性教。故知衆生本來成佛，初發心時即登正覺，示起於座便入涅盤。原人一論，即覺者之一呼也！繹其首尾，大略如此，法同寢者，應如是觀。

録自中華大藏經第九八册

九、華嚴原人論解序

長安大開元寺講經論沙門　圓覺　撰

三聖立言，殊途妙契，群賢著述，隨教異宗，致令執指之徒競成齟齬，至若尋流討本而得其歸趣者，蓋亦鮮矣！有唐圭峰禪師憫之，於是稽外内之聖心，賾半滿之幽致，製斯雅論，目曰原人。文啓四門，義該衆美，將使息其異見，示彼真歸，不假他求，直捷令悟。觀其抑揚研覈，引證會通，辯而不華，周而不比，精深切當，簡妙嚴明，濬畎澮以距川，導江河而注海，誠謂生靈妙本之指南矣。自非高明圓暢，深造聖賢之閫閾，能如是乎？裴相國嘗云：「如來爲説教之主，吾師爲會教之人。」信哉！裴公既序之於前，屏山李君復題之於後，萬松禪老又開九對十八重以贊其説。三賢皆達道之士，不妄許可，自非理歸至當，豈君子亦黨乎？竊嘗考諸圭峰箋註經論、詮示禪宗逮百十餘卷，唯華嚴、圓覺、金剛般若等章疏盛行于世，獨恨斯文之未有以發明者。余曩在長安，嘗以講誦之暇采摭諸説，聊爲訓解，初欲附於文下，然恐與論註相濫，故别書之，藏諸篋笥，自備觀覽。暨抵京師，因學徒諮請，輒復叙其梗概於篇首，文雖淟涊，義似有宗，欲知吾人之所以爲人者，得不留神於是書？

時至治壬戌四月既望，叙于京師萬安之東軒。

録自中華大藏經第九八册

十、宗密年譜簡編㊀

七八〇年(唐建中元年),一歲

宗密,俗姓何,果州西充(今四川省西充縣)人,是年生於一個富裕的家庭。裴休的圭峰碑稱其家爲「豪家」,贊寧的宋僧傳卷六稱其「家本豪盛」。但其家庭顯然没有權勢的背景,因而富而不貴。宗密對此感受頗深,在其遥稟清涼國師書中自稱「賤士」。宗密少年時代遭受的最大不幸是其雙親早亡,這對其心靈創傷極大,他在盂蘭盆經疏中談到「每履雪霜之悲,永懷風樹之恨」,所以他對生死、貧富、貴賤等社會、人生問題很早就予以關注。

七八六年(唐貞元二年),七歲

宗密開始習儒學,歷十年。圓覺經大疏之本序中自述爲「髫專魯誥」,圓覺經大疏鈔卷一之下又載

㊀ 此一年譜,二十世紀九十年代曾作爲蘇州戒幢佛學研究所一次佛教教育會議的參會論文,後來在其網站刊登(http://jcedu.org/dispfile.php ?id = 1133),並在網絡上流傳,後收入法藏文庫之中國佛教學術論典第 17 册宗密的融合論思想研究(佛光山文教基金會二〇〇一年版)。這一流傳本有一處涉及韓愈原人等寫作時間的錯誤(「八二四年」條)。

「七歲乃至十六七爲儒學」，廣泛學習儒學經典，並對儒學思想有了全面的了解，裴休的圭峰碑和贊寧的宋僧傳卷六都稱其「少通儒書」。其間可能參加過科舉考試而没有成功，受阻的原因可能和「計吏」有關，贊寧又稱其「負俊才而隨計吏」，其科舉的命運由計吏掌握。宗密具有「好道而不好藝」（遥稟清涼國師書）的哲人情懷，對儒學産生失望之意，感覺到在儒學中，心靈無所歸趣，「每覺無歸」（遥稟清涼國師書）。

七九七年（唐貞元十三年），十八歲

在對儒學感覺無所依之時，宗密又自發地轉向佛學，歷四年。圓覺經大疏之本序稱「冠討竺墳」，遥稟清涼國師書稱「復傍求釋宗」，圓覺經大疏鈔卷一之下稱「十八九，二十一二之間，素服莊居，聽習經論」。接觸了佛教的小乘和大乘法相教之類的思想，「余先於大小乘、法相教中發心習學數年」（圓覺經大疏鈔卷十三之下），即指此事。但他並没有從佛學中找到所思問題之答案，與習儒階段一樣，「俱溺筌罤，唯味糟粕」（圓覺經大疏本序）。因此，「無量疑情求決不得」（圓覺經大疏鈔卷十三之下）。原因何在？「但以學虧極教，悟匪圓宗，不造心源，惑情宛在。」（遥稟清涼國師書）

八〇二年（唐貞元十八年），二十三歲

在習佛也難以解決心中疑惑的情況下，宗密又重新回到儒學，到遂州上正規的義學院，再次準備科舉考試，歷二年。「二十三又却全功，專於儒學。」「遂州有義學院，大闡儒宗，遂投詣進業。」（圓覺經大疏鈔卷一之下)景德傳燈録卷十三明確稱宗密此次習儒是「將赴貢舉」。

八〇四年(唐貞元二十年),二十五歲

是年,宗密棄儒向佛。「乃至二十五歲過禪門,方出家矣。」(圓覺經大疏鈔卷一之下)原因在於道圓禪師到遂州,宗密拜謁之,感到心性相投,「一言之下,心地開通」(圓覺經大疏本序),就決定從其出家,歸依禪宗。道圓的法系,宗密認爲是荷澤一系,「遂州大雲寺圓和尚法門,即荷澤之裔也」(遥稟清涼國師書)。

宗密在道圓座下當沙彌時,有過三次重要的經歷。一是宗密曾多次向道圓請教平常所思身心因果和色空等問題,道圓給了他一部華嚴法界觀門,宗密和同道好友多方研習,「同志四人,琢磨數載」(遥稟清涼國師書)。此是宗密和華嚴的淵源之始,他從此著中悟得的是融合之理,「浄刹穢土,非壞非成,諸佛衆生,何起何滅?由是念包三世,同時互促互延;塵與十方,全體相即相入」(遥稟清涼國師書)。二是在府吏任灌家得圓覺經,宗密從此經中化釋許多疑情,「一軸之中,義天朗耀」(圓覺經大疏本序)。在此後的幾年中,他注意搜求有關此經的注疏,先後收集到上都報國寺惟慤法師疏一卷,先天寺悟實禪師疏二卷,薦福寺堅志法師疏四卷,北都藏海寺道詮法師疏三卷。三是到過一些講場聽習講法,甚不滿意,「歷諸講場,不添己悟。名相繁雜,難契自心」(遥稟清涼國師書)。

通過這些修學及思考,宗密已經解決了人生的根本性的問題,「於始終根本、迷悟昇沉之道,已絶其疑」(圓覺經大疏鈔卷十三之下)。但是隨着研究和思考範圍的擴大,還有一些問題難以理解,「至於諸差別門,心境本末,修證行位,無量義門,及權實教,猶未通決」(圓覺經大疏鈔卷十三之下)。這些成爲宗密新的思考點。

和道圓相見並從其出家的年份,裴休記爲元和二年(八〇七),此年宗密應是二十八歲,「元和二年印心於圓和尚」(圭峰碑)。後各種資料均依此説,與宗密的自叙有異。依裴休和後來贊寧的記載,似乎是宗密在從道圓出家的當年,就受具外出游方,其實非也,所謂「同志四人,琢磨數載」,是在道圓門下,這些「同志」,也應該是宗密同門的好友,宗密並没有帶着他們一起游方。因此,裴休所記的元和二年,就可能是受具的時間。

得圓覺經後,宗密將其感悟告訴道圓,道圓建議他外出尋訪高僧,「汝行矣,無滯一隅」(圭峰傳)。

八〇七年(唐元和二年),二十八歲

是年,宗密從拯律師受具足戒,並外出游方。「此年,進具于拯律師。」(宋高僧傳卷六)拜訪的第一個高僧是活動於四川的益州南印(荆南唯忠,俗姓張),道圓的老師,南印給予宗密很高的評價,並鼓勵他到首都發展,「傳教人也,當盛於帝都」(圭峰碑)。宗密接受建議出川,參訪了許多地方,「行詣百城」(圓覺經大疏本序)。並繼續研究圓覺經,收尋相關的研究成果,繼續思考未有答案的問題。

八一〇年(唐元和五年),三十一歲

是年，宗密游方到湖北的襄陽。「跋涉江山，至于襄漢。」（遥禀清涼國師書）襄爲襄陽，漢指漢水，漢水在襄陽以下一帶稱襄河，因此，所言襄漢，即指襄陽。

在襄陽恢覺寺，遇病重卧床數月的華嚴宗僧靈峰，他對宗密觀察了解三天後，將其所藏的華嚴經八十卷和澄觀所著的華嚴經疏六十卷、華嚴經疏鈔九十卷，授予宗密，未及示法，就圓寂於此寺，「相見三日，纔通其情，願以同聲之分，經及疏鈔，悉蒙授與，議論未周，奄然遷逝」（遥禀清涼國師書）。

宗密立即對這些作品加以研習，「攻華嚴大部，清涼廣疏，窮本究末」（圓覺經大疏鈔卷一之下）。心中所有的疑惑，至此全部釋除，「一生餘疑，蕩如瑕翳，曾所習義，於此大通，外境内心，豁然無隔」（遥禀清涼國師書）。具體而言，開始形成宗教和會的觀念。「五周四分，一部之網在綱；六相十玄，三乘之流會海。義則色空同於中道，教則權實融於圓宗。理則體用即寂而性相宛然，智則凡聖混同而因果不壞。顯隨緣而不變，弘經則理趣周圓；指幻而識真，修觀則禪心曠蕩。使九會經文無不契心，由斯可謂契經矣！使一真心地無不印經，由斯可謂心印矣！是知執三藏文者，誠爲失道；局一性義者，猶未圓通。」（遥禀清涼國師書）由此反觀其餘各種經論及禪宗、天台等宗，不知和會，不重頓法，不直接指示真靈之心，「每覽古今著述，在理或當，所恨不知和會。禪宗、天台，多約止觀，美則美矣，且義勢展轉滋蔓，不直示衆生自心行相，雖分明入處，猶歷漸次。豈如問明釋文殊偈，印靈知而心識頓祛？」（遥禀清涼國師書）

至此，可以總結對宗密的思想影響最大的三因素，即荷澤南宗之法、圓覺經和華嚴經及澄觀的疏和鈔。「吾禪遇南宗，教逢圓覺，一言之下，心地開通，一軸之中，義天朗耀。今復得此大法，吾其幸哉！」（圭峰傳）

是年，宗密於襄陽講澄觀的華嚴經疏一遍，「元和五年於襄州初講一遍」（圓覺經大疏鈔卷一之下）。講得非常成功。由是，宗密也萌生了從師澄觀，皈依華嚴的想法。

八一一年（唐元和六年），三十二歲

是年，宗密到東都洛陽，禮荷澤神會祖師塔。「襄陽講罷，暫往東都，禮祖師塔。」（遥稟清涼國師書）「元和六年，往東都禮祖塔，駐錫永穆寺。」（圭峰傳）

得知宗密在洛陽的消息後，在襄陽聽宗密講疏的一些信衆又追到洛陽，要求再講一遍，宗密應允，「六年，於東都再講」（圓覺經大疏鈔卷一之下）。其中一位叫泰恭的聽衆聽後自斷一臂，表達修學華嚴大法的決心。

宗密在洛陽拜訪了東京神照，神照爲道圓禪師的同學，宗密的師叔一輩。神照稱讚宗密説：「菩薩人也，誰能識之？」（圭峰碑）

此年九月十三日，宗密在東都洛陽寫信給上都長安的澄觀，叙述自己的學問生涯和思想變化，表達歸宗華嚴、從師澄觀的意願，並派弟子送上，於十月十二日送到澄觀手中（見遥稟清涼國師書）。

十月某日，澄觀給宗密覆信，認可其「法子」的地位（見清涼國師誨答）。

十月二十三日，宗密收到澄觀的信之後，覆信表達喜極成悲的心情（見裁書再拜）。

是年底，宗密到長安拜見澄觀，澄觀稱讚宗密：「毗盧花藏，能隨我遊者，其汝乎！」（圭峰碑）在執弟子禮的最初兩年，宗密隨侍澄觀，不離左右。

八一三年（唐元和八年），三十四歲

是年，宗密開始在京城諸寺講學，但有疑問，隨時請教澄觀。「初二年間，晝夜不離，後雖於諸寺講傳，每月長兩上聽受菩提心戒，乃至無量法門，有疑則往來諮問不絕。」（圓覺經大疏鈔卷一之下）同時大量閱藏，繼續對圓覺經的研究。「又遍閱藏經，凡所聽習、諮詢、討論、披讀，一一對詳圓覺，以求旨趣。」（圓覺經大疏鈔卷一之下）同時開始擴大社交面。

八一五年（唐元和十年），三十六歲

是年，宗密離開長安，到京城南郊的終南山專門寫作，整理思想。因爲他撰成的第一批作品，是在次年的正月完成的，至少在正月之前，就到了此山，因而可以推斷爲元和十年離京。「至元和十一年正月中，方在終南山智炬寺出科文科之，以爲綱領。」（圓覺經大疏鈔卷一之下）

八一六年（唐元和十一年），三十七歲

是年，宗密在終南山智炬寺撰成圓覺經科文和圓覺經纂要二卷，在禪界傳閱。「元和十一年春，於

南山智炬寺下筆科判，及搜檢四家疏義，集爲兩卷，私記撿之，以評經文，被於學禪之輩。」（圓覺經大疏鈔卷一之下）

同時，宗密在智炬寺大量閲藏，「坐探群籍」（圓覺經大疏本序）。「宗密比所遇釋門中典籍，未有不探討披覽，且終南智炬寺，誓不下山，遍轉藏經三年。願畢方下山。」（圓覺經大疏鈔卷一之下）智炬寺藏經豐富，宗密發誓不讀完這些經，絶不下山，這樣一讀就是三年，所閲經典，無所不包，這次的閲讀爲其下一步的寫作奠定了更爲扎實的基礎。

八一九年（唐元和十四年），四十歲

此年，宗密回到長安，在興福寺寫成金剛般若經疏和金剛般若經疏鈔各一卷。「元和十四年於興福寺採集無著、天親二論，大雲等疏，肇公等注，纂其要妙，以釋金剛般若經也，勒成疏一卷，鈔一卷。」（圓覺經大疏鈔卷一之下）

此年冬，宗密在長安的興福、保壽兩寺，根據玄奘所譯的成唯識論和窺基的成唯識論述記的精純正義，解釋世親的唯識三十頌，開始撰寫唯識論疏。

八二〇年（唐元和十五年），四十一歲

宗密繼續撰寫此疏，於此年春天完成唯識論疏二卷。「元和十四年冬至十五年春，於上都興福、保壽等寺，採掇大論、大疏精純正義，以釋三十本頌，勒成兩卷，顯發彰明唯識宗趣，令人易見諸法唯是自

心之義理。」（圓覺經大疏鈔卷一之下）

八二一年（唐長慶元年），四十二歲

在寫作的同時，又要化緣，太費心神，是年，宗密又回到終南山中，居草堂寺。「後自覺化緣勞慮，至長慶元年正月，又退在南山草堂寺，絶跡息緣，養神鍊智。」（圓覺經大疏鈔卷一之下）宗密的許多著名作品就是在此寺完成的。草堂寺也是澄觀造疏之寺，澄觀曾在此寫成華嚴經疏十卷（見宋高僧傳卷五）。

在回草堂寺之前，宗密還到過五臺山。「北遊清涼山，迴住鄠縣草堂寺。」（道原景德傳燈録卷十三）如果此記載有據，很可能在此時。澄觀曾在大曆十一年（七七六）游五臺山，又游峨嵋，再回到五臺，居大華嚴寺（見宋高僧傳卷五）。澄觀卒於元和十二年左右（湯錫予先生據宋僧傳之澄觀傳考證，見其隋唐佛教史稿），宗密這樣做，也是有懷念其師之意，也説明湯先生的考證也是有據的。同樣的事，宗密做過多次，比如禮荷澤塔，祭雙親墓。

八二二年（唐長慶二年），四十三歲

是年，宗密在終南山的草堂寺，將以前所撰圓覺經科文、圓覺經纂要及所收集的諸種圓覺經的注疏，對照各種經論，加以進一步的研究，開始撰寫圓覺經大疏。「二年春，遂取先所製科文及兩卷纂要，兼集數十部經論，數部諸家章疏，課虚扣寂，率愚爲疏，至三年夏終，方遂終畢。」（圓覺經大疏鈔卷一之下）所參照的經論，涉及面很廣，其中包括「起信、唯識、寶性、佛性、中觀、諸攝（攝大乘論自有數本）、智度、瑜伽」（圓覺經大疏鈔卷一之下）等如來藏系統和唯識系統的經典。

是年，宗密在終南山的豐德寺又以圓覺經大疏的思想會通華嚴經，撰成華嚴綸貫五卷。「長慶二年，於南山豐德寺以疏中關節綸次貫於一部經文，令講者剋意記持經文，以將釋於此疏，勒成五卷，題云華嚴綸貫。」（圓覺經大疏鈔卷一之下）這種會通，是華嚴禪的集中體現，惜此書已不存。

八二三年（唐長慶三年），四十四歲

宗密繼續撰寫圓覺經大疏，並於冬季完成。「長慶二年，於草堂寺再修爲疏，并開數十段章門，至三年秋冬方得終畢。」（圓覺經大疏鈔卷一之下）

據續法的圭峰傳分析，宗密的圓覺經大疏鈔十三卷也在是年完成，「三年夏，「至冬初，圓覺著述功就，大疏三卷，大鈔十三卷」（圭峰傳），但宗密在大鈔中説「自年十七八，乃至今垂半百」（圓覺經大疏鈔卷一之下），年近半百，應在四十六歲之後。至於圓覺經略疏二卷、圓覺經略疏鈔六卷也許在此年完成，也許稍後。宋僧觀復在其圓覺經鈔辨疑誤中説，略鈔並不是宗密自己一人略出，而有其弟子參預其中，加以刊板添改的問題，因而錯處較多。

是年，宗密在豐德寺撰成四分律疏三卷。「因遍討大毗尼藏五部律等，又聽四分新章，見律文繁廣，事數重疊，或是天竺風俗之事，不關此方，傳者騁於重重句數，致令脩持者不知剋實要用之處。遂以長慶三年夏，於豐德寺因聽次，採集律文、疏文行人要行用者，提舉纂出，接引道流，勒成三卷。」（圓覺經大疏鈔卷一之下)此是針對中國佛教的實際狀況,將四分律有關適合中國僧人的條目纂要舉出,以嚴僧律,也是將教門之律中國化的嘗試。

宗密這一年的經歷,有人表示懷疑。觀復在其圓覺經鈔辨疑誤中説:「豈有身在草堂寺造疏,同時又在豐德寺聽四分故,作提挈等耶? 況二年、三年,皆在豐德寺,爲造疏之資,又二年、三年,皆在草堂寺正造疏,不審何得自叙年月及所居處如是相違耶?」對此,元僧清遠在其圓覺經疏鈔隨文要解中的解釋很簡明,「今謂草堂、豐德,同在一山,有何不可?」

八二四年(唐長慶四年),四十五歲

是年五月,史山人向宗密請教十個問題,同月二日,宗密馬上加以回答,爲答史山人十問。史山人自此之後,「乃至出家爲道」(祖堂集卷六)。

八二七年(唐大和元年),四十八歲

是年九月,宗密開始在圭峰撰寫圓覺經道場修證儀十八卷,於同年冬天完成。「此懺悔、勸請、隨喜、迴向、發願等五門,並是宗密大和元年從九月終一冬,獨自初入圭峰,結方丈草屋,自述己心迹,從始至今迷錯之念,而懺、願等文已。後覺此文亦通一切修行人心,諸便删減偏屬己之事,潤飾之,以通諸人用之。」(圓覺經道場修證儀卷八)這是對其四分律疏所做工作的深化和系統化。以其大疏鈔中「今垂半百」之説,圓覺經大疏鈔在此時應是完成了。

八二八年（唐大和二年），四十九歲

宗密的圓覺經大疏、圓覺經大鈔等作品給其帶來極大的影響和聲譽，是年，唐文宗詔宗密進宮，垂問佛法，賜紫方袍，賜號「大德」。「大和二年慶成節，徵入內殿問法要，賜紫方袍，爲『大德』。」（圭峰碑）這使宗密聲望益隆。宗密此次在京居留三年，「中間被敕追入內，住城三年，方却表請歸山也」（禪源諸詮集都序卷上之一）。在此期間，宗密結交了一大批達官貴人和文人墨客。

與宗密關係最密切的是裴休，應裴休之問，宗密回答了關於禪門師資的一些問題，後由裴休整理成文，爲中華傳心地禪門師資承襲圖。

宗密與温造相交也較深，温造在大和三年（八二九）爲尚書右丞，大和九年（八三五）任禮部尚書，宗密曾回答他提出的一些問題，而成答温尚書書，闡明頓悟漸修之理。

八三一年（唐大和五年），五十二歲

是年，宗密上表，要求歸山。

歸山之前，可能回過家鄉，與雙親訣别，寫下盂蘭盆經疏二卷，闡述中國佛教的孝論，比較儒之孝和佛之孝的異同，作者標爲「充國沙門」。宗密外出游方之前，也可能回家掃墓，但還不可能寫疏，因爲對三教還没有系統的思考和比較，只有此次學業已成的情形下，才有可能撰寫此疏。

是年十月，劉禹錫出爲蘇州刺史，任上寫下送宗密上人歸南山草堂寺因詣河南尹白侍郎一首：

「宿習修來得慧根，多聞第一卻忘言。自從七祖傳心印，不要三乘入便門。東泛滄江尋古跡，西歸紫閣出塵喧。河南白尹大檀越，好把真經相對翻。」（劉禹錫集卷二十九）此詩顯示宗密和劉禹錫的極深交往，也從一個側面説明宗密對於唐代儒學的了解之深。

宗密在終南山中寫下一批晚年的著作，總結一生的思考，這些作品包括華嚴原人論、禪源諸詮集等，後者現在只有一序，即禪源諸詮集都序。

八三三年（唐大和七年），五十四歲

是年，白居易作贈草堂宗密上人一首：「吾師道與佛相應，念念無爲法法能。口藏宣傳十二部，心臺照耀百千燈。盡離文字非中道，長住虚空是小乘。少有人知菩薩行，世間只是重高僧。」（白氏文集卷三十一）此詩顯示宗密和白居易的交往之深。

八三四年（唐大和八年），五十五歲

禪源諸詮集都序可能作於是年或稍後，據都序卷上之一載，宗密「捨衆入山，習定均慧，前後息慮，相計十年（云「前後」者，中間被敕追入内，住城三年，方却表請歸山也）」。「捨衆入山」在長慶元年（八二一），「敕追入内」在大和二年（八二八），這段時間爲七年。居京三年，大和五年（八三一）歸山不出，加三年，應是大和八年（八三四），前七後三，相加是十年。這個大和八年是撰寫都序的最早的年限。以此年爲准，可以推斷禪源諸詮集的大致寫作時間，從禪源諸詮集都序的内容看，寫此序時，禪源諸詮集已經完成。如果從都序中自述的「數十年中，頻有經論大德問余」一語的「數十年」來推算，此序的寫作時間還要推後。宗密終年六十二歲，三十二歲到長安拜訪澄觀，並開始成名，如果從此年開始計算，加上「數十年」，無論如何，都屬於晚年了。

八三五年（唐大和九年），五十六歲

是年，宗密好友李訓發動甘露之變，清除宦官，失敗後逃到終南山投宗密。宗密欲將其剃度爲僧，被手下制止。後李訓逃往鳳翔，被宦官仇士良追殺。仇以藏奸之罪逮捕宗密，意欲置於死地。宗密表現得很有骨氣，亦爲宗密贏得聲譽。後經中尉魚弘志調停，宗密得以生還。

八四一年（唐會昌元年），六十二歲

是年一月六日，宗密卒，遺囑「勿墓，勿塔」（圭峰碑），二十二日，在圭峰全身供奉，二月十三日火化，得舍利數十粒（見宋高僧傳卷六）。唐宣宗謚號「定慧」，「暨宣宗再闡真教，追謚定慧禪師，塔曰青蓮」（景德傳燈録卷十三）。碑文由裴休撰寫。

主要參考書目

圓覺經大疏　〔唐〕宗密　述
圓覺經大疏鈔　〔唐〕宗密　撰
圓覺經略疏　〔唐〕宗密　述
禪源諸詮集都序　〔唐〕宗密　述
華嚴原人論發微録　〔宋〕淨源　述
華嚴原人論解　〔元〕圓覺　解
華嚴原人論合解　〔元〕圓覺　解　〔明〕楊嘉祚　删合
法華經　〔後秦〕鳩摩羅什　譯
金剛經　〔後秦〕鳩摩羅什　譯
華嚴經　〔唐〕實叉難陀　譯
楞嚴經　〔唐〕般剌密帝　譯

金光明經 〔北涼〕曇無讖 譯
大般涅槃經 〔北涼〕曇無讖 譯
圓覺經 〔唐〕佛陀多羅 譯
俱舍論 〔印度〕世親 造 〔唐〕玄奘 譯
中論 〔印度〕龍樹 造 〔後秦〕鳩摩羅什 譯
大乘起信論 〔梁〕真諦 譯
成唯識論 〔唐〕玄奘 譯
肇論 〔後秦〕僧肇 作
論語
老子
莊子
周易
論衡 〔東漢〕王充 撰
宗密 冉雲華著，東大圖書公司一九八八年版

後記

自原人論面世以來，中國佛學界本身對其的重視度是不够的，如元僧圓覺所説，斯文「未有以發明者」，可能和禪浄的流行有一定關係，當然其思想影響是較大的。當代學術界特别是中國哲學界，對此還是比較關注的。日本佛教界非常重視此文，佛書解説大辭典中所收對於此論的釋書有五十多種。

一九九〇年九月，我有幸考上石峻先生的博士研究生。次年初，先生建議我以宗密思想研究作爲博士論文選題，並將原人論校點和注釋的工作同時完成，作爲博士論文的附録之一。這樣，在指導博士論文的過程中，先生也在指導此書的寫作，在寫作方法上主張以釋文爲主，至於底本，建議采用雞園刻經處的本子。書稿的初步完成，已到一九九四年之後了，先生閲後又提出了一些修改意見，首肯之後送出版社，遺憾的是先生未能在生前看到此書的正式出版。

寫作期間我曾就相關問題向當時還健在的鎌田茂雄先生請教，他很快回信具體解答，並寄贈個人著作和相關論文，介紹美國的原人論研究專家。在此深表謝意。

書中一切不當乃至錯謬之處，責在於我本人。

感謝中華書局幾位編輯爲本書出版先後所付出的辛勞，感謝方立天先生、魏道儒先生爲本書申請全國古籍整理重點資助項目而做的推薦，感謝紀華傳博士提供嘉興藏資料，感謝金陵刻經處提供的幫助。感謝爲本書編輯出版付出辛勞的所有人士。

董群　二〇〇四年八月於南京，二〇一一年十一月又記，二〇一八年三月七日補記